ÉDUQUER SES ENFANTS
L'URGENCE AUJOURD'HUI

DU MÊME AUTEUR
CHEZ ODILE JACOB

Adultères, 2006 ; « Poches Odile Jacob », 2007.
Les Mères juives n'existent pas… mais alors qu'est-ce qui existe ?, avec Sylvie Angel et Philippe Gutton, 2005 ; « Poches Odile Jacob », 2007.
Les Pères et les Mères, 2004 ; « Poches Odile Jacob », 2005.
Réponses de pédiatre, 2000 ; « Poches Odile Jacob », 2004.
Parier sur l'enfant, « Poches Odile Jacob », 2001.
Questions d'enfants, avec Brigitte Thévenot, 1999 ; « Poches Odile Jacob », 2001.
Les Filles et leurs mères, 1998 ; « Poches Odile Jacob », 2001.
Le Couple et l'enfant, 1995 ; « Poches Odile Jacob », 2005.
De l'inceste, avec Françoise Héritier et Boris Cyrulnik, « Opus », 1994 ; « Poches Odile Jacob », 2000.

ALDO NAOURI

ÉDUQUER SES ENFANTS

L'URGENCE AUJOURD'HUI

© ODILE JACOB, 2008, AOÛT 2009
15, RUE SOUFFLOT, 75005 PARIS

www.odilejacob.fr

ISBN : 978-2-7381-2341-1
ISSN : 1621-0654

Le Code de la propriété intellectuelle n'autorisant, aux termes de l'article L.122-5, 2° et 3° a), d'une part, que les « copies ou reproductions strictement réservées à l'usage privé du copiste et non destinées à une utilisation collective » et, d'autre part, que les analyses et les courtes citations dans un but d'exemple et d'illustration, « toute représentation ou reproduction intégrale ou partielle faite sans le consentement de l'auteur ou de ses ayants droit ou ayants cause est illicite » (art. L. 122-4). Cette représentation ou reproduction, par quelque procédé que ce soit, constituerait donc une contrefaçon sanctionnée par les articles L. 335-2 et suivants du Code de la propriété intellectuelle.

*À tous les parents qui m'ont fait confiance
et à leurs enfants qui m'ont tant appris.*

SOMMAIRE

Avant-propos 13

PREMIÈRE PARTIE

Chapitre 1
OÙ EST LE PROBLÈME ?

Quand il est si simple !	25
Démocratie oblige !	28
Alors ?	33
Retour aux cas	38
L'amour, pour guérir de la haine ?	51

Chapitre 2
C'EST QUOI UN ENFANT ?

Une stature	59
Un être neuf au formidable potentiel	60
Un potentiel longtemps insoupçonné	63
Un potentiel enfin reconnu	67
Un être prodigieusement doué pour l'affectivité	73
L'entrelacs du physiologique et de l'affectif	79
Un métaphysicien doublé d'un admirable stratège	91
Une stratégie adaptative	97

Chapitre 3
QU'EST-CE QU'UN PARENT ?

À la recherche d'une définition 103
Un casse-tête. Mais pourquoi ? 108
Rencontres 114
La guerre entre les sexes 120
La guerre des sexes a-t-elle un objectif ? 128
Définition ou définitions 135
Gérer la guerre des sexes ? 145

Chapitre 4
QU'EST-CE QUI FAIT OBSTACLE À L'ÉDUCATION ?

Éloge de la frustration 163
Les résistances maternelles invincibles 169
Le cercle vicieux de la peur 171
L'exercice de l'autorité et la demande d'amour 176

DEUXIÈME PARTIE

DES PRÉCISIONS UTILES 187

Chapitre 1
L'ÉDUCATION COMMENCE AU BERCEAU

Il n'est jamais trop tôt pour commencer 191
    Le retour à la maison (191) – Le rang de l'enfant (193) – Le rythme des repas (194).
Intercurrences 196
    La peur (196) – Les rituels (197) – Le spasme du sanglot (198) – La toute-puissance infantile (199).

Chapitre 2
LUI ENSEIGNER L'AUTRE

Le respecter 210
> Les troubles de l'appétit (210) – Les refus et les préférences alimentaires (212) – Les troubles du sommeil (213) – Les soins des organes génitaux (218) – Le biberon, le sein, la sucette, le doudou (219) – Le partage des soins (222) – L'atmosphère de la maladie (223).

Sa place dans l'espace 225
> Parler à l'enfant (225) – Maman, Papa : objectivation et subjectivation (227) – La politesse (228) – Explications et justifications (230) – Les caprices (231) – La phase d'opposition, les interdits et le « non » (233) – Les punitions (235) – Les châtiments physiques (236) – Encourager. Féliciter (238) – Le refus du bain (239) – Le refus du coucher (240).

Sa place dans le temps 241
> Le temps (241) – Les délais (246) – Les menaces (247) – L'absence des parents (247) – La crèche, les nounous, les baby-sitters (248) – En voyage (249).

La vie quotidienne 250
> Le repas en famille (250) – Les vêtements (252) – Les cadeaux (253) – La télévision (254) – Les amis (258) – Les proches (259) – Les animaux de compagnie (260) – Les anniversaires (261) – La pudeur (262) – Le bain entre enfants (265) – Le sexe (266) – Le touche-pipi (269) – La masturbation (270) – L'éducation sexuelle (273) – Les disputes entre parents (275) – L'entrée à l'école maternelle (277) – Le rapport aux enseignants (278).

Petits soucis 280
> Les gros mots (280) – La violence (281) – Le mensonge (283) – La transgression (284) – La jalousie (285) – L'enfant qui frappe, l'enfant qui mord (288) – Les conflits autour des jouets (289) – Les disputes entre frères et sœurs (292).

Extrêmes 294
> La mort d'un proche des parents (294) – La mort d'un proche de l'enfant (295).

Chapitre 3
SOI ET LUI

Autour du baby-blues 300
La toute-puissance de la mère 304
La reprise des rapports sexuels 307
Le lit des parents 312
La nudité 313
Dire ou ne pas dire 315
Les conflits entre parents 318
La séparation des parents 320
À propos des familles recomposées 322
Les parents adoptants et leurs enfants adoptés 324
Les grands-parents 326

Pour conclure 331
Pour aller plus loin 335
Remerciements 337

AVANT-PROPOS

La nécessité de cet ouvrage m'est apparue un soir de juin 2007. À la fin d'un dîner où, en raison des perspectives ouvertes par la toute récente élection présidentielle, la conversation des convives s'était focalisée sur le retard préoccupant – vingt ans sur les leaders mondiaux ! – qu'avait pris la recherche française. Certaines personnalités, qui me semblaient fort compétentes et concernées au premier chef, estimaient qu'il était pratiquement impossible, même au moyen des mesures qu'elles préconisaient, de le rattraper en moins de... vingt ans !

Bien que très attentif aux échanges, je n'ai pas compris pourquoi je ne me sentais pas plus requis par la gravité du sujet que sensible à l'analyse qui en était produite ou aux mesures susceptibles d'y apporter des solutions. En réalité, j'étais impatient de voir aborder ce que j'imaginais être le problème de fond sinon le fond du problème : celui de la baisse sensible du niveau des étudiants, dont me faisaient état mes nombreux amis universitaires, comme, en amont, celui guère moins rassurant des élèves du secondaire et du primaire. Ce dernier point, occulté sinon totalement nié pendant des années, ne fait plus mystère pour personne depuis que, sur fond du rapport alarmant du Haut Conseil de l'Éducation, les couvertures de tous les *news* de la rentrée 2007 en ont fait leur accroche.

Comme je n'ai rien vu venir de ce côté, j'ai cru devoir intervenir. J'ai dû sans doute être maladroit en déclarant d'emblée que le problème dont il était question obligeait à considérer ce qui se passait en amont. Sans autre préalable, j'ai poursuivi en faisant état de ma crainte que, si on ne prenait pas, dès à présent, pour réformer l'enseignement primaire et secondaire, des mesures aussi radicales que celles que je venais d'entendre préconiser à propos de la recherche, on ne trouverait certainement plus dans vingt ans le moindre candidat pour embrasser une carrière de chercheur.

J'étais évidemment prêt à étayer mon opinion. À faire état de ce que j'avais constaté dans l'exercice de mon métier et de ce que m'avaient appris les échanges que j'ai eus, ces vingt dernières années, avec des professionnels de tous bords. À montrer enfin que les mesures correctives successives prises au fil de ces dernières années n'ont apporté, faute d'une analyse correcte, aucun résultat tangible.

Au lieu de l'attention que je croyais pouvoir susciter, je n'ai recueilli qu'un silence profond et presque réprobateur. Si bien que je me suis tu. Ce qui a peu à peu permis à la conversation de reprendre et à la soirée de se poursuivre sur le même ton.

J'avais à l'évidence commis une gaffe impardonnable. J'ai mis un certain temps à le comprendre.

J'avais en effet produit un amalgame irrecevable, surtout pour des technocrates, entre des registres qui n'ont strictement rien à voir l'un avec l'autre, tant sur le plan de leur statut que sur celui de leur portée.

Si on a toute raison de se préoccuper du niveau de la recherche, c'est qu'il s'avère être l'indicateur le plus fiable du potentiel d'un pays et en particulier de son potentiel de croissance. On en conclut que pour relancer cette dernière rien ne vaut mieux pour un pays que de doper sa recherche.

Plus qu'une maladresse, ma tentative d'intervention autour de l'enseignement primaire et secondaire se révélait donc être hors sujet. Je n'ai cependant pas réussi à prendre en défaut sa logique.

Il est en effet notoire, pour ce qui concerne l'organisation concrète de l'enseignement primaire et secondaire, que chaque pays fait comme il l'entend, sans que cela ait la moindre incidence ou ne soit pris en considération, par les statisticiens ou les actuaires, comme indicateur de la place qu'il occupe dans le concert des nations.

Les petits Allemands n'entrent à l'école qu'à l'âge de six ans sans jamais avoir fréquenté l'école maternelle, alors que cette dernière donne déjà lieu, chez nous, à une série d'évaluations de l'enfant censé y acquérir des bases parfaitement répertoriées et jugées indispensables. Les élèves des écoles anglaises partagent leurs journées entre enseignement et sport. Ceux des écoles américaines accomplissent des scolarités « à la carte », pouvant se spécialiser au plus tôt et à leur goût dans une matière, comme ne jamais s'intéresser à une ou plusieurs autres. Ces différentes modalités ne sont pas pour autant réputées faire qu'un ingénieur, un biologiste, un juriste ou un intellectuel de tel ou tel pays soit nécessairement supérieur aux autres. C'est une opinion en principe unanimement admise. En principe, seulement ! Car, dès lors qu'une multinationale devra choisir un ingénieur ou qu'un pays devra procéder au recrutement de chercheurs, ce seront les meilleurs candidats qui seront sélectionnés. Or ces meilleurs n'ont pas pu l'être du jour au lendemain. Ils ont été préparés longtemps auparavant et le niveau d'enseignement qu'ils ont reçu, comme la manière dont ils l'ont intégré, n'a pas attendu leur accès à l'université pour les rendre performants.

C'est en ce point qu'intervient la qualité spécifique du gisement humain dont dispose un pays comme la manière dont ce pays entend le traiter. L'importance numérique des élèves américains permettra toujours de trouver un nombre suffisant d'étudiants, sélectionnés au demeurant par des filières étroites et chères, qui se situeront au-dessus du lot. Quant à ceux des écoles anglaises, on sait que leur parcours continue d'obéir à une forme hypocrite de transmission aristocratique : les meilleurs, ceux qui intègrent les prestigieuses universités, sont toujours issus de ces écoles privées (curieusement appelées *public schools*) aux tarifs prohibitifs, alors que leurs camarades qui sont issus des écoles gratuites (*state schools*) restent plus souvent sur le bord de la route.

Ces paysages n'ont rien à voir avec le nôtre, au sein duquel le louable idéal démocratique entend donner la même chance à tous les enfants sans exception. La question qu'il importe de se poser dès lors est celle de savoir s'il faut garder à l'enseignement un niveau de qualité qui produira forcément des exclus, ou bien l'uniformiser par le bas, comme cela a été décidé depuis quelques années.

Il me semble que ces options, aussi radicales l'une que l'autre, font de l'enseignement une forme d'expérience qui s'inscrirait, d'elle-même et sur un mode des plus mystérieux, dans le devenir de l'enfant, au lieu d'une expérience que l'enfant intègre grâce à un acquis préalable, celui dont il dispose au moment où il la rencontre.

La première option a d'ailleurs existé pratiquement depuis la mise en place de l'école républicaine. Si elle a été sélective au point d'avoir été remise en cause, c'est en raison du fait qu'elle ne s'est jamais accompagnée d'une réflexion suffisante autour de la manière de penser l'enfant ou d'aider à le penser. Si bien que dans les milieux où une manière correcte de le penser était héritée d'une forme de tradition, il ne se posait aucun problème. Alors que les milieux moins favorisés sont restés, eux, à la traîne. Or qu'est-ce qui fait essentiellement la différence entre ces milieux ? Quantité de facteurs, répondra-t-on, dont les moindres ne sont pas les conditions sociales. Assurément, et je ne prétends pas le nier. Mais cela n'expliquerait pas alors pourquoi, aujourd'hui, nombre d'enfants des classes moyennes et même aisées rencontrent eux aussi des difficultés.

C'est l'expérience qui donne la bonne réponse en relevant que ce qui intervient dans tous les cas, c'est un défaut d'éducation précoce. D'éducation de base j'entends, à différencier du sens qu'on donne en général au mot en y incluant l'instruction. C'est-à-dire le bagage dont l'enfant aura été doté pour rencontrer l'autre et les autres sans peur et sans surprise, et faire l'expérience du lien social avec ses avantages mais aussi ses contraintes, au premier chef desquels s'inscrirait le rapport à l'effort.

Si les milieux défavorisés ne parviennent pas à conférer cette éducation, c'est autant en raison d'un certain déficit de moyens intellectuels que de ce qu'engendre par elle-même la misère. C'est l'éradication précise de cet état de choses que visait la sentence de Danton quand il martelait qu'« après le pain, l'éducation est le premier besoin d'un peuple ». Il fallait tout à la fois sortir le peuple de la misère, lui donner meilleure conscience de ce qu'il était et l'instruire. Nos républiques ont sans doute contribué à semer une certaine confusion en faisant de ce qui avait été baptisé, au moment de sa création, ministère de l'Instruction publique, un ministère de l'Éducation nationale[1]. Je pense que l'extension que laisse entendre cette dernière appellation a pu contribuer, entre autres facteurs, à la manière dont les milieux bien ou moyennement lotis se sont cru dispensés de conserver leur responsabilité et leurs repères habituels en la matière en décidant de se laisser guider par l'enfant lui-même. Leurs dispositions ont d'ailleurs été renforcées par les instructions ministérielles elles-mêmes qui ont mis l'enfant au centre du dispositif pédagogique en insistant sur la nécessité de développer son potentiel de créativité. C'est sur cette alliance objective que je compte me pencher en interrogeant leur manière de penser l'enfant.

Ces réflexions ne m'amènent pas à soutenir que la manière technocratique d'appréhender les problèmes est

---

[1]. Le premier ministère de l'Instruction publique a vu le jour en 1828. Il a gardé cette appellation jusqu'en 1932 (cent quatre ans !), date à laquelle il a été rebaptisé ministère de l'Éducation nationale. Terme qui a été conservé à quelques nuances près et d'autant plus jalousement que le gouvernement de Vichy était revenu à l'appellation initiale.

erronée. Elle me semble cependant continuer de tenir à une forme de pensée qui privilégie la conjoncture et le phénomène au détriment de la chaîne historique dans laquelle ils sont survenus et des causes qui les ont produits. Je ne parviens toujours pas à comprendre qu'on puisse décider de prendre un certain nombre de dispositions, en particulier budgétaires, à l'intention de ceux dont on espère pouvoir faire des chercheurs performants, sans prendre en considération ce qui se passe du côté de la qualité de l'enseignement qui leur aura été délivré depuis le plus petit âge. Une démarche de cet ordre procéderait ni plus ni moins que du *hic et nunc*. Elle n'est pas sans rappeler celles des décisionnaires qui, en bonne conscience et avec des analyses qui leur ont sans doute paru rigoureuses, ont prôné un jour la pédagogie nouvelle, un autre jour la lecture globale, un autre encore la suppression de l'apprentissage par cœur, un dernier enfin le bac pour 80 % d'une classe d'âge – quitte à ce qu'un bachelier sur deux abandonne les études à la fin de la première année d'université –, quand ils n'ont pas fixé les orientations et les budgets successifs de la recherche, lesquels ont conduit cette dernière à l'état où elle se trouve.

Le débat que j'amorce est particulièrement difficile. Il est même redoutable. On ne refait pas l'histoire et il n'est pas sûr qu'elle enseigne grand-chose. Nombre d'événements qui se déroulent dans notre monde d'aujourd'hui ressemblent à s'y méprendre à d'autres d'hier dont on sait les catastrophes qu'ils ont produites. En corrige-t-on pour autant le cours, dont d'aucuns pourront soutenir dans l'après-coup qu'il était prévisible et qu'ils n'ont pas cessé de le dire ? « Gouverner » était pour Freud un des trois métiers impossibles – avec « psychanalyser » et le fameux « être parent » sur lequel je m'étendrai longuement plus loin.

Dans toutes ces entreprises, dans toutes ces orientations, dans toutes ces prises de décision, chacun – il n'y a pas à en douter ! – fait du mieux qu'il peut. Il ne peut cependant jamais percevoir la réalité à laquelle il se trouve confronté que partiellement. C'est ce qu'illustre une vieille parabole indienne. Un maharadjah ayant convoqué, un jour, quelques dizaines de ses sujets aveugles de naissance, les a mis en présence d'un éléphant et a demandé à chacun d'eux de lui dire à quoi cette bête ressemblait. Celui qui avait touché la trompe a déclaré qu'elle ressemblait à un gros serpent. Celui qui avait touché une patte a évoqué une colonne, quand celui qui avait touché la queue a parlé d'une corde. Celui qui avait palpé le ventre a soutenu, pour sa part, qu'il s'agissait d'une sorte de barrique, contredisant celui qui affirmait, pour avoir touché l'oreille, que c'était une fleur de lotus. Les appréciations, évidemment toutes erronées, provenaient de ce qu'aucun des aveugles n'avait touché les parties de l'éléphant qui n'étaient pas à sa portée. C'est pour éviter de tomber dans ce type d'ornières qu'en toutes sortes de circonstances et à propos de toutes sortes de sujets, nos gouvernants mettent en place des « commissions », en principe pluridisciplinaires, dont ils sont censés recueillir l'avis, sans jamais s'engager cependant à le faire. Peut-il en être autrement, quand se mêle de surcroît à tout cela un pari sur l'avenir ? Ça se saurait sans doute si ça l'était !

J'ai eu, pour ma part, au cours de ce dîner, l'audace de vouloir donner mon opinion à des personnes dont j'imagine qu'elles feront partie de diverses commissions. Et j'ai mesuré à cette occasion que j'avais commis une bourde. Cela n'a modifié en rien mon opinion et mes convictions. Si bien qu'il m'a semblé opportun, à moi aussi, de profiter de la perspective de nouvelles orientations politiques qu'apporte la dernière élection présidentielle[2], pour intervenir à ma façon dans le débat. Non pas en interférant de quelque façon que ce soit dans l'organisation concrète des programmes scolaires, ce qui n'est absolument pas de ma

---

2. L'importance de l'école a été rappelée avec insistance par le président de la République au cours de sa conférence de presse du 8 janvier 2008.

compétence[3]. Mais en éclairant, du mieux que je le pourrai comme je l'ai annoncé, ce qu'il en est de l'enfant.

À cet effet, je ne me cantonnerai pas au seul discours théorique cependant indispensable. Je me commettrai ouvertement sur le terrain le plus pratique, le plus terre à terre, le plus quotidien. Exactement comme je l'ai fait tout au long de ma carrière de pédiatre. Si j'ai en effet beaucoup conseillé et beaucoup prescrit, je ne l'ai jamais fait sans explications préalables et sans surtout avoir constaté que ces explications avaient convaincu. Je ne voulais pas que les parents adhèrent à mon opinion, je voulais qu'ils comprennent et intègrent ce que leur enfant attend d'eux et ce qu'ils sont requis de lui apporter. Ainsi l'exposé théorique de la première partie de cet ouvrage éclairera la seconde partie, pratique, qui y trouvera sa justification et son illustration.

L'éducation précoce est destinée à permettre au tout-petit d'apprendre à maîtriser le registre pulsionnel auquel il est soumis, qui le traverse et qui l'effraie parce qu'il ne sait pas comment le gérer. Par la perception progressive de l'espace, du temps et de l'autre, elle parviendra à lui faire découvrir le lien social qui lui sera indispensable d'investir et que ces dernières décennies ont tant mis à mal. Sa menée est réputée épuisante tant l'enfant, neuf, a de ressources. Elle l'est assurément quand elle n'est pas menée avec la conviction qu'elle requiert. Elle l'est beaucoup moins quand on comprend que le cap qu'elle lui

---

3. Je signale qu'Odile Jacob a décidé d'ouvrir, avec cet ouvrage-ci, une collection au sein de laquelle elle invite les auteurs et les chercheurs intéressés par les questions d'éducation au sens large du terme, comme de l'organisation et de la matérialité de l'enseignement, à lui proposer leurs ouvrages. Le prochain ouvrage à paraître est celui de Heinz Wismann, philosophe, historien des idées et professeur à l'École des hautes études en sciences sociales, avec lequel il s'avère que je débats depuis des années sur ces questions qui nous préoccupent autant l'un que l'autre, mais que nous avons décidé de traiter séparément pour en permettre la saisie sous des angles différents.

donne lui servira la vie durant et lui permettra notamment de traverser sans difficultés les étapes critiques de son développement[4].

J'espère que cet ensemble aidera les parents d'abord, notre environnement ensuite et éventuellement les décisionnaires, à mieux penser l'enfant et à mieux penser ce qui lui convient.

La longue expérience dont je viens de me prévaloir me permet d'affirmer par ailleurs que si l'on est en droit d'attendre de l'école qu'elle délivre un savoir, il faut absolument la cantonner à cette tâche, et à elle seule, déjà ardue par elle-même. Si son organisation, la discipline qu'elle impose et le laboratoire vivant du lien social qu'elle constitue, contribuent à parfaire l'éducation de l'enfant, la mise en place et l'élaboration de cette dernière ne lui reviennent en aucune façon. Ce faisant, je rappellerai donc en même temps aux parents, soucieux à juste titre du succès scolaire de leur enfant, que c'est à eux et à eux seuls que revient la responsabilité de son éducation de base, que cette dernière leur appartient en propre. Elle doit débuter, comme on en verra la nécessité, au plus tôt dans la vie et elle doit pratiquement être parachevée avant sa scolarisation, c'est-à-dire à la fin de sa troisième année[5].

---

[4]. Je pense en particulier à l'adolescence, qui est devenue le cauchemar des parents parce qu'elle est la période où tout ce qui n'a pas été réglé dans le petit âge revient à la surface avec une violence qui en compromet singulièrement les solutions.

[5]. C'est pourquoi la partie pratique de cet ouvrage ne concerne que cette première tranche d'âge de la vie, même si certains commentaires la débordent quelquefois.

PREMIÈRE PARTIE

Chapitre 1

OÙ EST LE PROBLÈME ?

Quand il est si simple !

Jacques-Henri est un très bel adolescent, disert, délicieux, incontestablement intelligent et surtout charmeur. Je dirai, pour aller vite et parce que l'hypothèse diagnostique m'a effleuré un court instant, qu'il est tout sauf pervers. Il traîne cependant, à seize ans, un symptôme de taille dans cette classe de troisième qui s'étire : il ne fait rien, comme il n'a d'ailleurs jamais rien fait, de ce qui lui déplaît ou qui requiert le moindre effort : « Ça m'gonfle ! Et quand ça m'gonfle, ça m'gonfle. Alors j'me taille ou j'fais aut' chose. Et si j'peux pas faire aut' chose, j'pense à aut' chose. Voilà, c'est pas plus compliqué qu'ça. V'zêtes pas comme ça, vous ? Moi, j'crois qu'j'suis comme vous, comme mon père, comme ma mère, comme tous ! Sauf qu'j'assume. » Pour le reste, il fait le strict minimum. Et à la condition expresse que le prof lui plaise. « Y en a des sympas. Mais la plupart, c'est des zombis qui n'pensent qu'à une chose, le travail, le travail, le travail ! Y a pas qu'ça dans la vie. Eux, i z'ont qu'ça dans la tête. I sont graves. I sont capables de m'faire la gueule toute une semaine pour trois verbes irréguliers qu'j'ai pas sus ou parce que j'ai séché un cours pour voir un pote qu'était juste de passage ! » Il faut aussi qu'on tolère son impertinence : « Y en a qui disent ça, mais c'est pas vrai. J'réagis, c'est tout. J'vais quand même pas m'écraser ou faire d'la lêche quand j'trouve quèqu'chose naze. Y en a qui comprennent qu'y a pas qu'le travail dans la vie et qui m'ont à la bonne ! Ça s'rait pas comme ça, s'i m'trouvaient pas normal ! »

Indifférent aux sanctions des conseils de discipline qui « n'comprennent rien à rien », proposé régulièrement aux redoublements quand ce n'est pas aux renvois. « Ça sert à rien. J'leur ai dit qu's'i m'laissaient passer cette année j'accepterais de redoubler l'an prochain. I veulent rien entendre ! C'est rageant. I m'prennent pour qui ? Moi, j'ai qu'une parole. Si j'dis qu'j'accepterai de redoubler l'an prochain, j'accepterai. I z'ont qu'à m'prendre au mot. I verront. » Il enjoint alors à sa mère de se débrouiller pour lui chercher des excuses, le faire passer de classe ou lui trouver un nouvel établissement. Et elle le fait, et y parvient, tout étonnant que ce soit ! Quand il lui arrive de manifester un brin de ras-le-bol ou qu'elle entreprend de faire preuve d'autorité, Jacques-Henri parvient à faire intervenir son père, lequel, démissionnaire plus encore que magnanime, appuie sa demande.

Il n'aime rien tant que de fréquenter des garçons plus âgés que lui et en général brillants, leur affirmant qu'il sera un jour un grand homme et qu'il sera riche. « J's'rai avocat d'affaires international. » Il n'a rien qui puisse faire craindre de le voir un jour adopter le profil de ces adolescents violents promis à la délinquance. Il trouve d'ailleurs ces derniers « nuls », parce qu'il se prévaut de valeurs morales qu'il défend non sans bagout. Son seul problème, c'est que, dans le long catalogue de ces valeurs morales, ne figure en aucune manière la notion d'effort.

« Où est l'problème ? », comme on pourrait presque l'entendre dire, alors que tout est si simple !

Je les ai vus se multiplier avec le temps, les Jacques-Henri, et à un rythme accéléré au cours de la seconde moitié de ma carrière. Ils venaient parfois de loin et ils tranchaient nettement sur leurs contemporains que je suivais depuis leur naissance. Je n'en étais pourtant pas spécialiste. Mes collègues, qui eux l'étaient, faisaient état du même accroissement de leur recrutement. Le phénomène explique sans doute à lui seul que les pouvoirs publics, qui avaient déjà ouvert des services de médecine réservés à cette tranche d'âge, aient consenti, ces dernières années, à multiplier les « maisons des adolescents » dans certaines grandes villes.

C'étaient principalement des garçons. Qui répondaient à une forme de stéréotype au sein duquel l'échec scolaire venait toujours au premier plan, occultant parfois des symptômes plus graves auxquels les parents semblaient cependant ne pas attacher grand cas. Si, sans en être exclues, les filles, un peu moins nombreuses, n'entraient pas exactement dans le même cadre, c'est pour la simple raison que les troubles qu'elles manifestaient – obésité, opposition, fugues, dépression, anxiété, anorexie, boulimie, etc. – prenaient largement le pas sur le reste, échec scolaire inclus.

Un tel fait permet de pointer au passage la différence du niveau d'inquiétude des parents face à l'expressivité sexuée des symptômes de leurs adolescents.

Le souci développé autour de l'échec scolaire des garçons semble en effet toujours préfigurer celui qui se dessinera autour du choix de leur orientation et de leur avenir professionnel. On ne peut pas imaginer un fils sans un métier ! « Il fera évidemment ce qu'il voudra, l'essentiel est qu'il soit heureux », ne se lasse-t-on pas de professer, mais on ne peut tout de même pas le laisser continuer ainsi sans réagir quand on sait que l'accès à de solides études reste encore la meilleure assurance contre le chômage ! Il est alors étrange de constater, dans nos sociétés qui veulent promouvoir la parité, combien le souci qui se déploie autour des filles demeure indifférent à ce type de considération. Le travail des femmes continuerait-il d'être pensé comme accessoire ? Y compris par elles-mêmes ? Puisque ce sont surtout les mères qui interviennent à l'occasion et qui centrent leur inquiétude sur ce qui pourrait menacer le futur « être femme » de leurs filles.

Serait-ce que la différence sexuelle s'obstinerait, quoi qu'on en dise ou veuille, à résister aux tentatives d'abrasion dont elle est l'objet ? Les mères, qui en sauraient un bout sur ce qu'il en est du sexe fort et du sexe faible, auraient-elles une forme de confiance intuitive dans la solidité foncière de leurs filles, alors qu'elles percevraient sur le même mode la fragilité de leurs garçons ? Pourquoi pas ? Mais tout cela ne masque pas ce qui se retrouve régulièrement dans tous les tableaux : la peur que les parents ont pour, mais surtout de, leurs adolescents et le sentiment d'impuissance qu'ils en conçoivent. Et comme ils ne sont pas sans subodorer que les problèmes qu'ils rencontrent ont leurs racines dans la petite enfance, ils en éprouvent une culpabilité qui rend le tout plus complexe encore.

Il arrive cependant, dans certains cas heureux, qu'on puisse saisir les manifestations de ces problèmes à un âge où ils ne se sont pas encore enkystés.

Démocratie oblige !

Les parents de Nicolas, sept ans, viennent me faire en sa présence le procès réglé de son comportement. Leur réquisitoire est fourni et ne passe rien sous silence. Il brosse le portrait parfait du tyran domestique qui n'en fait qu'à sa tête, refusant obstinément d'obéir, discutant les ordres, décidant de tout, ne cessant de martyriser en toute occasion, en plus de ses parents, son petit frère et même le chat ! L'exposé des griefs fait état de nombreux épisodes où les parents finissent régulièrement par céder : « On peut pas faire autrement, docteur ! Quand il se met à hurler à 10 heures du soir, on a les voisins qui cognent au mur. Il y en a même qui nous ont menacés de nous signaler aux Services de l'enfance. Si on finit par faire ce qu'il veut, c'est pour ne pas en arriver là. »

Pendant le temps de cet exposé, Nicolas, manifestement indifférent à tout ce qui se disait de lui, n'a pas cessé d'explorer avec beaucoup d'attention le moindre recoin du cabinet. Il est monté sur le pèse-personne. Il a manipulé le pèse-bébé – prudemment, ai-je remarqué parce que je ne le quittais pas des yeux. Il a effleuré le stéthoscope, puis longuement examiné l'agencement du coin lavabo avec ses flacons multicolores, avant de s'intéresser au mécanisme des stores. S'occupant en quelque sorte, histoire de tuer le temps en attendant la fin de l'épreuve, comme si rien de tout cela ne le concernait vraiment. Je l'ai alors hélé en lui demandant de venir me dire ce qu'il pensait, lui, de tout ce que ses parents venaient de me raconter.

J'ai été étonné de n'avoir pas à réitérer mon invitation. Il s'est en effet immédiatement approché du bureau, d'un pas décidé et l'index pointé en avant, comme pour me prendre à témoin : « Dites-moi, vous, docteur, si vous trouvez normal que ma mère refuse de me payer une paire de Nike parce qu'elles coûtent cent cinq euros et qu'en même temps elle s'achète une robe à cent trente euros ? Vous trouvez ça normal ? »

Totalement surpris par sa ponctuation, inattendue même si elle me permettait de surprendre sur le vif la tonalité des échanges familiaux, j'ai cherché le regard des parents, guettant leur réaction. Celui de la mère s'est détourné. Mais quand j'ai croisé celui du père, j'ai été sidéré de l'entendre me dire sur un ton admiratif : « Il est intelligent, hein ? Il est intelligent ! »

Il y en a toujours eu, dira-t-on, des Jacques-Henri et des Nicolas.

C'est vrai. On en parlait d'ailleurs comme de « sales gosses ». Et on plaignait leurs parents, non sans mettre implicitement en cause leurs compétences éducatives. On ne les désignait cependant pas alors comme des « enfants à problèmes ». On disait d'eux qu'ils étaient « mal élevés ». L'évolution sémantique qu'on peut noter à ce propos en apprend à elle seule déjà long sur l'évolution des mentalités. Je me souviens des petites filles au langage châtié de l'Algérie coloniale de mon enfance qui, au comble de la rage, lançaient, comme la pire insulte à l'adresse de celui qu'elles voulaient atteindre, un retentissant : « Mal élevé ! » Ce que ce dernier, plus blessé que par aucune autre injure, s'empressait de leur renvoyer en un non moins retentissant : « Malélevèse ! »

Il faut dire que c'était une époque où « élever » un enfant passait pour une entreprise noble, comme le laisserait entendre d'ailleurs le sens strict du mot – élever, c'est tout de même l'action de porter plus haut ce qui se trouve à un certain niveau. Les parents prenaient leur tâche très au sérieux et savaient qu'ils avaient à jouer le premier rôle. Tout attentifs aux soins que requérait leur enfant, ils ne cherchaient cependant en aucune façon à lui plaire. Ils considéraient que c'était à lui de tout faire pour leur plaire. Ils ne le considéraient pas comme « lui », autonome, individualisé, autarcique, potentiellement génial et sujet naturel de caprices incontrôlables. Il était un enfant. Point. Pas encore la personne qu'il devait devenir. Il était un enfant, avec ses caractéristiques d'enfant, ses insuffisances, son irresponsabilité et un savoir par définition très limité. À beaucoup dégrossir, donc. Forts de leurs places aussi clairement définies qu'assumées, ils entreprenaient de le former au lien social vis-à-vis duquel ils lui faisaient comprendre que lui comme eux avaient contracté une dette. Aussi lui enseignaient-ils très tôt la limite, la bienséance et la politesse. Car il était destiné à être reconnu comme « l'enfant de... » tout comme son parent serait « le parent de... ». Parents et enfants se trouvaient ainsi étroitement liés sur la scène du théâtre sociétal mis en place de ce tiers référent dont nos sociétés, à force de le mépriser, ont désappris l'usage. Les uns et les autres devaient tout faire dans ce décor pour ne jamais attenter par leurs comportements à leurs dignités respectives. Et ils y restaient conjoints toute leur vie, en fonction de la réussite ou de l'échec de leur entreprise commune, en veillant à ne jamais déborder sur leurs terrains respectifs. Ce qui leur permettait soit de se réclamer fièrement d'un lien satisfaisant, soit, non sans douleur et non sans honte, de se renier mutuellement. Des parents pouvaient être fiers de leurs enfants, comme les enfants de leurs parents, sans empiéter sur leur existence, ou bien rompre avec eux en supportant l'épreuve.

C'étaient un état d'esprit et un contexte sociétal qui n'ont rien à voir avec ceux dans lesquels se trouvent Jacques-Henri, Nicolas ou leurs parents respectifs, dont même la démarche est des moins convaincue. Eux, resteront assurément liés entre eux, quoi qu'il advienne. Et pour le meilleur, seulement le meilleur, dont ils trouveront le moyen de se convaincre qu'il existe, dussent-ils lui inventer une tournure ! Pour le pire, ils trouveront une solution qui leur permettra de préserver leur accrochage narcissique en l'assortissant de circonstances atténuantes ou en lui inventant un ou des boucs émissaires. Rien ne sera plus facile, en effet, pour la mère de Jacques-Henri que de montrer comment les données de son histoire l'ont contrainte, sous les applaudissements soulagés de son conjoint, à occuper sa position de vestale. Et ce ne sera pas plus difficile pour le père de Nicolas de reprendre éventuellement le vécu de sa propre histoire pour expliquer la mission dont il a chargé son fils : faire intelligemment fi de l'opinion des autres. Toutes choses qui permettront, à l'une comme à l'autre, de s'exonérer du fait de n'avoir pas permis à leurs fils respectifs de mieux se construire en ayant fait le deuil de ce qui régit leurs comportements : la très nuisible et très toxique toute-puissance infantile sur laquelle je reviendrai longuement.

Peut-on trouver à redire à une telle attitude ?

Si oui, au nom de quoi, quand le théâtre sociétal a été si fermement enjoint de ne pas pénétrer dans l'espace privé et qu'il a définitivement plié son décor ? Que tout ce qui, de près ou de loin, pourrait rappeler la nécessité d'une quelconque instance régulatrice tierce a été récusé. Que la notion du respect des places au sein de la famille n'a plus le moindre cours. Que nos sociétés de la télévision ont bouleversé les mentalités et prôné l'usage de l'image qui permet de masquer et de tromper pour donner le change. Que chacun est invité – comme le font les acteurs occasionnels des talk-shows qui fleurissent sur toutes les chaînes – à s'expliquer en n'hésitant pas à recourir aux circonstances atténuantes ou à prendre la pose de ces victimes qui suscitent, dans notre époque de repentance, une sympathie inconditionnelle.

En se rabattant sur la dénonciation du côté cannibale de cette manière de procéder ? En hurlant plus clairement encore que les parents se repaissent impunément de leurs enfants ? Qu'ils s'en servent honteusement pour goûter à nouveau, à travers eux, les délices d'une enfance dont ils conservent une obsédante nostalgie parce qu'ils ne l'ont quittée que contraints et forcés ?

La belle affaire ! Ces parents n'auront-ils pas toujours beau jeu de se faire sourds à de tels arguments au motif que tout cela serait dans l'ordre des choses et que la fonction d'un enfant a toujours été, après tout, de réparer les histoires de ses parents ? Ce dont on ne peut que convenir, sans jamais pour autant parvenir à leur faire comprendre que, centrés comme ils le sont sur leur seul narcissisme, ils obèrent cette fonction elle-même en ne donnant pas à leur enfant les outils pour grandir et pour remplir ce type de mission !

Ce n'est pas par hasard si j'ai tenu à brosser rapidement le vieux paysage des relations parents-enfants. Il se pourrait en effet qu'on ait oublié jusqu'à son existence. Il était pourtant encore déterminant, ce paysage, il y a seulement une ou deux générations. Même s'il s'est progressivement estompé et réduit à un simple fond sur lequel se détache celui d'aujourd'hui, il s'est maintenu tout au long de l'histoire, répondant sans doute de façon adaptée aux objectifs sociétaux qui se sont succédé. Ses critiques de l'époque n'ont d'ailleurs jamais visé sa disparition, estimant que tout n'y était pas à remettre en cause. Il servait encore de référence lorsque, il y a quelques décennies seulement, notre système de santé actuel a été mis en place et qu'ont été organisées des consultations de « guidance » destinées à parer aux éventuelles défaillances parentales. Le discrédit dont il a été progressivement l'objet a vu paradoxalement le dispositif qu'il avait prévu devoir affronter l'accroissement extensif des problèmes, voire leur banalisation. Comme si sa disparition avait confronté nos sociétés à une grave épidémie ou à un irrépressible effet de mode. Ce dont la sectorisation psychiatrique a dû prendre acte en se résolvant à multiplier, sans grand succès, les centres médico-psychopédagogiques.

Alors ?

Que s'est-il passé ? Quelles modifications se sont subrepticement introduites dans le rapport des parents et des enfants ? Quels ont été les facteurs et les paramètres déterminants de cette évolution ? Quelle est leur nature et de quand date leur intervention ?

Pour répondre à cet ensemble de questions qui embrasse un champ si vaste, je ne dispose pas d'outils théoriques qui pourraient fonder mes propos comme le feraient ceux d'un sociologue, d'un anthropologue ou d'un historien. La seule matière dont je dispose gît dans ce que je pourrais appeler, pour emprunter précisément la terminologie des anthropologues, « mon terrain » et l'expérience que j'y ai acquise : celle du pédiatre que j'ai été et qui, sur fond de son propre vécu, a assisté au cours de ses quarante années d'exercice à l'évolution de l'atmosphère de l'univers familial et à celle des relations qui s'y tissent.

Très tôt conscient des méfaits potentiels de cette évolution qui me semblait si radicale et si brouillonne qu'elle risquait souvent de « jeter l'enfant avec l'eau du bain », j'ai tenté de les dénoncer en de nombreux écrits au sein desquels je me suis évertué à cerner méthodiquement les points où ces méfaits pouvaient survenir et les paramètres qui en étaient responsables. J'ai fait ce que j'ai pu et j'ai conscience d'avoir produit une véritable somme. Mais j'ai aussi conscience du fait que ce travail n'a pas atteint son objectif. Probablement parce qu'en raison de son volume, j'ai dû le diviser en différentes publications qui ont pu parfois paraître indépendantes les unes des autres alors qu'elles ont toujours été étroitement liées. Je ne pouvais pas procéder autrement. Il est en effet strictement impossible d'aborder, en une seule et même fois, tout ce qui peut se dire de l'univers familial, même si on le résume à ce seul triangle aux sommets duquel on a pris l'habitude d'inscrire le père, la mère et l'enfant. Car chaque élément de ce triangle, depuis l'un quelconque de ses sommets, jusqu'au segment de droite qui le relie aux autres, mérite à lui seul d'être amplement exploré. Si, par ailleurs, on prend en considération le fait que les sommets parentaux eux-mêmes sont inscrits dans d'autres triangles, ceux des propres parents des parents, lesquels..., ainsi de suite en remontant les générations, que rien de tout cela n'est neutre et que cet ensemble, ou ces ensembles, évolue(nt) dans un ou plusieurs milieux d'essence variable et soumis à des forces diverses, on prend la mesure de l'étendue de l'entreprise.

Voilà pourquoi on pourrait imaginer, en jetant un œil sur ma bibliographie, que j'ai traité à un moment de l'enfant, à un autre du père, à un autre encore du contexte sociétal, puis de la mère, puis du couple, puis des hommes et des femmes, etc., alors que je n'ai jamais rien fait d'autre, et quel qu'ait été l'angle sous lequel j'ai abordé mon sujet, que m'intéresser au sort et au destin de l'enfant. Non pas – et je le dis tout de suite pour qu'il n'y ait pas d'ambiguïté – pour le dorloter, le protéger, le surprotéger en asservissant son entourage à lui, loin s'en faut. Mais pour l'aider, en m'adressant aux décisionnaires qui l'ont en charge, à son environnement, et surtout à ses parents, à acquérir l'ensemble des instruments qui lui permettent de grandir et de se construire pour occuper plus tard dans la société la place légitime qui lui revient.

Je ne suis évidemment pas le seul à avoir fait du sort de l'enfant le centre de mon discours. Nombre d'auteurs et d'instances se prévalent, avec la même force et la même conviction, du même objectif que moi sans pour autant partager mes vues, quand ils ne les dénoncent pas ou qu'ils n'en développent pas d'autres qui y sont diamétralement opposées. Il ne s'agit d'ailleurs pas d'une préoccupation récente ou actuelle. C'est une préoccupation qui a existé de tout temps et qui a donné lieu à l'écriture de bibliothèques entières. Elle est d'un abord toujours délicat et qui, plus que toute autre, prête le flanc à des accusations susceptibles d'en ruiner la plus parfaite des argumentations en la rabattant sur des considérations d'ordre idéologique. Mon travail a rencontré cet écueil. Et même le souci de rigueur que j'ai cru devoir observer, en séparant soigneusement les différents angles de l'abord que j'en ai effectué, a rencontré les plus vives résistances alors que, dans un souci pédagogique, j'ai toujours pris la précaution d'assortir mes propos théoriques d'illustrations cliniques des plus édifiantes. Il est vrai qu'il n'est pire sourd que celui qui ne veut pas entendre et que la perversion ordinaire, qui a pris depuis longtemps le pouvoir et qui a largement contaminé nos modes de penser, manie l'exclusion et la calomnie avec une redoutable efficacité.

Je ne pense pas que ces explications me préserveront des étiquettes d'idéologue ou de manipulateur. On pourra d'ailleurs se réjouir, dans cette optique, de ce que j'ai dit plus haut du paysage sociétal que j'ai connu dans mon enfance. Et même prétendre que je vise seulement à y revenir en ignorant l'évolution des mœurs et des mentalités comme les indéniables progrès qu'elles ont fait accomplir dans quantité de champs, y compris celui de la meilleure compréhension de l'enfant. Ce serait me faire un mauvais procès. Car, abordant ce pan d'histoire de la relation des parents et des enfants, je n'en fais pas un paradigme, mais une source d'enseignement qui mérite d'être prise en compte. L'évolution que nous avons connue était inévitable et nécessaire. Elle a même été en bien des points salutaire. C'est au nom même du respect que j'en ai et de l'enthousiasme dont certains de ses aspects me remplissent, que je cherche à attirer l'attention sur les erreurs qui ont pu parsemer son parcours.

Les enfants que j'ai vus à la fin de ma carrière ne sont en rien physiologiquement différents de ceux que j'ai vus à mes débuts. Les uns comme les autres ont eu les mêmes besoins qu'ils ont exprimés strictement de la même façon. Eux n'ont donc pas changé. Ce qui a été profondément modifié, ce sont les réponses qui leur ont été apportées. Et cette modification qui a affecté leur devenir ne relève pas du seul arbitraire ou de l'histoire personnelle de leurs parents, elle procède d'un ensemble de paramètres au sein duquel le moindre n'est pas l'ivresse suscitée par l'enrichissement de nos sociétés.

Le tableau sociétal que j'ai esquissé, en le qualifiant de vieux paysage, était celui d'une société de pénurie relative au sein de laquelle, *volens nolens*, le parent délivrait à son enfant un message implicite, tout dépité qu'il fût, du type : « Dans la vie, on ne peut pas tout avoir ! » Sans le vouloir ni le savoir mais pénétré lui-même de cette vérité, il mettait d'emblée en place une frustration qui aguerrissait précocement l'enfant et générait automatiquement en lui le mécanisme de l'effort destiné à lui faire obtenir le plus possible du fameux « tout » réputé impossible à avoir. Le « manque », sur l'importance duquel insiste la psychanalyse qui en fait le moteur du « désir », était ainsi une donnée existant d'emblée dans la vie de tout enfant, ce qu'il en faisait étant par la suite une tout autre affaire.

La société d'abondance, à laquelle nous avons heureusement accédé, ayant confondu la frustration, d'ordre symbolique, avec la privation qui, de l'ordre du réel, aurait pu nuire à sa dynamique, a cru devoir balayer ce message. Ce qui est une profonde erreur, car, tout consommateurs que nous soyons – et ce n'est après tout pas si désagréable ! –, nous savons tous, autant que nous sommes et même si nous nous montrons effrénés en la matière, que « dans la vie, on ne peut pas tout avoir ». Elle aurait pu en convenir. Mais elle n'a pas voulu prendre de risque. Si bien que, pour préserver les intérêts marchands qui seuls la préoccupent, elle a pris les parents en otages et, en s'appuyant sur leur générosité naturelle, elle les a subrepticement conduits à émettre à l'adresse de leur enfant un message implicite du type : « Non seulement tu peux tout avoir, mais tu as droit à tout. »

Nul ne serait assez fou pour ne pas profiter d'une pareille aubaine ! Et l'enfant moins que quiconque ! On ne devra donc pas s'étonner qu'il s'installe paresseusement dans le luxe et dans l'attente, sinon dans l'exigence tyrannique. En l'absence de « manque », l'effort n'aura pas plus pour lui statut de nécessité que de sens. Que pourrait-il lui fournir de plus que ce « tout » dont on lui a si nettement laissé entendre qu'il pouvait l'« avoir » et qu'il y avait même « droit » ? Souvenons-nous des propos de Jacques-Henri. Comment peut-il intégrer la logique de ces professeurs dont il dit qu'ils sont « des zombis qui n'pensent qu'à une chose, le travail, le travail, le travail ! » quand il dresse face à leur exigence son propre credo : « Y a pas qu'ça dans la vie ! » Quant à Nicolas, son intervention résume à elle seule le débat : comment peut-on en effet lui avoir seriné qu'il avait « droit à tout » et lui discuter un jour sa paire de Nike au nom de considérations pécuniaires dont il n'imagine pas même qu'elles puissent avoir un fondement ?

Ces bribes d'explication ne sont pas simples à admettre. Elles suscitent en effet la défiance de chacun parce qu'elles le renvoient au statut des messages qu'il a lui-même reçus et auxquels il marque une si grande loyauté qu'il ne veut rien en savoir. Cette réaction immédiate quasi réflexe est compréhensible, banale et tout bêtement recevable dans notre monde environnant. Ce n'est pas en effet dans l'air du temps que d'admettre un certain degré de surdétermination de nos actes. Et nous brandissons d'autant plus les oripeaux de notre fameuse liberté que nous nous en sentons en réalité, mais sans oser nous l'avouer, tout à fait indigents ! Mais devons-nous pour autant persister dans une susceptibilité de si mauvais aloi ? Allons-nous en faire une raison suffisante, alors que nous en sommes tous là, pour négliger notre responsabilité et ne pas tenter de réfléchir calmement au sort des générations que nous mettons au monde ?

Retour aux cas

Les cas de Jacques-Henri et de Nicolas, qui sont donc devenus légion, sont là pour nous le rappeler.

J'ai parlé à leur propos aussi bien d'épidémie que d'effet de mode. La métaphore n'est pas aussi excessive qu'on pourrait le croire. Car on peut pratiquement dessiner une cartographie du phénomène autant qu'en esquisser une forme de sociologie.

Pour ce qui concerne tout au moins la région parisienne, autant que je peux en témoigner d'après mon expérience, les quartiers ou les banlieues riches n'en sont pas concernés sur un mode univoque.

Dans les classes aisées, depuis des générations, rien ne semble donner de souci, tout du moins du côté éducationnel. Ce qui ne laisse pas entendre que les enfants ou les adolescents de ces populations n'ont pas de problèmes. Ceux qu'ils rencontrent sont simplement d'un autre ordre et les rares difficultés scolaires sont traitées avec succès à coups de cours de rattrapage sans conduire en consultation. Il en irait comme si les valeurs dites « bourgeoises » avaient continué obstinément de formater ces enfants sur le modèle d'une tradition familiale quasi ancestrale férocement attachée, tout d'abord et avant tout, à son patrimoine et à l'observance d'une forme de discipline, non négociable, destinée à le préserver. Les enfants n'ont jamais été hissés au sommet de l'édifice familial. Il leur a été très tôt signifié qu'ils étaient les simples agents d'un objectif dont ils ne manqueraient pas de tirer de substantiels bénéfices à condition toutefois de s'y asservir. Pour eux, le patrimoine ferait office de ce que j'ai signalé plus haut, à propos du théâtre sociétal d'antan, comme référent tiers. Il leur revient, mais à la seule condition qu'ils fassent ce qu'il faut pour le mériter et l'obtenir. Et ce n'est pas le moindre paradoxe que de constater que leurs parents, tout nantis qu'ils soient, et sans les priver de rien, ne leur aient cependant pas signifié qu'ils avaient « droit à tout ». On pourrait presque parler, pour ce qui les concerne, d'un effet de caste plus encore que d'un phénomène de classe. N'est-ce pas d'ailleurs pour eux que se sont multipliées les institutions destinées à entretenir les termes de leur mission et à les préserver aussi soigneusement des effets de mode que de l'épidémie ?

Les enfants des populations de ces mêmes quartiers dont la richesse est récente n'entrent pas dans le même cas de figure. Ils participent souvent à l'ivresse qu'engendre chez leurs parents leur condition nouvelle et ils se croient définitivement installés dans une situation qui leur permet et leur « donne droit » de « tout » avoir. Ils ne disposent pas d'assez de recul, et encore moins de la forme de tradition qu'installe la succession des générations, pour imaginer que tout cela devra un jour acquérir le statut d'un patrimoine qu'il leur faudra faire l'effort d'entretenir. Quand ils commencent à développer des problèmes au nombre desquels survient fréquemment la chute du rendement scolaire, les parents y pallient sans grand succès à coups de cours particuliers et de changements d'établissement avant de se résoudre, quand ils le font, à les conduire en consultation. Ils sont alors très étonnés d'entendre interroger leur attitude et ils manifestent rapidement leur incompréhension en s'écriant : « Et pourtant il ne lui manque rien ! » Sans se douter, bien entendu, que c'est leur propre « manque » qui leur a permis d'accéder à la situation où ils se trouvent et que l'erreur qu'ils ont commise aura été d'en priver leurs enfants.

On ne doit pas conclure de cette première approche que l'épidémie toucherait dès lors, de façon significative, les milieux dépourvus de patrimoine, moins nantis, pauvres, urbains ou suburbains, ou les populations des banlieues dites défavorisées.

Dans ce vaste contexte, c'est la diversité qui constitue la règle. Et elle se révèle être fonction de la possibilité ou de l'impossibilité qu'ont eue les parents d'agir sur le devenir de leurs enfants en intervenant sur la vision que ces derniers acquièrent du monde.

Si le milieu familial est solide, soudé et centré sur des valeurs morales – y compris les valeurs religieuses qui ne fabriquent pas que des extrémistes – relativement indifférentes aux sortilèges de la société de consommation, les enfants seront inscrits dans cette perspective et toujours éduqués, bien construits et entreprenants. Continuant d'évoluer dans la dimension, pourtant jugée obsolète, du théâtre sociétal, ils auront pour mission de prendre place dans le tissu social, de s'y inscrire, d'en tirer parti et de lui apporter honorablement en échange ce qu'ils peuvent. Si les médias n'ont pas récemment manqué d'insister sur l'origine sociale modeste de quelques-uns des personnages politiques issus de ces milieux, cela n'a pas été tant pour permettre de tirer un enseignement de leurs cas que pour donner consistance au discours d'ouverture qui les a promus. Car voilà des décennies et des décennies qu'un nombre, certainement plus important qu'on ne le croit, d'enfants issus de toutes sortes de milieux socialement défavorisés, autochtones aussi bien que migrants, sont parvenus à gravir les échelons de l'ascension sociale et à s'accomplir pleinement sans rencontrer la moindre difficulté[1]. C'est, entre autres facteurs, l'effet, beaucoup trop passé sous silence, de la louable méritocratie mise en place par l'école républicaine. Laquelle n'a pu offrir toutes leurs chances à ces enfants que parce que leurs familles les y avaient correctement préparés[2].

Si, en revanche, dans ce même contexte et quelles qu'en soient les raisons, le milieu familial est déstructuré ou déficient, l'enseignement scolaire, tel qu'il est délivré actuellement, rencontrera assurément de grandes difficultés à produire l'effet positif qu'on en escompte.

Pendant très longtemps, cela n'a pas été facile à percevoir. Car son insuffisance a été, en général et à l'insu des enseignants, spontanément corrigée par les parents eux-mêmes. Sait-on seulement, pour ne prendre que cet exemple, combien d'enfants ont échappé au désarroi de la lecture globale, récemment remise en cause, grâce au fait que leurs parents leur ont eux-mêmes appris à lire par la

---

[1]. Je ne me sens pas fondé à traiter de cette question du seul fait de ma compétence professionnelle ou du travail que j'ai déjà accompli. J'ai vécu ma petite enfance, mon enfance et mon adolescence dans des conditions sociales à côté desquelles celles qui sont incriminées aujourd'hui passeraient pour être d'un luxe insolent. Je n'ai au demeurant pas été le seul dans ce cas. Bien de mes camarades d'alors partageaient ma condition et ont eu par la suite, tout comme moi, un parcours de vie des plus enviable.

[2]. Ayant exercé à proximité du quartier dans lequel la récente immigration chinoise s'est implantée, j'ai eu l'occasion de constater ce même phénomène chez les enfants de cette population.

méthode syllabique ? Sait-on combien de parents ont enseigné eux-mêmes les tables de multiplication à leurs enfants quand ces derniers en étaient dispensés ? Sait-on combien de parents ont insisté auprès de leurs enfants pour qu'ils mémorisent les identités remarquables et autres formules trigonométriques plutôt que de compter sur l'aide-mémoire dont ils peuvent faire usage au cours de l'épreuve de mathématiques du baccalauréat ? Dans l'écrasante majorité des cas, et plus particulièrement dans les milieux favorisés, l'enfant rencontrant des difficultés a toujours trouvé dans son milieu de vie l'aide qui lui était nécessaire. Ce qui lui a permis de progresser et paradoxalement de ne pas amener les enseignants à s'interroger sur la pertinence et les effets des programmes qu'il leur était enjoint d'appliquer. Mais quand cet enfant se trouvait face à des parents qui ne pouvaient l'aider en aucune façon, il perdait pied et s'enfonçait chaque jour un peu plus. Ce qui ne le laissait probablement pas plus indifférent que quiconque à son sort, l'amenant à se replier sur lui-même et à ne pouvoir trouver de compensation que dans la prestance de la bande qu'il intégrait.

Un facteur de cet ordre a sûrement largement contribué à l'éclosion du malaise de ces fameux « jeunes de banlieue » dont il a été abondamment question ces dernières années. L'a-t-on seulement évoqué dans l'analyse de ce phénomène qui a surpris tout le monde par sa brutalité ? On a préféré se précipiter sur ses paramètres les plus triviaux et évoquer une propension spontanée à la délinquance. Si on a entendu notre Président actuel parler à l'époque de sanctions et de Kärcher, on n'en a pas eu moins droit, de la part de sa rivale à l'élection, à la suggestion d'une solution de type militaire. On est même allé curieusement à mettre en cause... l'éducation ! Et accusé les parents – rien n'est moins sûr ! – de ne s'en être pas souciés, au point de soulever la question de la mise sous tutelle de leurs allocations familiales. Après quoi on a invoqué pêle-mêle la précarité matérielle, l'écologie environnementale et l'absence de perspectives d'avenir. Sans prendre en considération l'essentiel : l'état de désarroi culturel des parents[3], lequel a été directement responsable du fait que la majorité de ces jeunes, sans soutien aucun et exclusivement nourris de stupides séries télévisées, fait partie de cette population de soixante mille individus que notre enseignement scolaire laisse chaque année sur la touche avec moins de cinq cents mots de vocabulaire[4]. Or qu'engendre, sinon la violence et la rage, l'impossibilité de se faire entendre parce qu'on ne dispose tout simplement pas même d'un outil pour s'exprimer ? Et ce, d'autant que la culture de base, qui aurait pu faire le socle d'une adaptation progressive, ne s'est jamais trouvée relayée par le profil et le contenu de l'enseignement.

C'est pour cet ensemble de raisons que je mets à part le cas de ces « jeunes de banlieue » et que je ne l'assimile pas à la mode, sinon à l'épidémie des Jacques-Henri et des Nicolas.

Celle-là s'est répandue, et ne cesse pas de se répandre, dans une large couche de population aux limites sociologiques et géographiques floues et dont la caractéristique majeure est qu'elle n'a pas seulement considéré l'enfant – dont peu importe, il faut le préciser, le nombre ou le sexe – comme un partenaire à part entière, mais l'a hissé au sommet de l'édifice familial. Un sommet où il avait, bien sûr, « droit à tout » et même plus si cela s'avérait nécessaire. Ne méritait-il pas lui aussi de tirer quelque avantage, d'avoir sa part, de l'enrichissement général de nos sociétés ? La démarche oblative de cette population lui

---

3. À l'heure où on ne cesse pas de parler de cette intégration à laquelle il est dédié un ministère, on ne se doute toujours pas de la violence du traumatisme que constitue une transculturation. Je peux en témoigner moi-même : alors que j'ai intégré l'école depuis la maternelle et que j'ai accompli le parcours qui est le mien, dont fait partie une psychanalyse, à soixante-dix ans, je n'en suis toujours pas guéri.
4. Alain Bentolila, *Le Verbe contre la barbarie*, Paris, Odile Jacob, 2006.

a paru la seule adaptée à un être qui, n'ayant jamais demandé à venir au monde, a un droit imprescriptible à la sollicitude que promeut ce type de dispositions. Elle escomptait qu'à rebours de ceux qui n'ont jamais eu le bonheur d'être traités de la sorte, il serait d'abord parfait, qu'il rassurerait ensuite ses parents sur leurs initiatives comme sur la qualité d'amour qu'ils lui auront donné et qu'il leur serait enfin, un jour, profondément reconnaissant des soins dont il a été l'objet. Plaire à ses enfants : le rêve !

C'est cet ensemble de dispositions que j'ai qualifiées plus haut de cannibales. L'enfant n'est pas élevé pour devenir lui-même, il est élevé d'abord et avant tout pour gratifier et servir le narcissisme de ses parents. Dans un de mes précédents ouvrages[5], j'ai montré comment la maîtrise de la contraception, qui a débouché sur les procréations médicalement assistées avant d'aboutir au stupide concept du « droit à l'enfant », a fait de lui un pur produit – à entendre dans le sens que lui donne la société de consommation –, alors que tout au long de l'histoire, il avait été vécu comme un sous-produit de l'activité sexuelle de ses parents.

La population dont je parle ne s'est pas contentée d'opter pour l'attitude que j'ai décrite. Elle a milité pour convaincre l'environnement de sa pertinence. Et elle a été si active, qu'elle en a fait une norme, LA norme destinée à pénétrer et à subvertir l'intégralité des mécanismes sociétaux. Le plus triste, c'est qu'elle y est parvenue au-delà de ce qu'elle pouvait même espérer ! Elle a en effet trouvé des professionnels et des idéologues qui lui ont emboîté le pas, se taillant des réputations, recevant des chaires d'enseignement et multipliant les congrès et les travaux savants. Elle a suscité un engouement si grand qu'il a donné lieu à toute une littérature et qu'il a vu fleurir des publications sans nombre.

---

5. Aldo Naouri, *Les Pères et les Mères*, Paris, Odile Jacob, 2004.

Pouvait-il en effet seulement se rencontrer quelqu'un d'assez inhumain pour trouver à redire à l'émouvante générosité dont elle ne se faisait pas faute de se prévaloir en toute occasion ? Qu'avait-elle à s'encombrer d'un référent tiers, fût-il le père, requis de se convertir à la nouvelle religion, le théâtre sociétal, aliénant à lui seul, ou pire encore le misérable patrimoine, source de tous les malheurs, quand elle était si sûre de l'intelligence de ses choix ? Des choix parfaitement inscrits dans la plus pure ligne de la révolution progressiste de Mai 68 comme dans celle de la mouvance politique, si juste et si louable, qui œuvre pour la disparition totale des inégalités et dont elle a vite constitué le plus sûr soutien. Mettre père et mère, adultes et enfants, comme parents et enfants, sur le même pied ne devient-il pas dans cette perspective la forme d'application la plus élémentaire comme la plus noble d'un tel état d'esprit ? Voilà ce que chacun, jusqu'aux instances étatiques, devait se tenir pour dit. Et sans doute un tel mouvement se serait-il interrogé un jour ou l'autre sur les résultats de ses orientations s'il ne s'était trouvé pris dans un piège dont l'existence ne lui était pas venue à l'esprit. La société de consommation, au sein de laquelle il est inscrit, a largement abondé dans son sens et vivement encouragé ses initiatives, sans bien sûr jamais laisser deviner combien elle en tirait elle-même de très substantiels profits. Quel triomphe cela constitue pour les publicitaires de porter à la connaissance du public, non sans un certain cynisme, que plus de 53 % des décisions d'achat dans les familles sont prises par les enfants ! Ah, les Nike de Nicolas !

Le souci des enfants et le soin mis à assurer leur bien-être, à les défendre et à les protéger, ne sont-ils pas au sommet des valeurs civilisatrices ? Je n'en disconviens pas. Et je souscrirais sans la moindre réserve à un tel credo si je ne le savais avoir donné lieu aux pires contresens.

Des enfants maltraités, il y en a toujours eu. Et il était non seulement concevable, mais absolument indispensable de faire quelque chose pour eux. Sauf que ce qu'on a fait l'a été en dépit du bon sens. C'est comme si, pour lutter contre le viol des femmes, on avait décidé d'introduire autoritairement dans l'alimentation de tous les hommes sans exception des antiandrogènes destinés à supprimer les érections. Ce qui est parfaitement logique dans un certain sens puisque ce sont les érections des hommes qui rendent possibles les viols ! Que les hommes comme les femmes puissent éventuellement pâtir, par la suite, de la radicalité d'une telle solution importe bien peu face à la disparition définitive et si ardemment souhaitée des viols.

J'ai fait, au plus haut niveau de responsabilité que j'aie eu, une bien étrange expérience de ce type de raisonnement. Il m'est arrivé parfois de la narrer mais je ne l'ai jamais écrite ; c'est pourquoi je le fais ici.

C'était il y a longtemps. Je ne me souviens plus de la date et je n'ai pas cherché à la retrouver. C'était autour de 1989, en tout cas du temps où le gouvernement de notre République était dirigé par M. Michel Rocard. J'ai reçu, un jour, un très épais dossier du ministère de la Famille (l'appellation du ministère était peut-être autre, mais, autant qu'il m'en souvienne là encore, le mot famille y figurait). Une lettre de madame la ministre (de son nom, je n'ai pas non plus le souvenir – une série d'oublis qui parle à elle seule !) me sollicitait au titre d'expert pour savoir si notre pays devait ou non ratifier la Convention internationale des droits de l'enfant. Après de longues et nombreuses hésitations, j'ai fini par accepter la mission et je l'ai fait savoir à temps. Si bien que je me suis retrouvé quelques jours plus tard à assister à une réunion préliminaire des quinze experts qui avaient été désignés. Ce qui est ressorti de cette réunion, c'est que les quinze que nous étions et dont aucun ne connaissait les quatorze autres – fait suffisamment rare pour être souligné –, nous nous sommes prononcés à l'unanimité, je dis bien l'unanimité, contre la ratification de cette Convention, chacun y allant de ses arguments en fonction de ses compétences au sein de son propre champ professionnel. Ayant relevé les premiers dégâts de l'infantolâtrie, j'avais soutenu pour ma part que cette Convention, assurément utile pour nombre de pays de la planète, était totalement inadaptée à nos sociétés occidentales, dans la mesure où les enfants de ces sociétés n'étaient pas si mal traités que cela et que souligner leurs droits par ces moyens revenait à asservir leurs parents à eux, ce qui était la pire maltraitance qu'on pouvait leur infliger. Il nous a alors été demandé de rédiger notre argumentaire et de venir l'exposer au cours d'une journée entièrement consacrée à ce sujet. Ainsi nous sommes-nous succédé, ce fameux jour, l'un après l'autre, à la tribune. Au terme de notre série d'exposés, M. Michel Rocard est monté à la même tribune. Après nous avoir vivement remerciés du travail que nous avions fourni et félicités de la qualité de nos interventions, se réjouissant que notre pays disposât de compétences aussi appréciables, etc., il nous a déclaré que la Convention internationale des droits de l'enfant avait été ratifiée depuis six mois déjà !

Aucun de nous n'a évidemment apprécié. Mais que pouvions-nous faire ?

Il semblerait, à ce que je me suis laissé dire, que M. Rocard aurait maintes fois déclaré, à propos de cette ratification, qu'on lui avait « tenu la main ».

Ce qui résulte du mouvement lent, unidirectionnel et singulièrement efficace que j'ai décrit, c'est que, débarrassé de toute obéissance à un patrimoine ou à un quelconque système de valeurs, l'enfant divinisé constitue désormais un objet de culte censé disposer de tous les pouvoirs... y compris sur lui-même !

Ce que j'ai désigné, pour ma part, sous le terme d'« infantolâtrie[6] » n'a pas cessé depuis de produire ses méfaits dans quantité de champs familiaux et sociétaux.

---

6. Voir *Les Pères et les Mères, op. cit.*

Je reviendrai en détail plus loin sur ces méfaits, en me contentant pour l'instant de m'intéresser encore aux cas de Jacques-Henri et de Nicolas. Afin de comprendre, surtout avec le premier, la manière dont l'entreprise scolaire comme les recours thérapeutiques habituels ne peuvent que se heurter, sans pouvoir en aucune façon le contourner, à ce que je désigne sans la moindre réserve comme un défaut éducationnel.

Et ce n'est pas sans devoir inquiéter.

Car si le portrait que j'ai brossé de lui invite à la sympathie et même à un certain attendrissement, il n'en suscite pas moins quelque inquiétude autour des difficultés qui surgiront lorsqu'il devra s'insérer dans le monde adulte et s'y faire sa place. Si rien ne change dans son attitude, il parviendra sans doute, grâce à son charme et à son bagout plus qu'aux études qu'il pourra faire – même un simple BTS « force de vente » est totalement hors de sa portée –, à trouver une place de vendeur, ce qui ne sera pas si mal en soi. On peut même imaginer que son égocentrisme et son aptitude à ne pas s'en laisser conter lui permettront de réussir à aller plus loin encore dans le commerce, voire de devenir riche. Mais son ego surdimensionné, cette autre appellation plus courante du parasitage chez l'adulte de la toute-puissance infantile, lui permettra-t-il de s'estimer content de son sort ? Comment interviendra-t-il dans sa vie affective et relationnelle ? Quel père sera-t-il un jour ? Surtout s'il demeure intimement persuadé qu'il a « droit à tout » et qu'il ne peut pas plus faire qu'avoir à faire le deuil de ce droit ? On rétorquera à cela qu'il n'est certainement pas nécessaire de penser à de si lointaines échéances et qu'à vouloir le faire, on tombe dans un autre travers, celui de la prétention à la maîtrise. Ce n'est pas faux. Mais renoncer à ce type de questionnement revient à faire de son passage sur terre un pur accident réduit à sa seule personne. J'ai eu la chance infinie, à la fin de ma carrière, d'avoir plus de 50 % de ma clientèle faite de parents que j'avais connus nourrissons et que j'ai longtemps suivis. Il faut avoir vécu une telle expérience pour comprendre que ne pas tenir compte de cette dimension, c'est réduire l'humanité à ce que Pierre Legendre[7] appelle une « logique bouchère ».

Et puis, qu'en aura-t-il été du rêve de ses parents pour notre Jacques-Henri ?

On sait qu'ils n'ont jamais négligé les manifestations de son problème. Ils avaient en effet recouru depuis longtemps à toutes les instances réputées adjuvantes. Ce furent d'abord, comme le rapporte l'exposé de son cas, les orthophonistes puis les psychomotriciens qui furent sollicités dans le petit âge. Après quoi on recourut aux enseignants particuliers – aurait-on pu regarder à la dépense quand l'avenir de cet enfant était en jeu ? Puis, comme, malgré ces soins éclairés, aucune amélioration ne se dessinait, on évoqua un « blocage » qu'on demanda aux psychologues d'abord puis aux psychanalystes de lever. Il y en eut un certain nombre, de ces praticiens des deux disciplines, car il finissait toujours par trouver « naze », voire plus grave : « nul », celui qui l'avait pris en charge, exigeant d'en changer sous peine de ne plus y aller ou de rester mutique.

La question qui se pose en ce point est celle de la portée du recours aux instances adjuvantes.

Si elles se sont considérablement multipliées depuis quelques décennies, c'est, comme nous l'expliqueraient les économistes, qu'une demande et surtout un marché pour elles avaient éclos. Je ne ferais pas d'un tel argument de l'eau apportée à mon moulin et qui témoignerait indirectement du pis état des lieux dans lequel il s'inscrit. Je me contenterai de le rabattre sur la fameuse et sempiternelle thématique du tonneau des Danaïdes. Sans jamais s'interroger sur les facteurs qui ne cessent

---

7. Pierre Legendre, *Le Crime du caporal Lortie*, Paris, Fayard, 1989.

pas d'y faire de nouveaux trous, notre époque, qui préfère réagir au coup par coup plutôt que de produire des analyses approfondies, se félicite de la quantité de paille dont elle dispose et de la quantité de travail que cela fournit aux artisans commis à la tâche ! On ne prend pas en effet le temps de se demander pourquoi autant d'enfants parlent mal, on les rééduque. On ne cherchera pas à savoir pour quelle raison il y en a tant qui rencontrent des difficultés d'acquisition de la lecture, on les confiera aux praticiens idoines. On ne fera pas le moindre effort, tant on craint de les traumatiser (le terme technique le plus fréquemment retrouvé dans la bouche des parents, tous niveaux de culture confondus !), pour leur supprimer la sucette afin qu'ils n'aient pas plus tard les dents qui avancent, on leur mettra en temps voulu l'appareil que tant d'autres ont déjà. Quant aux fameux « blocages » évoqués en toute occasion, il est enfin admis qu'ils sont du ressort du psy auquel il n'y a aucune honte à recourir.

Que l'utilité et l'efficacité de cet ensemble de recours soient avérées, autorise-t-il pour autant, comme on aimerait qu'elles le soient, à les imaginer souveraines en toutes circonstances ?

Le praticien que j'ai été n'a jamais hésité à y recourir et même à se féliciter de leur existence. Surtout quand il était amené à constater que les rééducations instrumentales parvenaient à faire franchir un cap à un enfant et à le sortir du cercle vicieux – autodépréciation –> dépression –> désintérêt –> aggravation des difficultés –> autodépréciation –>... – auquel le condamnait son handicap, fût-il conjoncturel. Mais, tout imprégné que je sois de cette psychanalyse, dont j'ai effectué un parcours personnel et dont l'exercice m'a longtemps tenté, j'ai été extrêmement mesuré dans ses indications. Ayant assez vite constaté combien les cures psychanalytiques d'enfants ne suppléaient en aucune façon à une éducation déficiente ou à une absence d'éducation, l'une comme l'autre responsables de la plupart des troubles survenant chez eux, j'en ai assez peu prescrit. Je laissais le plus souvent l'enfant de côté, avec son symptôme, et je prenais en charge ses parents pour les aider à assumer, et surtout à mieux mettre en œuvre, leurs fonctions éducatives respectives. Qu'un tel travail implique une écoute de type analytique est incontestable. Mais la stratégie dont j'usais relevait de celle du billard : le but était atteint en recourant à la bande et visait à permettre aux parents de recouvrer leurs qualités de premiers éducateurs. Ce qui nécessite toujours, bien évidemment, de les amener à comprendre ce qui, dans le cours de leurs histoires respectives, les avait empêchés de mettre spontanément en œuvre les mécanismes élémentaires requis par le comportement inadapté de leur enfant. C'est ce que j'ai fait par exemple avec les parents de Nicolas et ceux de Jacques-Henri, le cas du second, en raison de son âge, ayant demandé beaucoup plus de temps. Je ne m'y étendrai pas, car ce serait bien long. Mais, ne renonçant pas à faire percevoir les effets de ma démarche, j'en donnerai un exemple qui a le mérite d'être bref puisque le travail s'est déroulé en une seule consultation.

L'amour, pour guérir de la haine ?

J'étais d'assez méchante humeur, en cette fin d'après-midi de vendredi. Je regrettais d'avoir cédé à des sollicitations insistantes et d'avoir accordé les trois rendez-vous qui retardaient mon départ en week-end. C'est dire que j'encaissais déjà mal d'avoir attendu dix minutes l'étrange monsieur que j'ai introduit avec un enfant d'environ trois ans. J'ai eu à peine le temps de relever ses cheveux blancs, son âge avancé et ses vêtements négligés, que j'ai eu à assister à un véritable maelström. L'enfant, replet et en excellente santé apparente, s'était précipité sur le pèse-personne et sautait à deux pieds dessus. Sans même m'avoir salué ou adressé la parole, le monsieur dont je ne savais pas s'il en avait la garde ou s'il était son grand-père, l'a aussitôt rejoint et a entrepris de s'adresser à lui : « Il ne faut pas sauter comme tu le fais, mon chéri, tu vas casser la balance et c'est un instrument dont se sert le docteur. » L'enfant n'a pas même attendu la fin du monologue qui lui était adressé pour abandonner le pèse-personne et entreprendre de secouer vigoureusement le pèse-bébé. Ce qui lui valut aussitôt de s'entendre dire : « Mon chéri, il ne faut pas que tu secoues le pèse-bébé, comme tu le fais. Tu vas le casser et c'est... » L'étrange monsieur n'a pas eu à finir sa phrase car l'enfant avait approché une chaise de mon bureau, était monté dessus, puis de là sur le bureau, sur lequel il s'était mis à sauter à pieds joints, indifférent au discours qui continuait de lui être tenu sur le même ton, doux et obstiné : « Il ne faut pas sauter comme tu le fais sur le bureau, mon chéri. C'est un bureau en verre, il peut se casser. Du coup, tu risques de te blesser et tu auras détruit un instrument dont se sert le docteur. » Tout cela n'avait pas pris plus d'une minute. J'avais en face de moi l'enfant qui ne s'était pas arrêté de sauter, mais j'ai surtout enfin croisé le regard du monsieur à qui j'ai dit : « Vous ne pouvez pas tout simplement lui dire non ? » J'ai vu son visage soudain virer au rouge vif et ses yeux se remplir d'une lueur assassine. Ceinturant alors solidement l'enfant, pour sans doute mieux se faire entendre, il m'a jeté à la face sur un ton rageur : « C'est vous qui me dites ça ? Et c'est à vous qu'on m'a adressé ? Mais, c'est pas vrai ! C'est pas possible ! Qu'est-ce que vous me proposez, là ? De me conduire en fasciste avec mon fils ? C'est tout ce que vous trouvez à me dire ? Savez-vous, monsieur, que je n'ai pas cessé ma vie durant de combattre le fascisme, que ça m'a conduit jusque sous la torture et dans les geôles des colonels grecs, savez-vous... » Je l'ai interrompu d'un geste. Et sur un ton aussi violent mais encore plus incisif que celui dont il avait usé, je lui ai dit : « OK, OK, OK ! Mais quelle explication circonstanciée comptez-vous donner à votre fils, monsieur, quand il manifestera inévitablement un jour son désir de coucher avec sa mère ? Lui direz-vous qu'elle a un truc gros comme ça et que son sexe à lui est tout petit ? Qu'elle est votre femme et que vous ne voulez pas la partager avec lui, quelque amour lui portiez-vous ? Qu'est-ce que vous allez pouvoir lui inventer comme nouvelle salade ? Où irez-vous pêcher la rationalité ? L'interdit de l'inceste, c'est du pur arbitraire ! Il n'empêche que la Loi qu'il a instaurée est celle de notre espèce et que, sauf à prendre le risque des pires emmerdes, nous ne pouvons que nous y soumettre ! Comme ce n'est évident pour personne, chacun des "non" que vous émettez en direction de votre enfant en est un rappel. Et il l'est d'autant plus qu'il n'est assorti d'aucune explication. »

Au lieu de le voir s'agacer de mon propos, je l'ai senti se détendre au fil de mes phrases. Et quand, enfin, je lui ai demandé, sur un ton plus calme, la raison pour laquelle il venait me consulter, il m'a dit que c'était précisément pour les difficultés qu'il rencontrait à... se faire obéir par son fils ! Tout était donc allé très vite, à notre double insu. Comme si s'était mis en place un véritable psychodrame. L'enfant, admirable cothérapeute comme il l'est toujours, n'a plus eu besoin de se manifester et s'est mis à feuilleter un livre qui traînait par là. Ce qui a permis à cet homme de parler en termes émouvants de sa paternité tardive, des attentes qu'il en avait et de la quantité d'informations – très éloignées de celles que je venais de lui fournir – qu'il avait cru devoir recueillir pour la mener à bien. Cette rencontre houleuse m'a valu d'être adopté comme pédiatre de l'enfant et j'ai continué pendant des années à voir ce brave homme qui, animé des meilleures intentions, avait cependant risqué de gravement se fourvoyer.

Je reviendrai plus loin sur les longues explications des interdits dans lesquelles, depuis quelques lustres, les parents ont cru hélas devoir se lancer[8]. Cet exemple est un cas de plus que celui de Nicolas dont on a vu à quelle impasse il avait conduit. Il permet de comprendre qu'on n'aurait certainement pas obtenu le même résultat avec un travail de type analytique centré sur l'enfant.

Combien souvent, au cours de ces dernières années, n'ai-je pas précisément interpellé mes collègues psychanalystes à ce sujet ! Leur explication de la plupart des troubles présentés par un enfant fait appel de façon univoque aux mécanismes de l'inconscient dont on sait, par définition, qu'il ne peut en aucune façon être « traité », tout du moins de la manière que ce terme laisse entendre. Sans marquer le moindre désaccord avec leur opinion, j'ai tenté cependant de leur faire valoir la mienne, plus nuancée. Faisant état de ma pratique, je leur disais que s'ils parvenaient au cours de leurs rencontres à faire assurément progresser leur petit patient en lui faisant tricoter parfois trois ou quatre rangs de mailles, il leur fallait savoir qu'à peine de retour chez lui, l'enfant verrait sans doute ses parents tirer sur le fil et détruire tout le travail qu'ils lui avaient fait faire, sinon plus encore. Je leur ai proposé, sans grand succès, de penser le symptôme de l'enfant comme étant également un symptôme des parents et de travailler surtout avec eux. Sans quoi ils parviendraient sans doute, à force d'obstination, à protéger l'enfant de l'attitude de ses parents, mais au prix de la destruction concomitante du couple.

---

8. La recommandation de parler aux enfants a diffusé comme un feu de paille et a fait des adeptes sans nombre. « Comment, vous ne parlez pas à mon bébé ? », s'écriait telle mère, scandalisée et qui n'est d'ailleurs pas revenue, quand elle m'a vu me saisir sans un mot de son nouveau-né de quinze jours pour le poser sur le pèse-bébé. Telle autre, avec un bébé du même âge, ne cessait pas de mettre en mots le moindre de ses gestes : « Je te pose sur la table d'examen, je te défais le cordon de ton petit bonnet, je t'enlève ton bonnet, maintenant je vais défaire la fermeture Éclair de ton Babygro, j'enlève le pied droit, etc. ! » Et ça continuait ainsi pendant toute la consultation.

Il est vrai que ma proposition ouvrait à nouveau le chapitre, rarement repris depuis, qui a vu la violente diatribe théorique qui opposa Anna Freud à Melanie Klein. La première soutenait qu'on pouvait assurément faire usage de l'outil psychanalytique pour forger un modèle éducatif efficient, alors que la seconde défendait la spécificité des processus inconscients et en faisait la cause unique de tous les troubles, sans distinction, qui peuvent advenir.

Il me semble qu'un tel débat n'a pas lieu d'être et que les seules oppositions qui s'y relèvent reposent sur des malentendus redevables à des angles d'abord différents d'un même problème. Encore une illustration de la parabole indienne de l'éléphant et des aveugles ! J'ai eu le bonheur de suivre de très nombreux enfants de psychanalystes et, à une ou deux exceptions près, j'ai eu le même bonheur de n'avoir jamais vu ces derniers déserter leur position de premiers éducateurs. L'un d'entre eux, ne s'embarrassant pas de scrupules, me déclara un jour, à l'occasion d'une remontrance qu'il faisait à son enfant : « Je suis un fervent adepte du coup-de-pied-au-cul-thérapie. »

Que l'inconscient ne puisse en aucune façon être autre que celui de chaque sujet, et qu'il mène en tout point le fond de l'affaire, est une certitude sur laquelle il n'y a à revenir d'aucune façon. Je le redis et je l'écris pour que ne puisse pas se glisser la moindre ambiguïté dans le discours que je tiens. Mais cela doit-il nous faire verser dans une mystérieuse ontologie qui ferait de nous des êtres, sinon irresponsables de nos actes et de nos manières de penser, du moins à la responsabilité atténuée par un ensemble de mécanismes qui nous régissent et auxquels nous n'avons pas accès ? Lequel d'entre nous penserait pouvoir faire l'économie du combat de chaque instant qu'il mène lui-même contre ses pulsions ? Lequel exigerait que seules comptent ses opinions ou ses manières de penser et d'être ? Lequel aurait décidé de ne se plier à aucune règle sociale et, au nom de la prééminence de l'inconscient au sein de ses conduites, à n'en faire qu'à sa tête ? Et pourquoi ne pouvons-nous pas faire l'économie d'un combat aussi épuisant ?

Parce que, nous explique le discours psychanalytique lui-même, le « ça » pulsionnel – le « ça » du « ça m'gonfle » de Jacques-Henri – passe son temps à faire échec au « moi », construit par les processus éducatifs et décidé à le déloger, dût-il pour le faire emprunter l'énergie d'une instance née de cette lutte et qu'on appelle le « surmoi ». Et que fait donc toute cure analytique sinon toujours viser à faire en sorte qu'un « je », ayant sereinement fait siens les messages qui sont intervenus dans la construction du « moi », puisse enfin advenir là où « ça » était ?

Autrement et plus simplement dit, parce que notre vie, la vie en société dans laquelle nous sommes inscrits, exige de chacun de nous, et quoi que nous en pensions, qu'il se plie, bon gré mal gré, à un certain nombre de règles et qu'il les fasse absolument siennes. Il importe, pour que cela se passe plutôt bon gré que mal gré, que l'apprentissage de ces règles se fasse le plus tôt possible dans la vie. Ceux qui ont pour tâche de construire un barrage sur un fleuve savent qu'il est beaucoup plus facile de le faire plus près de sa source que de son embouchure.

Cela revient somme toute, pour user d'une autre métaphore, à ce qui rend possible la circulation à grande vitesse et en toute sécurité sur les autoroutes. Il vaut certes mieux avoir un moteur en bon état de marche, de bons freins, un embrayage correct, une colonne de direction fiable et un bon éclairage. Mais si cela permet d'avoir confiance dans les réponses qu'on attend de son véhicule, cela n'offre strictement aucune garantie si les règles qui régissent ce type de circulation ne sont pas scrupuleusement prises en considération et surtout respectées.

L'enseignement des règles exigées par la vie en société et qui assureront à l'enfant un destin de la meilleure qualité possible revient à ses parents. Que ces derniers puissent se sentir inhibés ou accablés par des relents de leurs histoires respectives, qu'ils peuvent à peine déceler et qui ne manqueront pas de marquer un jour ou l'autre leur enfant, est une tout autre affaire. Une affaire pour laquelle ils pourront toujours requérir de l'aide et l'obtenir. Mais cela ne doit absolument pas intervenir dans l'apprentissage fondamental qu'ils doivent conférer.

J'ajouterai pour clore le chapitre que nous sommes sans doute tous un peu écrasés par la tâche qui nous est dévolue et certainement heurtés, plus que nous ne voulons l'admettre, qu'à une époque où nos exploits technologiques ont réduit notre espace et en arriveraient presque à récuser notre statut de mortel, les connaissances accumulées autour de l'enfant ne soient pas parvenues à faire de lui un ready-made susceptible de se plier tout bêtement au « mode d'emploi » qu'on aimerait pouvoir mécaniquement lui appliquer.

Mais voilà qui ouvre d'autres perspectives.

En irait-il en effet comme si cet enfant s'évertuait imperturbablement, parce qu'elle est engendrée par notre paresse et par la perte de notre sens de la vie, à freiner des quatre fers l'imbécile ambition que, sous des dehors généreux, on nourrirait pour lui ? À jouer en quelque sorte au « sale gosse » pour nous rappeler que nous sommes des humains ?

C'est à la reprise de cette question et à l'éclairage de la nature, de l'importance et de l'usage raisonné des règles et des nombreux paramètres qui permettent de « rouler en sécurité sur l'autoroute », que se consacre la suite de ce propos. Tout ce qui vient d'être développé n'en est que les prolégomènes.

Chapitre 2

C'EST QUOI UN ENFANT ?

> « Pépé, pépé ! Tu as soixante-cinq ans ?
> Soi-xan-te-cinq-ans !
> Moi, je n'ai que huit ans
> et la vie me paraît déjà tellement longue ! »
> Mon petit-fils Isaac.

Une stature

J'aime beaucoup la réflexion que j'ai placée en exergue de ce chapitre, telle que je l'ai entendue, le ton en moins, dans la bouche d'un de mes petits-enfants. Elle m'a bien sûr ému, comme on peut l'imaginer. Mais elle m'a surtout surpris. D'autant qu'elle a été émise le jour même où je prenais ma retraite d'une activité qui, n'ayant pas cessé de me faire côtoyer des enfants, m'a surtout appris à ne m'étonner de rien venant d'eux. Elle m'a surpris autant par son contenu que par sa formulation. Sur fond d'un temps encore plus difficile à concevoir qu'à vivre, elle condense en effet tout ce que peut exprimer un enfant de ce qu'il perçoit d'abord de lui-même, puis du monde qui l'entoure et dans lequel il tente d'entrevoir la place censée lui revenir. Elle témoigne de l'existence d'un véritable travail auquel il se livre, un travail souterrain incessant, aussi vieux que lui et dont il subodore déjà qu'il se poursuivra certainement jusqu'à la fin de sa vie. Certains adultes en auraient une conscience si parfaite que la question que pose mon titre est capable de les tremper dans la plus grande perplexité. Mais d'autres, au nom de la triviale évidence de la réponse qui leur viendrait à l'esprit, s'empresseraient sans doute de la balayer pour ne pas la voir remettre en cause la confortable passivité dans laquelle ils ont depuis longtemps choisi de s'installer.

Pas plus l'inhibition des uns que le désintérêt des autres ne peuvent cependant nous dire ce qu'est un enfant.

Mais puis-je le dire moi-même qui consacre tout un chapitre à la question ? Puis-je le dire, quand je confesse si vite le perpétuel étonnement dans lequel il m'a toujours mis ? Puis-je le dire quand je l'ai toujours reçu comme un mystère, sans doute le mystère de la vie qui l'habite et qu'il parvient à gérer d'une façon qui m'a toujours émerveillé ?

Certainement pas.

La seule chose que je puisse faire, c'est de tenter d'écrire ce qu'il m'a appris tout au long de ces années où il m'a convaincu de ne pas le réduire aux maigres clichés que m'avait donnés de lui ma formation.

Un être neuf au formidable potentiel

La première caractéristique que je relèverais chez lui, c'est son attrait. Il nous attire en effet. Irrésistiblement et toujours. Car, quels que soient son âge, son allure, son sexe, la couleur de ses yeux, de ses cheveux, de sa peau, il parle sans mots à ce que nous avons certainement de plus secret, de plus enfoui et cependant de plus présent en nous, à ce qui fait de nous les vivants que nous sommes. Il parle à l'enfant que nous avons été, que nous ne nous sommes jamais résolus à chasser, que nous chérissons par-dessus tout, avec lequel nous dialoguons sans relâche et qui nous attendrit à un point tel que, par crainte du ridicule, nous ne confessons jamais combien il nous occupe.

Présence ou repère ? Lieu ou étape ?

Il est tout cela, et bien d'autres choses encore. Support de nostalgie ou générateur d'enthousiasme en fonction de ce que nous percevons de sa joie ou de son désespoir face aux décisions que nous sommes toujours contraints de prendre. Comptable attentif de nos investissements, il nous bouscule parfois plus que de raison, nous faisant dévier à notre grand étonnement du chemin raisonnable que nous avions cru devoir emprunter. Toujours vivant, toujours bavard, jamais épuisé, il a tout pour nous captiver et nous assujettir puisqu'il se confond avec cet essentiel dont il a le contrôle : l'énergie dont il constitue le réservoir où nous puisons sans relâche celle dont nous avons besoin pour tout simplement vivre.

Je crois que je pourrais continuer longtemps sur le même ton. Par trop lyrique quand j'évoque implicitement l'enfant qui est en moi, mais guère moins quand je parle de l'enfant en chacun, de l'enfant de chacun, de celui que j'ai vu grandir, qu'il ait été le mien ou celui des parents qui m'en confiaient le soin, de celui que j'ai retrouvé plus tard, identique à lui-même fût-il devenu adulte et procréant à son tour, tout comme de ce nouveau venu qu'on m'amène pour un cycle inédit de la ronde... Jamais je ne serai pourtant à la mesure de ce que chacun d'eux requiert !

L'allégeance que mes propos semblent marquer à son endroit m'entraînerait-elle à revenir sur ce que j'ai laissé entendre jusque-là ? À sombrer, moi aussi, dans son culte, dans cette infantolâtrie que j'ai dénoncée ? Certainement pas, aussi paradoxal que cela puisse paraître. Car, si je prête une oreille suffisamment attentive à son message pour dire avec mes mots l'émotion dans laquelle il me trempe toujours, c'est surtout pour déplorer qu'on ne le traite pas à la hauteur de son mérite, qu'on ne l'arme pas autant qu'on devrait le faire et qu'on ne veille pas suffisamment à préserver son énergie de toute déperdition en lui en enseignant au plus tôt le bon usage.

S'il est si riche, si ses potentialités sont à ce point considérables et si son devenir est tellement prometteur, c'est qu'il est doté d'une capacité énergétique qui en ferait un véritable soleil. Comme lui, il est un condensé de chaleur et de lumière, un condensé d'inépuisable, un condensé de futur, ce condensé d'éternité qui nous permet de croire que nous pouvons défier la mort. Et tout comme lui, il diffuse, bien évidemment. Il diffuse dans tous les sens, sans prendre en considération – mais comment, seul, le pourrait-il ? – que son immense générosité le fait dispendieux, à son propre détriment. Et ce sera difficile de tempérer sa propension, tant il excelle à trouver le moyen d'échapper à la contrainte. Comme s'il était averti du fait que tout cela... n'avait qu'un temps !

Ce disant, je mets mes mots, les mots de chacun, sur ce que la psychanalyse désigne comme le « registre pulsionnel » qui est derrière le « ça » : émanation brute, aveugle autant que violente de la vie dont la nature a confié le soin au corps.

Longtemps centré sur lui-même et sur ses seules sensations, il se laisse traverser par ce qui émane de lui, sans en interroger l'opportunité, l'intensité ou la pertinence. Il renverse un verre, il hurle, il frappe son voisin, il fait tomber un vase, il déchire son vêtement, il défèque en public ou jette un objet à la tête d'un passant, il ne lui en est jamais tenu directement rigueur : « C'est un enfant », entend-on dire, la formule jetée sur un ton qui peut aller du navré au quérulent[1] étant censée pouvoir se passer de commentaire. Et pour cause ! Une manière sans doute d'entériner le fait que ces dispositions de départ demeurent vivaces si longtemps qu'il importe d'en saisir la logi-

---

1. Et l'excuse n'a pas d'âge, comme en témoigne, ce 1er février 2008, la navrante mise en examen d'un professeur qui a donné une gifle à un élève de sixième qui l'avait traité de « connard » !

que pour pouvoir les recevoir et les gérer du mieux possible. N'en arrivera-t-on pas en effet, à peine quelques années plus tard, à parler d'un « âge de raison » ? Comme pour dire, non sans soulagement, que la maturation permet un jour à la raison de maîtriser la violence pulsionnelle. Mais d'imaginer l'accès automatique de chacun à une telle performance est un vœu pieux. Car la violence pulsionnelle ne renonce jamais à s'exprimer. Et elle y parvient d'autant plus facilement qu'elle ne rencontre pas les barrières destinées à la canaliser ou à la détourner dans une autre voie par ce processus que la psychanalyse nomme « sublimation ».

Édifier ces barrières, les multiplier, les redresser quand elles vacillent, veiller à les entretenir, tout ce travail de l'éducation telle qu'elle doit être, est le processus civilisationnel le plus achevé dont les sociétés aient entouré l'enfant en le dotant de parents responsables d'une telle tâche. Car il a longtemps été livré à un environnement féroce au sein duquel il a dû seul lutter pour sa survie.

C'est en cela que se pencher sur ses caractéristiques est un travail que son histoire aide à mieux comprendre.

Un potentiel longtemps insoupçonné

Il n'a pas en effet toujours été perçu tel que je l'ai décrit. Jusqu'à une période encore récente à l'échelle de l'histoire de l'humanité, c'était miracle s'il échappait à la maltraitance et à la grande faucheuse qui l'emportait une fois sur deux avant son premier anniversaire. Pendant les millions d'années où la violence de la vie n'était canalisée en aucune façon, il était banal que les mâles le fracassent contre un arbre pour se servir du sexe de sa mère. Ils ne lui ont pas réservé un bien meilleur sort longtemps après que les cultures ont tenté de leur faire prendre conscience de leurs actes. Ils ne lui pardonnaient sans doute pas de leur rappeler ce à quoi ils avaient dû renoncer ou le reste d'infantile qu'ils cherchaient à tuer en eux – un processus toujours à l'œuvre, mais sur le plan symbolique, comme on peut le constater dans les cures psychanalytiques[2]. Il y a à peine une poussière de secondes à l'échelle du temps paléontologique, ils en faisaient tout au mieux un esclave quand ils ne le sacrifiaient pas à une quelconque instance divine où qu'ils ne le précipitaient pas dans le feu au cours de rituels d'ordalie. Le récit biblique, qui prend fait et cause pour lui en dénonçant avec la plus grande véhémence certaines pratiques barbares dont il était l'objet, témoigne qu'elles étaient courantes dans les sociétés de l'époque[3]. Il ne commence à acquérir un statut proche de celui qu'il a aujourd'hui que lorsque des États s'organisent et légifèrent autour de son existence. Mais le chemin sera encore long, très long, avant qu'il ne parvienne aux institutions sans nombre qui veillent désormais – parfois un peu trop – sur son sort ! Sa santé fragile dissuadera longtemps ses parents de trop l'investir. Même un Montaigne avouait sans en être affecté qu'il ne savait pas combien il en avait eus qui étaient morts en bas âge. Jusqu'à la fin du XIXe siècle, la médecine, ignorante de la perfection de ses mécanismes physiologiques, aggravera plus encore sa situation en le traitant comme un adulte en miniature.

Il ne l'aura cependant pas parcouru seul, ce long chemin qui aura été le sien. Il a toujours eu à ses côtés une

---

2. Serge Leclaire, *On tue un enfant*, Paris, « Points Seuil », 1981.
3. Il est intéressant de constater que ces dénonciations, incluses dans le Lévitique, sont postérieures dans le texte thoraïque à l'épisode connu sous l'appellation habituelle de « sacrifice d'Isaac », et que l'hébreu désigne d'un terme qu'on pourrait traduire par « ligotage d'Isaac ». Il en irait comme si cet épisode revêtait une double fonction : une première destinée à préparer la dénonciation qui viendra plus loin et une seconde qui, selon la lecture que la psychanalyse fait du meurtre de l'enfant, aurait permis à Abraham de parvenir à sa pleine maturité d'adulte et d'accéder à sa stature.

mère qui, réduite elle-même depuis des temps immémoriaux à une effroyable impuissance, n'a pu dresser contre leur double triste sort que ses hurlements déchirants et la violence de ses réactions face à l'importune qui se serait avisée de guigner pour le sien propre la subsistance qu'elle avait trouvée pour lui. Ce serait presque justice que celle qu'elle est aujourd'hui veuille rattraper le temps perdu, quitte à verser parfois dans l'excès !

Je ne l'en blâme pas. Je veux l'aider dans sa tâche.

En la persuadant d'abord de l'extraordinaire solidité de cet enfant : son taux de mortalité dans la première année est passé du taux de 400 ‰ (mortinatalité naturelle) à moins de 6 ‰ (toutes causes confondues) et son espérance de vie, qui s'accroît de trois mois tous les ans, est évaluée aujourd'hui à cent ans.

Je voudrais ensuite faire appel à son intelligence, pour lui éviter de se retrouver soumise avec son enfant à une maltraitance inédite : celle d'un consensus sociétal qui, avec beaucoup d'empressement et guère moins de calcul, va abuser de sa tendresse et la manipuler, en l'utilisant à son profit ; avec un aplomb auquel il ne renonce jamais et qui reste le même que celui qu'il avait il y a quelques décennies à peine, alors qu'on ne savait pas grand-chose de cet enfant et qu'on s'en préoccupait au demeurant fort peu.

Pour la convaincre de ma bonne foi, je lui rapporterai un souvenir personnel édifiant, celui d'un épisode que j'ai vécu à la fin des années 1950.

Le patron du service dans lequel j'effectuais alors mon premier stage de pédiatrie s'était réservé le seul cours prévu sur le nouveau-né, jugeant sans doute que ses chefs de clinique ne sauraient pas l'assurer. Ce fut presque un choc pour les étudiants que nous étions. Car, au lieu de l'entendre traiter du sujet en s'attardant sur les détails techniques habituels de ce type d'enseignement, nous l'avons entendu tenir un discours embarrassé qui se commettait dans des considérations méthodologiques et presque philosophiques. Il nous a en effet déclaré, d'emblée et sur un ton profondément navré, que le nouveau-né souffrait d'un handicap rédhibitoire qui lui était propre et qui obérait considérablement l'abord de la clinique qui devrait lui être appliquée : il n'avait tout simplement pas de... définition ! Il répondait toujours, a-t-il poursuivi, nous plongeant plus encore dans notre étonnement, à celle qui lui avait été donnée par les obstétriciens du siècle d'avant, à savoir qu'il était « le produit nécessaire et inévitable de la salle de travail » ! Du coup, les obstétriciens continuaient à le considérer comme « leur » affaire en ne permettant pas aux pédiatres d'en approcher. Ces derniers ne savaient en conséquence pas même quoi en dire.

Cela n'impliquait cependant pas que les premiers s'en occupaient d'une façon ou d'une autre. Ils l'ignoraient tout simplement, au motif qu'il n'entrait en aucune façon dans leur champ de compétences. Au terme de quoi ce nouveau-né continuait d'être perçu, par les uns et par les autres, sur un mode des plus réducteur. À savoir comme un tube digestif au fonctionnement relativement aléatoire, ingurgitant du lait par une extrémité et en restituant le résidu par l'autre, sous forme de selles jaunâtres souvent nombreuses et en général liquides ou molles. Tel était le tableau clinique squelettique de ce qui se révélera être, à peine quelques années plus tard, un véritable univers. Le patron crut bon cependant de le compléter à titre informatif d'une incise, presque attendrie, en nous expliquant que ce nouveau-né semblait cependant avoir un pouvoir étrange et singulier, celui d'altérer l'entendement de sa mère, laquelle pouvait aller jusqu'à soutenir qu'il la reconnaîtrait ! Une illusion bien vénielle, ajoutait-il, à rapporter probablement au soulagement qui succède à l'épreuve de l'accouchement. Un discours qui, après l'avoir déploré, justifiait somme toute le point de vue des fameux obstétriciens quand ils utilisaient les termes « nécessaire » et « inévitable » !

On a sans doute peine à croire ce que je rapporte. Parce que nous nous habituons si bien au confort et au luxe dans lesquels nous vivons, nous ne pouvons pas imaginer qu'il ait pu un jour en avoir été autrement. Le voudrions-nous, que plus rien dans l'atmosphère actuelle des maternités ne le laisserait deviner. La mère nouvelle y est entendue et écoutée autant pour ce qui concerne son état propre que pour ce qui concerne son bébé. Ce dernier est lui-même perçu, par l'ensemble des soignants qui s'en occupent, avec une conscience aiguë de sa personne et un décryptage admirable des besoins qu'il exprime.

Un potentiel enfin reconnu

S'il en est ainsi moins d'un demi-siècle après le cours que je rapporte – et il en est ainsi depuis au moins une trentaine d'années ! –, c'est qu'il s'est passé quantité de choses entre-temps. La révolution dont je parlais s'était déjà mise en marche. Elle mériterait à elle seule d'être contée par le menu. Je ne m'y lancerai cependant pas, parce que cela n'entre pas dans le champ de mon propos et que je l'ai déjà fait ailleurs[4]. Je dirai simplement, pour aller très vite, que les pédiatres, dès qu'ils ont eu accès aux maternités, ont fondé coup sur coup la néonatologie et la fœtologie, devenues l'une et l'autre des sous-spécialités à part entière, denses et complexes, de la pédiatrie. Ce faisant, ils ont ouvert la voie aux psychophysiologistes, lesquels se sont intéressés, avec des résultats stupéfiants, aussi bien à la vie intra-utérine du fœtus qu'à celle des premiers jours suivant la naissance.

Autour des années 1975, le nouveau-né a commencé à être découvert comme formidablement compétent[5] et non

---
4. Aldo Naouri, *L'Enfant bien portant*, Paris, Le Seuil, 2004.
5. Pour en savoir plus, on peut consulter Étienne Herbinet et Marie-Claire Busnel, *L'Aube des sens*, Paris, Stock, « Les cahiers du nouveau-né », n° 5, 1995.

moins formidablement actif dans la conquête du monde qui l'accueille.

Il a été progressivement montré qu'il était pourvu d'un nombre impressionnant de moyens destinés, en tout premier lieu, à lui faire reconnaître à coup sûr sa mère et à lui permettre de la différencier de toute autre femme. Comme s'il l'avait inscrite en lui avec, toute brumeuse qu'on puisse l'imaginer, une forme de conscience aiguë de son importance.

Mis sur son ventre, aussitôt né, il s'avère en effet capable de mouvements de reptation qui lui permettent en quelques secondes de parvenir seul au sein nourricier. Grâce à la véritable banque de données qu'il s'est constituée dans son cerveau sensoriel[6] tout au long de son développement intra-utérin, il est immédiatement capable de la distinguer de toutes les autres femmes en discriminant sa voix, son odeur, sa manière de toucher, de se mouvoir, de le porter et jusqu'au goût des aliments qu'elle aime. Il vient seulement de la voir. Mais bien qu'en raison de l'obscurité du milieu utérin, son aire visuelle ne dispose pas de la moindre donnée qui la concerne, il lui faut à peine huit heures en sa présence pour la reconnaître... sur photo ! Ce qui paraît, là, de l'ordre du miracle s'explique par le fait que les différentes aires sensorielles du cerveau sont câblées pour être reliées entre elles et programmées pour échanger l'intégralité de leurs informations.

Le tout-petit vient ainsi au monde avec ce que j'ai appelé un « alphabet élémentaire[7] » fabriqué sur la seule personne de sa mère, un alphabet qui réfractera pour lui, sa vie durant, tout ce qu'il percevra du monde. Cela le mettra, avec sa mère, dans une relation et un état de dépen-

---

6. La partie du cerveau qui recueille tout ce qui vient des organes des sens. On l'oppose au cerveau moteur qui, lui, donne les ordres à l'ensemble des muscles.

7. Aldo Naouri, *Une place pour le père*, Paris, Le Seuil, 1985 ; « Points Seuil », 2002.

dance dont il ne pourra s'extraire, si tant est qu'il y parvienne, qu'au prix d'un travail et d'efforts considérables.

On imagine tout le bruit que cela fit. Voilà un être dont l'état a été proprement disqualifié par des générations de scientifiques imbus autant de leur savoir que de leur pouvoir, et qui se révèle enfin capable de quantité d'exploits insoupçonnés. Cela donna lieu à une explosion de travaux dans nombre de directions nouvelles, comme à une reprise de débats philosophiques autour de l'inné et de l'acquis, finissant même par susciter l'intérêt des informaticiens !

Quelle leçon à méditer par tous les oppresseurs et quelle revanche à espérer pour tous les opprimés de la planète ! Le dynamisme égalitaire dont vibrait l'univers politique de l'époque ne pouvait y rester indifférent et avait toute raison de la verser au compte de l'incontestable ouverture d'esprit qu'avaient produite les événements de Mai 68. La gauche unie[8] par son « programme commun » avait failli pour la première fois depuis longtemps remporter les élections de 1974. Son réveil a certainement contribué au fait que la contraception, qui avait déjà droit de cité, soit parvenue à faire reconnaître les conditions de sa totale maîtrise en dépénalisant l'avortement.

Il n'est pas impossible qu'un mouvement de contrition destiné à effacer une insupportable et vieille injustice ait infiltré les mentalités et contribué à apporter incidemment du grain au moulin des tenants de l'infantolâtrie naissante. Je regrette pour ma part que rien n'ait été dit à ce sujet et qu'aucun chercheur ni aucune équipe soignante n'aient pensé à rendre formellement justice aux mères des générations précédentes quand elles prétendaient que leurs nouveau-nés les reconnaissaient ! Je me souviens d'avoir proposé de le faire, à l'occasion de la publication d'un article, au directeur de l'équipe de recherche du CNRS dans laquelle je travaillais à l'époque.

---

8. Il me semble utile de rappeler qu'à l'époque, le Parti communiste, avec plus de 21 % de voix, se classait avant le Parti socialiste.

Ma suggestion a été balayée, au motif qu'elle ne pouvait s'inscrire en aucune façon dans le cadre d'une publication scientifique. J'ai donné ma démission.

La narration de cet incident ne doit pas laisser croire que j'aurais disposé d'une clairvoyance qui faisait défaut aux autres membres de l'équipe. J'avais seulement sur eux l'avantage de la connaissance du terrain. Les propos que j'entendais tous les jours me permettaient en effet de percevoir un grondement dont j'ai tenté de rendre compte. Il m'a semblé que le silence qu'on s'imposait avait de quoi nourrir à bas bruit la vindicte muette des femmes, et en particulier celle des mères, au point qu'on n'aurait aucune difficulté à les convaincre par la suite d'investir et d'entretenir indéfiniment cette relation privilégiée, source de tant de bénéfices. Et ce d'autant qu'elles trouvaient alors face à elles, en guise de pères, des partenaires tellement sidérés et stupéfaits par l'allure miraculeuse de ce qu'ils apprenaient, qu'ils en avaient perdu leurs marques et qu'ils ne savaient plus à quoi ils pouvaient servir. Comme tout cela se passait à la même époque où l'environnement sociétal, versant dans l'individualisme, entendait mettre fin à la référence de la moindre instance tierce, le tiers privé que le père avait toujours plus ou moins été pour la mère et l'enfant a été rapidement évacué – certains articles de l'époque disaient qu'il avait été « démissionné ». Ses ultimes tentatives pour rester tout de même présent sur le terrain ont consisté à s'essayer aux positions de ce qui a été mis par les médias sous les étiquettes de « nouveaux pères » puis de « papas poules ». Lesquelles ont fini par céder le pas à l'ultime « mère-*bis*[9] » qui prévaut largement aujourd'hui. Encouragé de toutes parts à s'occuper de son enfant au même titre que sa compagne – ce contre quoi je n'ai rien à redire ! –, ce père-là en est souvent

---

9. Je suis l'inventeur de cette expression (*cf. Une place pour le père*, Paris, Le Seuil, 1985) qui a été adoptée depuis sans que personne – et je ne le déplore pas – ne se préoccupe d'en savoir la source.

arrivé à oublier qu'il a tout de même une partition à jouer, une partition qui lui est spécifique et qui est, comme je le montrerai plus loin, absolument indispensable à la construction psychique de cet enfant.

Je les avais vus à plusieurs reprises avec leur enfant. Ils me l'avaient montré alors qu'il avait à peine une dizaine de jours et ils avaient continué de venir ensemble à toutes les consultations en manifestant le plus grand ravissement autour de leur condition. Si bien que j'ai été étonné cette fois-là, alors que le bébé avait autour de huit mois, de la voir seule. Et j'ai été plus étonné encore quand elle m'a déclaré tout de go n'en plus pouvoir et vouloir divorcer. Lui demandant la raison du revirement brutal de son humeur, je me suis entendu répondre qu'elle en « avait marre de ce biberon du soir ». Elle allaitait encore et nous avions décidé qu'à cette consultation on procéderait au début du sevrage. Elle m'a alors expliqué combien elle avait été touchée de l'intérêt que son compagnon manifestait pour leur bébé et combien elle était ravie qu'il s'en occupe, à tous points de vue, autant et si bien. Mais le biberon du soir, celui pour lequel, depuis des semaines, il lui faisait tirer son lait pour le donner lui-même, c'était le grain de sable de trop. Elle n'arrivait pas à s'y faire. J'ai cru pouvoir la calmer en lui promettant qu'on commencerait le sevrage par le remplacement de son lait pour ce repas-là par du lait artificiel. Et dans la foulée, je lui ai dit, sur un ton un peu paternel, que tout cela ne me paraissait décidément pas constituer un motif de divorce. C'est là qu'elle a réagi et m'a déclaré en se plantant devant moi : « Qu'il demande à donner un biberon par jour, passe. Qu'il me demande de tirer mon lait, passe encore. Mais que pour donner ce biberon, il se mette à poil et enfile la chemise de nuit de sa mère, ça, ça ne passe plus ! »

Les pères qui envisagent ou acceptent le partage des tâches ne peuvent pas mesurer à l'avance la manière dont ils devront parfois vivre le retour en eux de ce qu'on nomme l'« identification primaire », cette phase de développement où le nourrisson s'identifie étroitement à la personne de sa mère.

Malgré la survenue possible de ce type d'accident ou d'autres du même ordre quand les soins de l'enfant font l'objet de partage entre les parents, je tiens à répéter que je ne milite en aucune façon pour un retour à l'ordre ancien. Je regrette simplement qu'à avoir voulu se débarrasser du détestable ordre patriarcal qui leur a fait tant de mal, nos sociétés se soient attaquées, au point de l'avoir vidée, à l'indispensable place du père au sein de la famille.

Or cette place est absolument indispensable pour le devenir de l'enfant, garçon ou fille, non seulement, comme on le croit parfois, au cours de certaines étapes de sa construction, mais dès avant sa naissance et tout au long de sa vie.

On pourrait imaginer, à lire le survol que je fais de cette succession d'événements dans l'univers familial, que j'en développerais une vision paranoïaque. Ce serait regrettable. Car je n'ai pas d'autre intention que de continuer de montrer que les décisions, parfois même les plus fondées, n'évitent pas de produire des effets « collatéraux » inattendus. J'ai été spectateur autant qu'acteur de ce qui se passait dans ce registre à cette époque. Je le rapporte et l'analyse en rappelant que tout cela a été très médiatisé[10] et a donné lieu à quantité de débats qui n'ont pas manqué d'intervenir de façon décisive dans l'évolution des mentalités.

---

10. Il y a même eu, aux heures de grande écoute, des séries télévisées illustrant de diverses manières le nouveau paysage de la famille.

Un être prodigieusement doué
pour l'affectivité

Pourquoi cette place du père est-elle aussi indispensable que celle de la mère ?

Pourquoi cela n'est-il pas admis, alors que l'avenir de l'enfant risque d'en pâtir ?

Comment le comprendre ? Et que faire ?

La première réponse à apporter à cet ensemble de questions, auxquelles j'ai consacré une grande partie de mon travail[11] et dont je ne donnerai qu'un résumé réparti sur l'ensemble de l'ouvrage, tient au fait que notre admirable et généreux « soleil » s'avère doué, très tôt, d'une plasticité à hauteur des performances qu'on lui a découvertes. Cela lui confère une capacité considérable à intégrer ce qui lui est apporté de toutes sortes de manières et à y répondre toujours de façon adéquate, en fonction de la résultante des forces qui s'exercent sur lui dans des directions souvent différentes.

Pendant longtemps, au cours des très longs vingt-quatre à trente-six premiers mois de sa vie, ces forces, en raison de la proximité des corps, sont conduites jusqu'à lui essentiellement par sa mère. Elles peuvent évidemment émaner d'elle seule. Mais elles peuvent aussi avoir préalablement intégré la force portée par une opinion du père : on pourra déjà parler de résultante. Elles pourront par la suite être plus composites, quand par exemple plusieurs avis auront été confrontés à propos de tel ou tel autre problème : cela donnera lieu à une résultante de cet ensemble de forces. Pour illustrer le fait, je dirai par exemple que lorsque la maman décide en fonction de sa

---

11. On peut éventuellement consulter sur ce point Aldo Naouri, *Une place pour le père*, op. cit. ; *L'Enfant bien portant*, op. cit. ; *Les Pères et les Mères*, op. cit.

disponibilité que le repas sera retardé d'une demi-heure, son message sera seulement le sien et intégré comme tel. Si l'enfant se réveille la nuit, il peut y avoir divergence d'avis entre la mère qui a une propension à se précipiter aussitôt pour le secourir, et le père qui propose d'attendre pour voir s'il ne va pas se rendormir seul : il y aura eu deux avis dont le résultat pourra être qu'on laissera passer deux ou trois minutes avant d'aller voir l'enfant. À ces deux opinions différentes peuvent s'ajouter dans d'autres circonstances celles de grands-parents, d'amis, d'une nounou ou d'un médecin. L'enfant sera sensible au seul résultat de cet ensemble. Étant entendu que, pendant longtemps, ces fameux vingt-quatre à trente-six mois dont j'ai parlé, ce résultat ne sera porté jusqu'à lui, tel qu'il est ressorti de la confrontation des avis, qu'avec l'agrément de sa mère et seulement cet agrément. Une mère peut en effet demander ou recevoir une série d'avis et n'en tenir aucun compte.

On pourrait par ailleurs assimiler quelque peu les messages que l'enfant reçoit, comme tout ce qui lui est apporté, à des consignes de programmes informatiques qu'il enregistrerait dès sa naissance pour les exécuter au moment voulu sans la moindre entorse ou la moindre déperdition. À condition, toutefois, que sa progression naturelle programmée génétiquement soit favorisée par des stimulations au sein desquelles l'affectivité occupe une place prépondérante, et qu'elle ne soit pas contrariée par des attitudes environnementales susceptibles de la freiner. Ce que démontre de façon très claire une expérience psychanalytique.

Tout comme son cerveau sensoriel en construction s'était constitué pendant le séjour intra-utérin une véritable banque de données avec les afférences venues du corps de sa mère, l'ensemble de son cerveau ne cessera pas en effet, dès sa venue au monde, de fabriquer de véritables circuits de circulation de l'influx nerveux, destinés à stocker les informations et à les classer pour en faire usage. Ce sont en effet, à chaque seconde de sa vie entre zéro et douze mois, trois milliards de synapses – ces ponts jetés entre les cellules cérébrales pour établir des circuits – qui se fabriquent ! Ce chiffre, pour astronomique qu'il paraisse, se justifie par le fait que, sous l'effet du programme génétique, les cellules nerveuses entreprennent de gagner leur place définitive sans négliger pour autant de se prêter comme relais à des circuits provisoires qui se mettent en place à une très grande vitesse et qui sont remaniés sans relâche. Ce serait comme si, selon des opportunités de toutes sortes, l'établissement d'une route directe entre deux agglomérations se faisait par à-coups et après la construction d'une série de routes successives empruntant des détours de moins en moins longs. Quand une nouvelle connexion entre en fonction, la précédente, qu'aucun flux ne traverse plus, disparaît d'elle-même. C'est pour cette raison que le volume du cerveau du nouveau-né se trouve déjà multiplié par trois à l'âge de quatre ans alors qu'il ne le sera que par quatre à l'âge adulte. Tous les apprentissages ne se font donc que grâce à l'établissement de circuits neuronaux qui n'atteignent pas leur configuration définitive autrement que progressivement. Ceux qui commandent les doigts d'un pianiste confirmé ne se sont pas fabriqués d'un seul coup. Ils ont succédé à quantité d'autres, provisoires, qui ont été éliminés au fur et à mesure des progrès accomplis.

L'éthologie fournit un exemple frappant de la mise en œuvre de ces potentiels.

Quand la mère gnou met bas son petit, elle le laisse approcher d'elle comme il est programmé pour le faire à la recherche du mamelon nourricier. Mais, dès qu'il est près d'atteindre son but, elle s'éloigne de lui, le contraignant ainsi à éprouver ses pattes et à mieux se tenir sur elles. La manœuvre va être renouvelée sans cesse et de façon de plus en plus rapide. En quelques secondes le nouveau-né acquiert ainsi la maîtrise de la marche. Mais cela ne suffit pas encore à la mère qui continue de le tenir à distance jusqu'à lui apprendre à courir, et surtout à courir de plus en plus vite. Elle ne lui permettra, de fait, de la rejoindre et de téter que lorsqu'il sera parvenu à courir aussi vite qu'elle. Ainsi l'aura-t-elle pourvu en quelques minutes de son mécanisme de survie : la rapidité de la course qui lui permettra sa vie durant d'échapper aux prédateurs. On imagine que sans son action, son petit, ayant trouvé le mamelon, ne serait jamais parvenu à tricoter ses synapses d'une manière aussi correcte mais surtout aussi rapide.

C'est exactement le même mécanisme qui est à l'œuvre quand on parle de la stimulation des bébés humains : on encourage leurs acquisitions en les incitant à atteindre un objectif qui laisse entrevoir l'obtention d'un bénéfice dont il est indispensable de les priver jusqu'à ce qu'ils l'aient mérité. On peut stigmatiser cette manière de faire en l'assimilant à la détestable politique de la carotte et du bâton, en perdant de vue qu'on n'utilise de fait que la seule carotte pour protéger au mieux du bâton qui surgirait et n'aurait aucune pitié si on procédait autrement. Le petit gnou serait assurément une proie facile pour le lion, si sa mère le satisfaisait aussitôt.

Voilà qui, plus que tout discours dissuasif, devrait permettre de comprendre l'ambiguïté et surtout le caractère néfaste de la surprotection.

Ces phénomènes physiologiques, parfaitement démontrés depuis déjà quelques années, expliquent qu'au cours du développement de l'enfant, qu'il soit psychologique, sensitif, moteur ou affectif, toute acquisition se gagne au prix d'une perte.

Voyez-le, par exemple, s'essayer à la marche autour du douzième mois. Il est « château branlant », comme on dit de lui, à la recherche de son équilibre par définition précaire. Quand il sent qu'il va le perdre, il se laisse tomber d'une masse sur les fesses, sans même plier les genoux, et sans que ça lui fasse mal. Quelques mois après, non seulement il ne peut plus faire cela, mais s'il lui arrive par hasard de tomber de cette manière, il en éprouvera une grande douleur. Il en est de même, autre exemple, du langage articulé : pour parler sa langue maternelle, le bébé sélectionne les quelques dizaines de phonèmes dont il aura besoin au milieu des plusieurs centaines dont il disposait depuis le tout petit âge (la démonstration de cette richesse a été faite chez des bébés de trois mois). Lui qui était apte à parler toutes les langues du monde, sacrifie donc cette prodigieuse aptitude pour gagner en fiabilité dans la communication orale. Le bilan global de cette progression demeure cependant positif à tous égards. Car le sacrifice d'une compétence est compensé par un gain affectif : le bébé qui acquiert la marche est récompensé de son effort par ce qu'il voit de lui dans le regard de sa mère ; il en est de même de l'acquisition du langage ou du sacrifice du plaisir à évacuer ses selles dans ses couches.

Les progrès moteurs, spontanés parce que génétiquement programmés, sont en général suivis, voire encouragés, par les parents attendris. On comprend que s'ils ont été acquis c'est grâce à la mise en place définitive des circuits efficients qui ont remplacé les précédents qui n'étaient que provisoires.

Une fois qu'il tient sa tête, le bébé ne la laissera plus ballotter, une fois qu'il est parvenu à s'asseoir, il continuera de le faire, tout comme il continuera de marcher une fois qu'il a acquis la marche. Les circuits responsables de ces acquis se renforcent sans relâche par leur mise en œuvre, tout comme ils sont renforcés par la stimulation et par les messages affectifs qui l'accompagnent. Sauf événement pathologique grave, ils ne cesseront plus jamais de se voir traversés par des influx qui entretiennent en même temps leur état.

Imaginons maintenant qu'au lieu d'être favorisés et encouragés, les progrès soient bloqués ou contrariés : que se passe-t-il ? Le circuit non définitif continuera d'être sollicité sans relâche par l'influx qui le traverse. Il se maintiendra en place alors même que celui, mieux conçu, qui devrait lui succéder et qui était déjà prêt, va tôt ou tard disparaître pour n'avoir été entretenu par aucun influx. Un tel tableau existe et a été abondamment décrit et étudié à la fin de la dernière guerre mondiale : c'est celui des enfants atteints de ce qu'on appelle l'« hospitalisme ». On croyait cette pathologie disparue depuis lors jusqu'à ce qu'on la retrouve dans les orphelinats de la Roumanie d'après Ceaucescu. Ces enfants n'étaient sollicités d'aucune manière. Ils étaient nourris dans leur berceau-prison avec des biberons coincés par un linge. Ils n'avaient acquis aucune des performances de leur âge et étaient demeurés dans l'état qui avait été le leur quand ils avaient été consignés dans ces berceaux. Leurs circuits définitifs avaient disparu et ils ne pouvaient récupérer leurs compétences, lentement et partiellement d'ailleurs, qu'au prix du travail de rééducation qui tentait de favoriser la création et le fonctionnement de nouveaux circuits plus performants que les précédents.

Pourquoi faudrait-il imaginer qu'il puisse en être autrement pour ce qui concerne le domaine des acquisitions et des échanges affectifs, alors que le bébé et l'enfant, qui sont de formidables réceptacles d'amour, se comportent dans ce registre comme des éponges aux capacités absorbantes considérables ? À cause de l'inconscient, de son mystère et de son caractère atopique ?

Au risque de choquer beaucoup de monde, je laisserai de côté cette question sur laquelle je reviendrai. Même si les circuits qui commandent ce secteur si délicat de la vie ne se situent ni en un seul lieu ni dans les mêmes zones que les précédents, ils existent certainement, tout comme ils doivent fonctionner d'une manière à peu près identique : une succession de circuits brouillons aura précédé la mise en place du circuit définitif, avec le même risque que la favorisation d'un circuit intermédiaire ne puisse bloquer l'évolution à moins d'être mis en réserve ou neutralisé plus ou moins longtemps – comme on pourrait l'imaginer, à un âge plus avancé, pour ce qui est dit

« refoulé » dans le langage psychanalytique. Ce n'est pas parce que cela n'a encore jamais été démontré et que les tenants de l'organicité des processus mentaux et ceux de la psychanalyse pure se vouent mutuellement aux gémonies que cela serait faux. Ces querelles méritent au demeurant que les adversaires soient renvoyés dos à dos, parce qu'il s'agit de processus vivants qui voudraient que les avis puissent s'enrichir mutuellement au lieu de s'excommunier : pas plus la physiologie cellulaire que l'inconscient n'existent après la mort ! La neurologie n'en est qu'à ses balbutiements et n'a découvert qu'une partie infime de la complexité du cerveau.

L'entrelacs du physiologique et de l'affectif

Le cas schématique et exemplaire de Jack permettra, je l'espère, de mieux comprendre ce que j'avance.

Il a quatre ans et demi et il m'est amené par son père qui m'avait déjà exposé par lettre, lors de sa demande de rendez-vous, l'idée précise que sa femme et lui se faisaient de l'origine des troubles nombreux qui l'affectaient et qu'il m'a décrits avec une grande précision.

Le premier d'entre eux concernait le sommeil : Jack se réveille à plusieurs reprises en pleurant et régulièrement tous les matins à son lever s'il a « bien dormi ». La plupart de ses autres troubles ont évidemment donné lieu à une série de consultations de spécialistes (ORL pour tester son audition parce qu'il parle mal et qu'il semble parfois absent ou ne répond pas quand on lui parle ; orthophoniste pour son retard de langage, homéopathe pour son agressivité à l'endroit de son puîné et de ses camarades d'école).

Les parents de Jack pensent que cet ensemble de troubles est dû à la souffrance que lui fait éprouver l'existence de son petit frère. À leur avis, il ne l'aurait jamais accepté en raison du fait qu'il est né le jour même de sa propre rentrée scolaire et qu'il a pu le rendre responsable du sentiment d'abandon dans lequel a dû le mettre l'absence brutale de sa mère ce jour-là. Il supporterait par ailleurs assez mal l'absence de son grand demi-frère, qui vient à la maison seulement un week-end sur deux. Le père me dit d'emblée, quand je le rencontre, qu'il attend de moi que je fasse parler son fils et que je lui parle.

Je relis rapidement le courrier qu'il m'a adressé, et, levant les yeux, je lui demande comment il se fait que Jack ait encore une sucette. Il m'apprend, en regardant son fils d'un œil amusé et attendri, qu'il n'a pas que celle-là mais toute une série, dont de nombreuses dans son lit. Et il ajoute, devant mon air effaré, qu'il prend aussi un biberon le matin au réveil et un autre au coucher, qu'il a des couches pour la nuit – parce qu'il mouillerait son lit ! – et que sa mère le berce tous les soirs pour l'endormir. Je me suis aperçu à son ton que ces précisions n'étaient pas seulement destinées à m'informer mais à me donner une meilleure idée encore de la sollicitude dont Jack était l'objet, à souligner en conséquence la gravité de son cas.

Aussi a-t-il été profondément surpris que, sans m'être adressé à Jack que j'avais seulement salué en me présentant à lui, je lui dise qu'on allait commencer par supprimer sucettes, biberons, couches et rituel d'endormissement, et qu'on se reverrait le mois suivant.

Manifestement surpris par ma manière de percevoir le cas, en s'excusant par avance de sa réaction, il a entrepris de négocier ma prescription en me demandant si ce ne serait pas « y aller trop fort d'un seul coup » et s'il ne vaudrait tout de même pas mieux le « faire progressivement en supprimant les choses les unes après les autres dans l'ordre » qu'il me laisserait évidemment le soin de fixer. J'ai refusé d'accéder à sa demande et je lui en ai expliqué la raison. Il a accepté alors d'essayer de suivre mes conseils.

Le mois d'après, quand il est revenu me voir, il m'a annoncé d'emblée que tout était rentré dans l'ordre : les troubles du sommeil ont pratiquement disparu le lendemain de la consultation, l'agressivité à l'endroit du petit frère deux ou trois jours plus tard, dans le même temps où le comportement à l'école changeait du tout au tout ; l'attention est devenue meilleure et le langage lui-même a beaucoup évolué. Seul le lit continuait d'être mouillé une nuit sur trois – j'apprendrai par téléphone le mois suivant que le lit est devenu définitivement sec. Comme Jack, tout fier, faisait écho à chacune des énonciations de son père, ce dernier m'a alors raconté que, rentré de ma dernière consultation, quasi triomphant et fier de lui, il a dit à sa mère : « Le toteur a dit "pu tutette, pu bibron", etc. » Je me suis dit que le fait qu'il ait entendu et surtout pris l'initiative de répéter mes consignes à sa mère a dû faciliter singulièrement les choses !

La compréhension du cas et de son traitement fait appel exactement au même mécanisme d'explication que celui que j'ai évoqué pour l'hospitalisme. On avait tout simplement empêché des circuits évolutifs matures d'être utilisés et Jack, conscient de son évolution dans quantité d'autres domaines, ne parvenait simplement pas à comprendre la place qu'on lui assignait. On continuait de le traiter comme s'il avait encore deux ans à peine ! L'agression qu'il marquait à l'endroit de son petit frère et de ses camarades pourrait être lue comme sa manière de leur dire son envie d'être comme eux : reconnus dans leur droit d'être comme ils doivent être et comme ils sont à leur âge. Vivant une situation paradoxale, il essayait de s'y adapter, ce qui explique aussi bien les troubles de langage que leur si rapide évolution. Quant aux troubles du sommeil, ils étaient probablement liés, pour une part au vécu de la situation diurne sans doute génératrice de cauchemars, et pour une autre part aux effets des mictions.

Voilà un cas qui aurait certainement pris des mois et des mois, sinon plus, pour rejoindre la normalité – non sans laisser quelque cicatrice en raison du temps qui aurait été perdu – s'il avait été pris en charge autrement que je ne l'ai fait. Les symptômes se conjoignaient en effet sur un mode suffisamment piégeant pour permettre de construire une approche clinique psychologique relativement cohérente, laquelle aurait d'ailleurs été bâtie sur une explication guère éloignée de celle que les parents avaient construite.

Ce qu'on peut dire de ces derniers, c'est qu'ils n'étaient pas seulement concernés par le sort de leur enfant – tous les parents le sont ! – mais passablement informés. On les imagine régulièrement plongés dans ces revues de vulgarisation qui donnent à chacun, au prix de leur lecture assidue, l'espoir de devenir un fin limier de la psychologie. Un objectif apparemment noble dont notre environnement aurait tout lieu de se féliciter s'il n'était le symptôme d'une réalité qu'on refuse de prendre en compte. Si les parents sont friands de toutes les recettes qui peuvent leur être données, c'est qu'ils se sentent écrasés par leur responsabilité et qu'ils ne veulent à aucun prix être accusés d'avoir compromis le destin de leur enfant.

Un désir de cet ordre a une double origine.

La première réside dans le fait que, dès sa venue, l'enfant renvoie chacun de ses parents à sa propre situation d'enfant. Ils perçoivent alors obscurément le ressentiment, si ce n'est la haine, qu'ils ont inconsciemment conçus pour leurs parents – ce qui n'a rien de monstrueux dans la mesure où ce sont de tels sentiments[12] qui permettent à tous les enfants de se détacher un tant soit peu de leurs parents. Sans savoir qu'ils cultivent une illusion, ils se fixent comme objectif de faire en sorte que leur enfant n'ait pas de raison d'éprouver plus tard à leur endroit

---

12. L'amour et la haine sont l'avers et l'envers l'un de l'autre, ce que Lacan laissait entendre en parlant de *hainamoration*.

ce qu'ils ont éprouvé à l'endroit de leurs parents. Aussi chercheront-ils, en tout premier lieu et par tous les moyens, à lui plaire. C'est ce qui reviendrait, pour la mère gnou dont j'ai parlé plus haut, à offrir immédiatement sa mamelle à son petit, histoire de lui plaire en lui faisant faire, avec les conséquences qu'on devine, l'économie de l'épreuve de l'apprentissage précoce de la course.

Le second phénomène qui intervient dans ce processus ne peut que renforcer la disposition que je viens de décrire. Jusqu'en 1975, date de la maîtrise totale de la contraception qu'a apportée la légalisation de l'interruption volontaire de grossesse, un enfant était le résultat d'un désir inconscient de ses deux parents. Désir qui s'imposait parfois sur un mode inattendu à leur volonté, leur infligeant éventuellement un « enfant non voulu », qu'un abus de langage nommait « enfant non désiré », et dont ils faisaient ce qu'ils pouvaient. L'enfant, comme je l'ai déjà signalé, avait alors dans l'inconscient des parents le statut d'un sous-produit de leur activité sexuelle. Depuis 1975, la hiérarchie s'est inversée. La volonté a pris le pas sur le désir et dispose du moyen d'annuler son expression : la grossesse, désirée comme elle l'est toujours, peut être supprimée quand elle n'est pas voulue. L'enfant est passé alors du statut de sous-produit au statut de pur produit. Il sera alors pensé sur ce mode dans le cadre de pensée de la société de consommation qui inclut le fameux critère de zéro défaut lancé par les constructeurs de voitures japonais. Il devra être parfait, performant et source inépuisable de satisfaction. Comme on a une vague idée de l'interaction entre soi et lui, on se montrera friand de tout ce qui est réputé pouvoir produire les meilleurs résultats.

Les parents de Jack auront sans doute méticuleusement appliqué les recettes qu'ils ont trouvées ici ou là. Aussi ont-ils dû longuement lui expliquer, selon la technique préconisée par Françoise Dolto et largement diffusée par ses successeurs, qu'il n'avait rien perdu de l'amour de sa mère avec la naissance de Luca. Que ce dernier était un bébé qui ne savait rien faire et qu'il avait plus besoin de sa maman, alors que lui, il était un bon grand garçon qui savait faire plein de choses, comme il pourra d'ailleurs en faire avec son papa. Je les entends lui expliquer par le détail le passé conjugal du père et la configuration de la famille recomposée pour lui faire comprendre que son grand demi-frère Walter ne peut venir que tous les quinze jours. Il aura probablement écouté tout cela, avec le même intérêt, toutes les fois que l'antienne lui aura été réitérée en raison de l'absence de changement de la situation. Je le vois même s'amuser à répéter, faisant chorus avec ses parents, des bouts de phrases entendues à plusieurs reprises et qu'il aura retenues, tout en continuant à se demander pourquoi ces derniers éprouvaient le besoin de revenir sans cesse à cette histoire qu'il avait comprise pour sa part depuis si longtemps !

C'est ce qui s'est passé pour Benoît, dix ans, qui me raconte le souvenir d'un épisode de cet ordre survenu dans sa petite enfance : « Ma maîtresse de maternelle avait rapporté à mon père que j'mordais les autres. Mon père m'a grondé. Après quoi, sans la moindre colère, il s'est mis à m'expliquer pourquoi je n'devais pas mordre mes camarades, et puis aussi c'que c'était moi, les autres, moi et les autres, les autres et moi. Et patati et patata ! Il n'arrêtait pas de parler. Et ça durait, ça durait ! Moi, je n'l'écoutais plus depuis longtemps. C'était comme si mes oreilles s'étaient bouchées. Et lui, il continuait. Je m'suis d'mandé pourquoi il en f'sait tant. Comme si ça n'lui suffisait pas d'm'avoir dit que j'ne devais pas mordre. Ça aurait dû suffire ! Parce que j'avais déjà compris dès qu'il m'a grondé qu'c'était pas bien et j'ai tout de suite su que je n'l'ferais plus. Mais j'pouvais pas comprendre pourquoi il insistait tellement. »

Trop de sollicitude tue la sollicitude.

Et une explication trop longue tombe dans le travers d'une justification qui compromet le résultat recherché.

Pour le faire comprendre aux mamans de mes patients, j'usais d'une métaphore. Je leur demandais d'imaginer ce que serait leur réaction devant le bouquet de roses avec lequel entrerait un soir leur compagnon. Leur sourire, tout en me faisant comprendre la nostalgie qu'elles avaient de ce geste rare, me permettait d'enregistrer le plaisir qu'elles en auraient conçu. Je poursuivais en leur demandant ce que serait leur réaction si le fait se produisait deux, trois, cinq ou sept soirs de suite. Elles convenaient alors sans difficulté qu'elles auraient été amenées à devenir suspicieuses et à souffrir de la répétition de ce geste en se demandant ce qu'il pouvait masquer.

L'attitude des parents de Jack avait abouti au même résultat.

La manière dont ils vivaient ses symptômes méconnaissait de surcroît la réalité des faits et leur donnait une explication qui, pour aussi élégante qu'elle pouvait paraître, n'en était pas moins fausse. Ne l'accusaient-ils pas implicitement, en effet, d'être le seul auteur d'un comportement qui n'était pas à la hauteur de l'amour qu'il recevait ? Comment pouvait-il les détromper, lui, et leur faire savoir qu'il n'avait pas d'autre moyen pour faire évoluer la situation dans laquelle il était coincé ? On pourra récuser l'argument que je soutiens au motif qu'il aurait pu à lui seul se passer au moins des sucettes. Mais comment l'aurait-il pu quand il y en avait jusque dans son lit et que sa succion était si bien entretenue par les biberons qui lui étaient administrés ? Il avait depuis longtemps parfaitement compris, lui, qu'il lui fallait un signal de sa mère, pour être sûr de ne pas la contrarier en prenant une initiative. S'il avait contrevenu à ce préalable, il aurait trahi la loyauté qu'il a toujours eue à son endroit et surtout à l'endroit des messages qu'elle émet sans même avoir besoin de les formuler ! Il n'avait pourtant pas manqué de dresser toute sa sensibilité en plus de son oreille pour percevoir ce signal. Mais ce signal n'est pas venu. Et voilà qu'il en reconnaît quelque peu la nature au cours de notre consultation. C'est pourquoi, sitôt revenu chez lui, il se précipite précisément vers sa mère pour lui répéter mes consignes sur le ton « triomphant » relevé par son père. C'est comme s'il lui disait qu'il allait lui arriver, leur arriver, quelque chose, mais qu'elle ne devait pas lui en vouloir, qu'il en était innocent. Qu'elle ne devait en aucun cas suspecter sa loyauté. Qu'il appliquait seulement des ordres. Et s'il tient à ce qu'il n'y ait aucun malentendu sur ce point, c'est parce qu'il sait combien sa loyauté lui vaut en retour les plaisirs que sa mère lui dispense, qu'il collectionne et dont il espère qu'ils continueront sans relâche de scander sa vie.

Or les suppressions qui interviennent toutes à la fois seront parfaitement supportées et auront un effet brillant.

L'explication du point de vue physiologique tient dans le fait que l'influx nerveux aura immédiatement transité par la succession des circuits plus matures qui étaient encore utilisables[13] et qui l'attendaient depuis déjà pas mal de temps. Il en est de même pour ce qui est de l'explication en termes de plaisirs : ceux que produisent les progrès sans que la loyauté ait été mise en cause sont sensiblement supérieurs à ceux qui existaient jusque-là et dont les symptômes traduisaient l'insuffisance.

Si on doit résumer le cas de Jack, on pourrait le présenter comme celui d'un enfant dont on a freiné l'évolution parce qu'on a attendu de lui qu'il évolue tout seul, spontanément, « sans contrainte » et « à son rythme » comme on dit. Une manière de voir devenue tellement répandue qu'elle ne cesse pas de produire des dégâts !

Combien de fois ai-je été consulté, la dernière décennie de mon exercice, pour des addictions à la sucette, au doudou ou au biberon – le record que j'ai relevé sur ce der-

---
13. Quand ils ne sont pas utilisés trop longtemps, ils finissent par involuer, autrement dit, par disparaître.

nier point revenant à une jeune fille de douze ans, élève de cinquième ! C'est toujours le même cas et la même explication, exactement celle qui intervient lorsqu'on se plaint de l'usage intensif que font certains enfants de la télévision de la Playstation ou d'autres engins électroniques. On n'interdit pas. Ou, quand on prétend l'avoir fait, on l'a fait si mollement que ça revient au même. Pourquoi ? Par peur de « traumatiser » – j'ai déjà signalé que c'était le mot technique le plus en usage aujourd'hui dans le langage des parents ! Je veux bien qu'une certaine soupe psychologique ait pu promouvoir un tel concept. Mais je ne crois pas qu'il aurait rencontré un tel succès s'il n'avait servi d'alibi commode non pas tant à la paresse des parents qu'à leur désir de plaire à leurs enfants.

Si cette pseudo-sollicitude attendrie a pris, comme je l'ai dit plus haut, l'allure d'une épidémie ou d'un effet de mode, c'est qu'elle permet précisément aux parents de séduire leurs enfants et ce, sous les applaudissements unanimes de l'environnement.

Or séduire est exactement le contraire d'éduquer.

En l'occurrence, le sens des mots à lui tout seul exonère mon affirmation de toute suspicion d'*a priori* idéologique.

Les deux mots sont en effet construits sur le radical latin *ducere* qui veut dire « tirer à soi », « conduire », lequel a donné *ducare*, « élever ». *Ducere* est forgé sur le radical *dux*, lequel veut dire « chef ». *Educere* laisse entendre un rapport d'échange avec le chef, l'idée de chef, voire l'exemplarité qui s'en dégage. En revanche, *seducere*, introduit par le préfixe *se* qui signe la séparation, la mise à l'écart, laisse entendre le contraire, c'est-à-dire une mise à l'écart de l'exemplarité de cette idée de chef. Le mécanisme élémentaire de la séduction ne tient-il pas de la simple flatterie, c'est-à-dire du renforcement mutuel et sans autre référence qu'eux-mêmes des narcissismes respectifs du séduit et de son séducteur ?

Éduquer expose à devoir imposer à son enfant une contrainte ou une privation qui a sens pour soi parce qu'on ne la pense pas dans son effet sur-le-champ mais dans ce qu'elle produira à long terme. Mais comme lui ne la vit que dans ce qu'elle produit en lui sur-le-champ, on pense qu'il n'est pas capable de la supporter et qu'il va y réagir en développant des sentiments négatifs. Et ce d'autant qu'on l'imagine ne pouvoir la recevoir que comme on la recevrait si on était à sa place. On ne sait évidemment pas l'étendue de l'erreur qu'on commet en raisonnant de la sorte. La confusion qu'on fait, en imaginant la réaction de l'enfant comme ce que serait la sienne si on se trouvait dans son cas, s'appelle une « projection ». Elle projette sur le vécu de l'enfant un vécu qui lui est totalement étranger. Le fait est beaucoup plus flagrant quand on le surprend dans des cas extrêmes : bien au-delà de la sympathie, l'apitoiement des parents et du public en général devant un enfant né aveugle, sourd, avec un bras, une main, une jambe en moins. On raisonne à l'endroit du vécu de ces enfants comme si on se trouvait dans leur situation. Ce qui, au lieu de les aider, ne fait qu'aggraver leur cas. Car eux n'ont pas connu de monde avec des yeux, deux bras ou deux mains. Ils n'ont connu du monde que l'expérience qu'ils en ont tels qu'ils sont. L'apitoiement va du coup créer artificiellement chez eux une nostalgie dont ils auraient pu faire l'économie. Qu'on œuvre à leur faciliter la tâche pour leur permettre de vivre du mieux possible avec leur handicap, c'est tout autre chose. Mais on n'a pas à plaquer sur le vécu qu'ils ont de leur situation un vécu qui n'a rien à y voir.

C'est cette confusion qui prend son origine dans le désir de plaire qui pose les vrais problèmes. Parce que l'enfant soumis à une contrainte la reçoit le plus simplement du monde si elle n'est pas vécue par le parent avec la crainte qu'il puisse en souffrir. Ils n'auront en aucune manière à affronter ou supporter de sa part un quelconque ressentiment. D'aucuns, redoublant de précaution, en arrivent parfois au pire encore, sinon au sadique pour ne pas dire au dégueulasse, en se mettant à expliquer à l'enfant la louable perspective dans laquelle ils situent leur acte : « Je le fais pour ton bien... Plus tard, tu m'en seras reconnaissant... Un jour tu me remercieras... »

Il est indéniable que séduire un enfant lui procure indéniablement du plaisir. Et la reconnaissance qu'il en a sur-le-champ procure au séducteur un non moins indéniable plaisir. Nous allons être « copains » !

La pire maltraitance qu'on puisse infliger à un enfant !

Tout cela se vérifie quelque peu dans le cas de Jack. Il importe en effet de relever qu'il m'a été conduit par son père seul qui m'avait déjà écrit à son sujet. Pourquoi la mère n'est-elle venue à aucune des consultations ? J'ai posé la question. Il m'a été répondu qu'elle avait peur que « ça lui fasse mal de remuer tout ce qui [n'allait pas] » avec son fils. Un motif susceptible de laisser la porte ouverte à toutes les hypothèses, depuis la culpabilité qu'elle pouvait ressentir, jusqu'à la conscience plus ou moins claire de son implication dans le problème parce qu'elle ne se résolvait pas à voir cet enfant grandir. Mais qu'a fait le père dans tout cela ? Il a été suiviste et il n'en a d'ailleurs pas fait mystère. Il l'a été longtemps, trop longtemps. Deux ans au moins, si on reprend les divers éléments du tableau – ce qui fait presque la moitié de la vie de son fils ! Il aura été un de ces pères-Joseph, comme je les appelle et comme il y en a beaucoup, qui, selon la religion winnicottodoltoïenne qu'on a fabriquée sur les propos déformés de ces grands maîtres et à laquelle on a réussi à les convertir, ne sont là que pour entourer la mère sans jamais plus intervenir que quiconque dans la manière dont elle conduit l'éducation de son enfant.

En la desservant en réalité.

Le père de Jack n'a permis en effet à aucun moment à sa compagne de mettre en question son attitude. S'il était intervenu, de quelque manière que c'eût été, il aurait certainement ouvert la voie au conflit, ce dont il ne voulait pas, sans doute enseigné par l'effet qu'a pu avoir un conflit similaire dans l'échec de son premier ménage.

C'est probablement la raison pour laquelle il a attendu pas mal de temps pour recourir à un tiers, en lieu et place de celui qu'il aurait dû être. Un tiers à qui il demandait, de fait, d'écouter son enfant et de lui parler, et non pas de lui imposer une quelconque conduite. Son marchandage de ma prescription a d'ailleurs sûrement eu pour origine plus la crainte de la réaction de la mère de Jack que celle de ce dernier. N'aurait-elle pas pu en effet critiquer des mesures qui allaient à ce point à l'encontre de ses dispositions personnelles ? Si bien qu'au total cet homme se sera appuyé sur moi pour porter à son fils, soulagé au point de s'être montré « triomphant », le secours qui aurait dû venir de lui. Car si on y regarde de près, ç'aura été moi et non pas lui, qui ai occupé, dans sa constellation familiale et sur ce point précis, ce qu'on appelle la fonction paternelle si décriée sur laquelle je reviendrai. Je me serais en quelque sorte laissé piéger, comme le sont si souvent à cet égard les médecins, mais aussi les psychologues, les maîtres d'école, les prêtres, etc. Je le reconnais. Mais comment aurais-je pu négliger l'urgence du cas ?

J'aurais effectivement pu et dû travailler plus avec les parents de Jack et mieux les aider, en remontant leurs histoires, à se débarrasser de ce qui les contraignait à agir comme ils l'ont fait et à ne pas retomber plus tard dans des travers similaires. Ça a été la ligne de conduite qu'à titre parfois même préventif j'ai toujours observée avec les familles des enfants que j'ai suivis. Je n'ai pas eu la même discipline avec les consultants ponctuels. Mais je n'en ai pas éprouvé de remords. Je le dis sans cynisme parce que j'ai toujours fait confiance à l'enfant et à ce pouvoir extraordinaire qu'il détient de se comporter en cothérapeute et de parvenir toujours à conduire ses parents à la personne qu'il leur faut pour résoudre les problèmes qu'il lui arrive de leur poser et qui sont souvent, sinon toujours, le reflet des leurs propres.

Un métaphysicien doublé d'un admirable stratège

Car c'est exactement ça qu'il est, l'enfant : un révélateur de problèmes et/ou une source de problèmes, comme on le voudra. Un individu qui n'arrête pas de questionner et de se questionner. Autrement dit un métaphysicien. Un admirable métaphysicien. Un métaphysicien branché exclusivement sur la vie bouillonnante qui a éclos en lui et qui le remplit d'une joie si grande qu'il l'investit massivement en repérant très tôt sa source, sa force, sa violence et la manière plus ou moins satisfaisante dont elle vient jusqu'à lui.

Il lui est facile, en raison de ce lien transnatal qu'il a avec elle depuis son stade fœtal, et des soins qu'elle lui prodigue, de reconnaître que sa mère en est l'admirable, et longtemps la seule, pourvoyeuse. Il se mettra donc à son entier service et il fera en sorte que leurs échanges la remplissent d'une émotion à hauteur de celle qu'il ressent à chacune de leurs retrouvailles. La lune de miel va durer, durer, durer, comme si elle ne devait jamais prendre fin, sécrétant en lui un plaisir si grand qu'il en fera le seul but de la vie et qu'il le constituera comme l'étalon destiné à lui permettre d'apprécier toute situation dans laquelle il se trouvera.

On serait porté à le croire, en raison de son immaturité physique, malléable et passif. Ce serait un grand tort car il est un stratège d'autant plus admirable qu'on se laisse prendre à son jeu sans jamais rien y comprendre.

Il a très tôt compris, à cinq mois de vie à peine, qu'il ne peut pas comme il le voudrait disposer tout le temps de sa mère. Il sait le dire et dire le moyen qu'il a trouvé pour dépasser sa déconvenue dans le plaisir qu'il prend à jouer à « cache-cache » ou à « coucou ». Il est capable de convoquer son interlocuteur à ce jeu en se mettant une serviette sur le visage puis en l'ôtant brutalement pour éclater de son rire jovial. Et si l'interlocuteur se prend par hasard au jeu, qu'il répond à la demande et prend lui-même le rôle actif, cela peut durer des heures ! C'est sa manière à lui de faire savoir qu'il a pris son parti des disparitions de sa mère parce qu'il est – il le croit – une partie d'elle, un morceau d'elle, un morceau dont elle ne peut pas se séparer et qu'elle reviendra chercher tôt ou tard. Plus tard, quand il aura un an de plus, l'âge du petit-fils de Freud qui en a fait toute une étude, il lancera au loin, nostalgique, une bobine attachée à un fil en babillant *vor* pour dire « partie » puis il la tirera vers lui, satisfait, en disant *da* pour dire « revenue ». Se faisant ainsi le maître de l'événement, la présence ou la disparition de sa mère seront son œuvre. Ce n'est pas elle qui a pouvoir sur lui, c'est lui qui a pouvoir sur elle[14]. Et ce n'est rien de payer d'un fantasme aussi anodin une réassurance si grande !

Car ce qui se joue de fait dans cette forme d'échange qui paraît futile, c'est la maîtrise d'une véritable tragédie.

Aussi incroyable que cela puisse paraître, c'est en effet par ce processus d'apparence dérisoire que l'humain en devenir entreprend, quand il n'est pas contrarié dans ses dispositions – avec les insurmontables difficultés que l'on devine –, de faire le deuil de son immortalité ! C'est par ce même processus qu'il découvre l'existence du temps auquel il se sentira peu à peu soumis et dont il apprendra progressivement l'écoulement et la logique.

Et tout cela parce qu'il lui sera arrivé, vers le neuvième ou dixième mois, une aventure épouvantable dont il passera une grande partie de sa vie à tenter en vain de se remettre !

Sa maturation physiologique l'aura conduit à devoir prendre acte d'un fait qui le surprend profondément, parce qu'en même temps qu'il le ravit, il le trempe dans un effroi jusque-là inconnu et une angoisse dont il ne parviendra plus jamais à se débarrasser. Il s'est vu avec sa

---

14. Sigmund Freud, *Au-delà du principe de plaisir* (1920), *in Essais de psychanalyse*, Paris, Payot, 2004.

mère un jour dans le miroir et il s'est brutalement rendu compte qu'il était... lui ! Lui, et plus du tout une partie d'elle, lui, lui coupé d'elle, totalement coupé d'elle ! Il a aussitôt été pris d'un grand éclat de rire, comme pour saluer sa propre découverte, sa véritable naissance. Mais il a aussitôt été envahi par l'horreur dans laquelle l'a mis ce qu'il perçoit comme sa solitude et dont il subodore sur-le-champ qu'il y est définitivement condamné.

Les absences de sa mère lui deviennent insupportables, alors qu'il les vivait relativement bien jusque-là. Comme elles sont – heureusement – aussi inévitables que récurrentes, elles vont faire naître en lui l'idée du temps et faire germer en lui la notion brumeuse de la mort que masque cet abandon.

Quand sa mère a disparu, la première fois, et qu'elle n'a pas répondu à ses appels, il a en effet vraiment cru que c'en était fini de lui. La deuxième, la troisième et la énième fois peut-être encore. Mais, au fil de ses expériences, il en viendra un jour à se dire qu'il lui semble avoir déjà vécu quelque chose du même ordre au terme de quoi elle était revenue. La bribe de conscience du temps qui éclôt en lui à ce moment-là prend appui sur l'« instant » qu'il vit pour ramener un étrange et pénible « passé » immédiatement amendé par le « futur antérieur » qui s'y trouve raccroché. Chaque retour apaisant de sa mère renforcera cette perception et validera l'idée vague d'un « futur » qui pointe dans sa psyché[15].

L'accumulation de ces désagréments, eussent-ils été passagers, va changer du tout au tout son humeur. C'est comme s'il avait entrepris de faire, à regret, le deuil de sa merveilleuse insouciance d'avant. Il va passer de longs mois à se débattre avec ce qu'il croit avoir perçu. Nul ne s'en aperçoit tout à fait parce que son développement moteur lui vaut sourires, compliments et autres manifestations d'amour. Mais plus rien ne sera comme avant.

---

15. Il ne faut pas aller chercher plus loin l'origine de ce que nous appelons l'« espoir ».

Qu'il ait progressé est un fait qui lui donne quantité de raisons et d'occasions de se réjouir. Mais qu'il ait dessillé le regard qu'il avait sur sa maman lui est difficilement supportable. C'est la période où les mères attentives se plaignent de sa susceptibilité, voire de sa sensiblerie, d'aucunes allant même jusqu'à décrire son regard comme rempli de reproches, de contrition et parfois même d'un effroi aussi insupportable qu'incompréhensible.

De fait, ce qui se passe, c'est que sa perception de cette mère, qui a toujours médiatisé le monde pour lui, a brutalement changé. Alors qu'elle avait été jusque-là indispensable mais aussi fiable et merveilleuse, la voilà soudain à effectivement lui faire peur.

Il l'avait crue n'être définitivement là que pour le faire vivre à jamais dans ce monde. Or voilà que parfois elle disparaît en le laissant confronté à son immaturité : combien de fois lui a-t-il été impossible de décoincer son bras, de tirer sur lui la couverture, de faire cesser la douleur qu'une selle acide vient d'infliger à ses fesses, etc. Elle est revenue, elle revient toujours, bien sûr, et c'est heureux ! Mais s'il lui venait la fantaisie de ne pas revenir, que pourrait-il faire ? Rien ! La perspective le trempe dans la frayeur quand elle ne le sidère pas. Il est à sa pleine merci. Il ne peut en aucune façon se soustraire au terrifiant pouvoir qu'elle a sur lui, un pouvoir de vie et... de mort ! Elle avait bien caché son jeu. Car, s'il la savait depuis toujours pleine de ressources, il n'aurait jamais pu l'imaginer à ce point toute-puissante[16] ! Et

---

16. Une trace de cette étape est retrouvée à l'âge adulte. Dans un certain nombre d'enquêtes, les hommes reconnaissent avoir peur des femmes. On pourrait imaginer que cette « peur » équivaudrait à une peur du non-familier, de l'inconnu, autrement dit de la différence des sexes. Dans cette perspective, une peur identique devrait être retrouvée du côté des femmes et on s'attendrait à les voir signaler leur peur des hommes. Or elles reconnaissent, elles aussi, avoir peur des femmes. En quoi les femmes seraient-elles plus effrayantes que les hommes, si ce n'est que leur image renvoie inconsciemment à celle qui a été profondément enfouie dans la psyché au cours de ce petit âge ?

elle lui paraît parfois d'autant plus telle, qu'aucune autre personne dans l'environnement, pas même celle qu'on lui désigne comme son père, ne semble l'impressionner.

L'angoisse qui le saisit devient assez vite si insupportable, qu'elle le contraint à réagir.

La première idée qui lui vient consiste à s'assurer d'abord de la pertinence de ce qu'il vient de percevoir et d'enregistrer. Il n'est tout de même pas possible qu'elle n'ait fait que jouer à lui montrer combien elle était attachée à lui. Elle doit l'être un tant soit peu ! Si c'est le cas, cela voudrait dire qu'il dispose lui-même d'un certain pouvoir sur elle. Eh bien, il va le brandir, ce pouvoir, et voir comment elle va y réagir.

Désormais, il fera ce qu'il voudra et elle devra se soumettre à sa volonté. Il se lancera donc dans les caprices, anodins au début comme de la contraindre dix fois de suite à ramasser la cuiller qu'il jette par terre, à lui renouer son bavoir qu'il arrache d'un tour de main, à nettoyer tout autour de lui la nourriture qu'il a soufflée en geyser, à ramasser par terre le yaourt qu'il lui a fait tomber en détournant la tête au moment où elle le croyait prêt à l'enfourner. Il ira même jusqu'à se lever dans son lit quand elle l'a bordé pour la nuit, à toucher tout ce qu'elle lui interdit, à crier ou à pleurer sans raison et à la mettre au défi de le consoler, etc.

C'est la période d'opposition, une période cruciale du développement, que rencontrent tous les parents sans exception, qu'ils ont à affronter et dont ils se plaignent toujours tant sa gestion est délicate et épuisante. Ce seront des semaines et des mois qui passeront sans que les échanges ne parviennent à le rassurer. Et d'autant moins que la mère se pliera sans réagir à cette succession de caprices, voire à se complaire dans de vaines tentatives de compromis séducteurs qui risquent de le figer pour de nombreuses années dans l'investissement de son attitude.

Occupé à conquérir des compétences motrices de plus en plus complexes et de plus en plus intéressantes, fasciné par la masse de nouvelles sensations que lui apporte son environnement, notre métaphysicien reporte de jour en jour le bilan de son projet de contrer définitivement la toute-puissance de sa mère par l'exercice de la sienne propre. Ce sont précisément les conséquences de son évolution qui le ramèneront à sa problématique. Les progrès qu'il accomplit lui valent des manifestations de joie et d'encouragement qui vont peu à peu l'amener à faire passer au second plan l'opposition dans laquelle il s'était cantonné au bénéfice de la séduction dont il perçoit les avantages. Il s'essaie au langage et il lui arrive de constater combien souvent il est convié à le conquérir. Il en joue. Il se fait bavard. Il entre dans un échange qui, manifestement, détend l'atmosphère. C'est comme si ce langage avait la faculté d'annuler la distance dont il avait pris conscience qu'elle existait entre sa mère et lui et qui a été à la source de tous ses problèmes. Une esquisse de rapprochement nouveau s'opère. Ce sont les chansons qui lui sont apprises, qu'il est invité à répéter et qu'il adore entonner à tout moment, les histoires qui lui sont racontées et qui s'avèrent souveraines le soir au coucher, au moment où, cessant toute activité, il craint tant d'être repris par l'angoisse : le sommeil qui est la perte de conscience de soi, n'a-t-il pas quelque chose à voir avec cette mort dont l'idée le travaille si fort qu'elle l'épouvante ? Alors, garder sa mère près de lui, rêver qu'il est revenu à ces moments bénis où tout allait si bien, ce sont des choses qui ne se boudent pas, qui se boudent si peu qu'on est prêt à en redemander et à retarder le plus possible l'instant de la séparation – c'est le moment où les rituels se négocient et s'installent, à cheval entre l'exercice ultime de la toute-puissance et l'amorce encore plus précise de la séduction.

Si bien que, lorsque sa mère lui propose de se passer de couches et de faire comme les grands, et qu'il constate la fierté qu'elle tire de voir ses déjections dans le pot, il comprend que s'offre à lui, pour lui permettre de sortir de son impasse, un modèle de stratégie insoupçonné mais prometteur parce que beaucoup mieux adapté au fond du problème.

Une stratégie adaptative

Quand il est un petit garçon, la situation se dessine assez simplement. Il va troquer la défiance qui avait été sa ligne de conduite pour s'offrir à sa mère dans un amour total, massif, ostensible, assidu, destiné à les faire enfin se rejoindre et se conjoindre à jamais. Il entreprendra de le manifester de toutes les façons possibles pour se faire convainquant. Il est sûr que sa mère ne pourra pas ne pas l'aimer en retour. Et comme ils s'aimeront, ils auront définitivement annulé la fameuse distance qui lui a, à lui, tant posé problème : ce ne sera plus la jonction d'avant, il ne sera plus un morceau d'elle, mais ils seront unis d'une façon neuve dont il n'a évidemment pas la moindre idée[17], mais dont il est persuadé qu'elle sera presque plus étroite encore qu'elle n'a jamais été puisque ce sera pour l'éternité.

C'est l'entrée dans ce que tout le monde connaît désormais sous l'appellation de « phase œdipienne » du développement.

Une sacrée étape ! Les écrits de vulgarisation laissent croire qu'il est possible d'en sortir, alors qu'en réalité elle posera des problèmes la vie durant malgré la quantité de solutions qu'on essaiera d'y trouver. Si tel n'était pas le

---

17. En général, devrais-je dire, parce que, aujourd'hui que le sexe est mis à toutes les sauces, il n'est pas exceptionnel d'entendre des garçons dire à leur maman qu'ils veulent « coucher » avec elle, voire qu'ils veulent lui « faire l'amour ». Ils ne savent évidemment rien des réalités que recouvrent ces expressions et sans doute les interrogent-ils. Ce qui est navrant sinon scandaleux, c'est de voir combien souvent les mères en sont flattées quand elles ne les répètent pas ou qu'elles les font répéter à leurs amies par l'enfant !

cas, c'en serait fait de toute la littérature, du théâtre, de l'opéra, du cinéma, de la chanson et de toutes les formes d'art dont le succès inépuisable repose sur le fait qu'ils ne traitent que d'amours impossibles ou déçus.

Il est aisément concevable que ces assauts de serments si touchants ne peuvent pas laisser les mères indifférentes. Chacune y réagira d'une façon qui lui sera propre en lui donnant une coloration toujours singulière, laquelle interviendra nécessairement sur le destin de son enfant. Le vieux rêve de ce dernier de faire un avec elle est à la source du fantasme si répandu que la visée de l'amour serait de « faire un » avec l'être aimé. Un fantasme que Woody Allen reprend avec la férocité habituelle de son humour quand il dit : « Nous avons passé une nuit merveilleuse. Nous ne faisions plus qu'un : moi ! »

Au fur et à mesure qu'il grandit et qu'il prend en compte les différents paramètres de sa réalité, ce petit garçon en arrivera un jour à comprendre que sa mère est la femme de son père et que ce dernier pourrait prendre ombrage de son ostensible assiduité et décider de le sanctionner en le... châtrant.

L'horreur ! Avoir à se passer de cet organe auquel il a conféré une place si centrale dans l'édification de son identité puis dans la conquête de sa mère, c'est se passer de la seule assurance qu'il ait – parce que, après tout, son entreprise aurait peut-être été couronnée de succès, s'il n'y avait pas eu son père – contre la mort ! Ce fantasme explique pourquoi il mettra pour le reste de sa vie son sexe au centre de sa vie. Son origine remonterait en quelque sorte à l'aube de l'humanité, à cette époque où le père de la horde primitive des humanoïdes, jaloux de la possession exclusive de toutes les femmes, procédait de la sorte avec les jeunes mâles qui tentaient de copuler avec l'une d'elles. Le petit garçon en arrivera ainsi vers la fin de la sixième année à renoncer à son rêve de jonction définitive avec sa mère en se promettant de trouver plus tard une femme qui lui ressemble, qui lui apportera la satisfaction sexuelle qui lui a été interdite et lui permettra de mettre plus facilement à l'écart son angoisse de mort. Un programme ambitieux dont le succès n'a jamais été facile à assurer, mais qui est pratiquement toujours voué à l'échec aujourd'hui[18].

L'avantage de cette sorte de fin de partie, c'est que la peur que le petit garçon éprouve de son père va se substituer, sans totalement l'évacuer, à celle qu'il avait de sa mère.

Pour la petite fille, les choses ne se passent pas d'une manière aussi simple que pour le petit garçon, alors qu'ils ont accompli strictement le même chemin vers la possibilité d'une nouvelle stratégie. Elle ne peut pas, elle, s'offrir à sa mère. Elles sont du même sexe. Elle ne possède pas comme son frère un organe qui, garantissant sa différence d'avec sa mère, lui permettait de s'offrir à cette dernière sans risque de se perdre totalement en elle. La difficulté qu'elle rencontre va la travailler, tout en lui fournissant à son insu une expérience qui lui permettra de développer ce qui sera plus tard sa subtilité et sa sensibilité à saisir intuitivement la complexité des situations. Son combat contre l'angoisse ne peut pas en rester là. Elle entreprend d'élargir son champ d'exploration à son environnement en y cherchant une solution. Elle remarque, et elle prend le temps de le vérifier, qu'il se trouve dans cet environnement un personnage, son père, qui semble curieusement importer à sa mère, voire parfois même lui en imposer. Sa mère ne semble pas en effet la même quand il est là et quand il n'est pas là. Elle se propose alors d'en faire son allié et elle s'offre à lui dans un échange amoureux[19] aussi violent et exclusif que celui que le petit garçon a eu avec sa mère.

---

18. Aldo Naouri, *Adultères*, Paris, Odile Jacob, 2006.
19. Là encore, les réactions de certains pères sont aussi irresponsables que toxiques : quand ils n'hésitent pas à dire, par exemple, que cette fille « est pour » eux, qu'elle est leur « petite femme » ou qu'ils « casseront la gueule au premier garçon qu'ils verront tourner autour d'elle ».

L'épilogue de cette aventure ne sera pas le même que celui du petit garçon. Car la fillette va prendre conscience très tôt qu'elle a fourni à sa mère deux raisons objectives susceptibles d'accroître le potentiel menaçant dont elle la créditait : elle a, d'une part, détourné d'elle l'amour qu'elle lui avait porté depuis la naissance et elle a entrepris, d'autre part, de séduire son objet d'amour. La peur initiale ne va pas disparaître. Elle va redoubler. La fille n'en dira rien. Elle gardera cela au fond d'elle-même, n'en parlant jamais à personne, pas même à ses meilleures amies murées dans le même silence, et en concevant une culpabilité qui permettra à sa mère de garder sur elle une mainmise qui dure le plus souvent la vie entière. Pour supporter son état elle se promet secrètement de se trouver plus tard – « Un jour mon Prince viendra... » – un homme qui, comme elle l'attendait de son père, pourra la protéger de sa mère en s'interposant entre elles deux, et qui ressemblera néanmoins par certains traits de caractère à... sa mère ! Ce qui lui permettra, espère-t-elle, de réparer la faute qu'elle a commise à son endroit en se détournant d'elle et de retrouver peut-être la tonalité de leurs rapports du tout premier âge !

Cette dernière partie de la description de l'univers dans lequel se débat l'enfant au cours de son développement fait ressortir deux conclusions assez simples et moins désespérantes qu'on ne serait porté à le croire.

Le fait que chaque humain est porté neuf mois dans le ventre d'une mère confère pour la vie entière une importance considérable à cette dernière, si bien que, comme je viens de le montrer et comme je l'ai dit dans une formule à l'emporte-pièce[20], les hommes comme les femmes n'épousent jamais que... leurs mères !

---

20. *Les Pères et les Mères*, op. cit.

Que la vie des humains ne se passe pas à autre chose qu'à tenter d'annuler les fausses manœuvres dont ils ont gardé la trace dans leur épuisant parcours contre l'angoisse de mort, cultivant quasi indéfiniment l'illusion que, sans elles, ils auraient trouvé le chemin de l'immortalité. Une illusion qui les empêche souvent tout simplement de vivre ! Et surtout, de plus en plus de nos jours, de vivre et de permettre de vivre ensemble.

Peut-il en être autrement ?

Certainement pas. Pas plus du côté de la détermination inconsciente de nos actes que de notre destin de mortel.

Certainement, cependant. Dans la mesure où notre investissement du vivre ensemble, qui est encore notre meilleur mode de vivre, peut être moins problématique qu'il ne l'est souvent. Un travail dont le creuset se situe au niveau du passage générationnel et de la responsabilité des parents dans le sort de leurs enfants. Car ces étapes fondamentales que j'ai décrites ne sont jamais traitées de façon univoque. Et on voit souvent la toute-puissance infantile traverser la phase adolescente et perdurer tout au long de la vie, tout comme on peut voir l'attachement à la mère empêcher à jamais l'attachement à toute autre personne.

Vaste question que cet « être parent » que Freud mettait au rang des métiers impossibles tant il est vrai que, comme il le disait à Marie Bonaparte en réponse à la question qu'elle lui posait autour de la meilleure manière de faire avec les enfants : « Comme vous voulez, de toutes les façons, ce sera mal. »

Reste à savoir si au sein de ce « mal », il n'y aurait pas des moyens de faire le « moins mal possible ».

Chapitre 3

QU'EST-CE QU'UN PARENT ?

À la recherche d'une définition

Qu'est-ce qu'un parent ?
J'ai posé la question à un de mes proches. Il m'a répondu qu'elle était stupide et sans intérêt dans la mesure où chacun en ayant eu deux, sait très bien ce que c'est !

J'ai assez aimé sa réaction. J'ai trouvé saine cette manière qu'il a eue de se débarrasser de la question en renvoyant chacun à sa propre intuition et à la réponse qui semblerait lui convenir. De laisser entendre en quelque sorte que la définition donnée par un enfant ne serait pas nécessairement la même que celle que donnerait l'un ou l'autre des parents, et que toutes les deux différeraient sans doute de celle que donnerait le corps social. Ce qui est incontestable. Mais n'est-ce pas toujours le même problème avec les définitions ? La définition du soleil des astronomes diffère de celle du météorologue et plus encore de celle du cultivateur. Il n'en reste pas moins que pour chacune de ces catégories professionnelles le soleil reste le soleil, et le même, dans la mesure où elles lui reconnaissent toutes les trois le fait qu'il dispense de la lumière et de l'énergie.

Il devrait y avoir, du côté du parent, quelque chose du même ordre qui resterait encore à repérer. Avec cependant une différence, et de taille ! Car le consensus autour de la lumière et de l'énergie que peuvent avoir l'astronome, le météorologue et le cultivateur, fait du soleil un pur objet extérieur à ces personnes et dont la définition n'inclut en aucune façon les relations que ces mêmes personnes ont entre elles. Ce n'est pas le cas des parents qui sont, d'abord et avant tout, dans une relation étroite entre eux et avec leur enfant. Si bien que, quelle que soit la définition que l'on trouve, elle devra tenir compte du biais introduit par le vécu de chacun d'eux, autrement dit par leur subjectivité.

La tâche devient du coup extrêmement complexe. Et elle semble vouée à l'échec. Sauf peut-être à décider de s'y lancer sans préalable et à explorer ce qui vient à l'esprit comme on suivrait la trace d'un fil rouge dans un tissage. Il n'est pas impossible que le procédé puisse conduire sinon à la formulation d'une définition simple du moins à une idée de son contenu.

Rien n'interdit en effet de partir, par exemple, de la réponse toute simple que m'a donnée mon proche : le fait que, en guise de parent, chacun en a eu deux et saurait dès lors intuitivement ce qu'il en est. Elle renvoie au temps lointain et moins lointain, où ce qu'il décrit constituait la règle. Au point que les exceptions étaient suffisamment frappantes pour donner prétexte à des mythes ou à des contes. La princesse d'Égypte qui sert de mère au petit Moïse, Romulus et Remus avec leur mère-louve, Joseph veillant sur la Vierge mère de Dieu... Mowgli, et même Tarzan enfant de singes. Et que n'a pas fait la littérature populaire du XIXe siècle de ces enfants enlevés qui finissent par retrouver leurs ascendants ? De ces enfants abandonnés qui surmontent leur sort, ou de ces parents de substitution offerts comme modèles ou contre-modèles : Jean Valjean *versus* les Thénardier...

Mais on n'en est plus là. Le paysage sociétal d'aujourd'hui a profondément changé. La règle d'antan a cessé de prévaloir. D'autant que la démocratie, fondée sur le principe du droit d'une majorité à exercer le pouvoir sur un ensemble et à imposer ses règles à la minorité, a totalement changé de perspective. C'est à un véritable retournement qu'elle doit faire face : la minorité exige en effet d'être respectée et de voir désormais reconnu, voire imposé à la majorité, le moindre de ses droits. Si bien qu'on se trouve devant quantité de situations qui posent de sérieux problèmes autant aux comités d'éthique qu'aux juges aux affaires familiales et aux médiateurs. Si tel n'avait pas été le cas, on aurait pu se contenter, en guise de définition du parent, de continuer à se fier à celle du dictionnaire qui fait dériver le mot du latin *parens*, participe présent du verbe *parere*, lequel dérive lui-même d'un radical indo-européen disant le « don » et qui signifie « produire » et par extension « mettre au monde ». J'aurais alors pu en user pour tenter de construire quelque chose : en excluant cependant la notion de « mettre au monde » qui implique par trop la seule mère, le parent serait celui qui « produirait » un enfant ou qui le « donnerait ». Mais pour qui et à qui ? Pour et à lui-même ? Pour et à l'autre parent ? Pour et à la société ? Pour et à tout ce monde-là ?

Pour ne pas m'enfoncer dans mon embarras, je suis revenu vers mon interlocuteur. Désireux sans doute de se débarrasser de moi, il m'a lancé sur un ton mi-goguenard, mi-satisfait : « Un parent, c'est un de ces deux individus dont l'union a conduit à la mise au monde d'un troisième. Ça te va, ça ? » Après quoi, sans me laisser le temps de réagir, il a vite ajouté : « Un troisième qui passe d'ailleurs le plus clair de son existence à essayer de se détacher d'eux et qui finit par s'apercevoir, le jour où ils disparaissent, qu'ils lui manqueront cruellement. Ça te va mieux comme ça ? C'est plus complet ? »

Je l'ai remercié en me faisant la réflexion qu'il avait joué le jeu même si, pour ce faire, il s'était manifestement appuyé sur sa propre expérience, relativement commune au demeurant.

Je lui ai fait remarquer que sa réponse était cependant insuffisante. Elle ne pouvait pas en effet s'appliquer, comme devrait le faire une définition correcte, à tous les cas de figure sans exception. Si on devait s'y tenir, on devrait exclure de son champ toutes les personnes qui ont concrètement participé à la mise au monde d'un enfant sans avoir forcément sacrifié au critère de l'union – et encore ne prenais-je ce terme que dans son sens le plus strict. J'ai évoqué le cas des femmes accouchant sous X, celui des parents adoptifs, celui des inséminations artificielles avec donneur, celui qui découle du don d'ovocyte ou du don d'embryon, sans plus m'arrêter aux combinaisons de ces artifices qu'aux situations parfois étonnantes qu'on peut découvrir dans les différentes cultures.

Il a mis fin à notre échange en m'accusant de « toujours chercher des poux dans la tête ». Peut-être après tout, me suis-je dit, l'esprit déjà ailleurs. Je venais en effet de me rendre compte qu'à m'être lancé comme je l'avais fait dans l'évocation de ces exemples limites que les progrès récents de la médecine ont fait surgir, j'avais passé sous silence le cas tout simple de ces personnes qu'on désigne sous l'appellation générale et ambiguë de « beaux-parents » – leur statut légal, à l'heure où j'écris, doit faire l'objet d'un débat. Sortiraient-ils du champ de la question au motif qu'on les a assortis de l'étiquette de parents en les spécifiant « beaux » ? Ce n'est pas certain. Car on n'occupe pas la même position et on n'est pas vécu pareillement quand on s'unit avec la mère ou le père d'un enfant en bas âge, ou avec la mère ou le père d'un individu adolescent ou adulte !

Jérémie, huit ans, n'a jamais connu d'autre homme au sein de sa famille que l'époux que sa mère a rencontré alors qu'il avait deux mois. Le couple lui a très vite fait une petite sœur. Les dissensions qui sont survenues par la suite ont conduit à un divorce. Jérémie a alors souhaité aller vivre avec celui qu'il considérait comme son père bien que n'ayant avec lui aucun lien biologique. Sa mère a accepté. Et je l'ai longtemps revu avec cet homme et la femme avec laquelle ce dernier a fondé une nouvelle famille, sa sœur continuant de vivre pour sa part avec sa mère et le nouveau compagnon de celle-ci.

Quand la mère de Christiane, vingt-six ans et mère d'un petit garçon, réapparaît dans sa vie, c'est un véritable drame pour elle. Elle se culpabilise de n'avoir aucun sentiment à son endroit et craint plus encore d'avoir à remettre en cause le lien étroit et satisfaisant qu'elle entretient avec la femme que son père avait épousée alors qu'elle avait moins de deux ans.

Jérôme, dix-neuf ans, pose, lui, un problème à son père veuf depuis six ans. Au motif qu'il était majeur et maître de ses choix, il a en effet décidé de quitter la maison et de ne plus y remettre les pieds, le jour même où son père lui a présenté la femme avec laquelle il comptait refaire sa vie.

Quant à Nathalie, quatorze ans, elle adore Virginie avec laquelle elle aime bavarder et sortir. Mais, alors même qu'elle vit avec sa mère et que cette dernière vit avec un compagnon, elle refuse obstinément de la voir devenir l'épouse de son père pourtant divorcé depuis cinq ans. Si bien qu'elle déploie une stratégie diabolique pour les empêcher même d'être ensemble. Qui, de Virginie ou de son père, veut-elle garder pour elle seule ?

À notre époque où les familles ont explosé (2,4 millions de familles monoparentales[1]) pour se recomposer dans la même hâte (1,6 million d'enfants vivent dans des familles

---

1. Ce chiffre comme le suivant est tiré du rapport thématique 2007, « Défenseure des enfants : adolescents en souffrance ».

recomposées), il n'est pas rare que des enfants voient se succéder une série d'hommes auprès de leurs mères comme une série de femmes autour de leurs pères. Quelle place auront occupée ces hommes et ces femmes de passage ? Le débat qui s'esquisse derrière ce bouleversement des mœurs a paru si grave qu'il a failli entraîner un ministre de la Justice des années 1990 à concevoir une réforme du droit familial centrée sur l'enfant ! Il n'eut heureusement pas le temps de mettre en application son projet.

Un casse-tête.
Mais pourquoi ?

Ce qui m'a amusé dans la définition de mon interlocuteur, toute restrictive qu'elle ait été, c'est que, centrée sur son vécu d'enfant – et de parent, il l'était en effet –, elle privilégiait le registre relationnel. Un registre dont j'ai d'emblée relevé qu'il avait une importance considérable. Il a toujours existé mais il a beaucoup évolué au fil de l'histoire et en fonction de la nature des liens qui, dès l'avènement des cultures, se sont toujours tissés entre les partenaires du couple.

Y aurait-il à l'intérieur de ces liens une sorte d'universel – l'équivalent du consensus autour de la lumière et de l'énergie dans la définition du soleil que j'ai prise pour exemple – auquel l'évolution des mœurs n'aurait pas touché ? En dehors du lien génétique, ce n'est pas certain. Mais, s'il existe, cet universel, n'importe-t-il pas de pouvoir le repérer ?

Si on prend par exemple cette histoire de « deux » et d'un « troisième » que m'a servie mon interlocuteur, ce qu'elle met en avant n'est pas faux. C'est même plus intéressant que ça ne m'était apparu sur-le-champ. Pour plusieurs raisons d'ailleurs.

D'abord et avant tout, parce qu'elle laisse entendre qu'un parent ça servirait à quelque chose et ça servirait, ou ça desservirait quelqu'un, ce fameux troisième. Ce qui introduit immédiatement une notion de fonction, fût-elle utilitaire, qu'une définition purement objectale n'aurait certainement pas prévue.

Ensuite, elle met l'accent sur la dimension de l'antériorité. Ce n'est pas non plus sans importance : les deux viennent toujours avant le troisième. Le lien qui est ainsi créé entre ces deux et ce troisième est donc soumis à une hiérarchie, au moins temporelle, qui le fait tel qu'il est, à quelque époque qu'on se place. Les générations se seraient succédé depuis toujours et se succéderaient indéfiniment sans que jamais cette hiérarchie du lien n'ait à être remise en cause. Tout comme les parents ont été les enfants des leurs, l'enfant sera un jour parent des siens. Voilà qui est évident et qui semble suffisamment clair. Je relèverais cependant que la phrase qui énonce cette évidence, bien que d'une parfaite correction grammaticale – il suffit de la relire –, laisse tout de même entendre quelque chose qu'elle n'est pas censée vouloir dire. À savoir que la relation des protagonistes comporte un risque : celui de voir s'inverser la hiérarchie qui y préside, que cette inversion soit fortuite ou volontaire. Il suffit pour s'en convaincre d'entendre les enfants de parents vieux, ou diminués par la maladie, dire leur souffrance de se sentir devenir les parents de leurs parents. Tout comme il importe d'entendre le côté pathétique de la souffrance exprimée par les parents que leurs enfants tyrans mènent par le bout du nez. Les uns et les autres témoignent, dans la douleur, d'une inversion de la hiérarchie et des conséquences qu'ils lui subodorent. Si les premiers suscitent généralement une forme de sympathie, il n'en va pas de même des seconds auxquels on a souvent envie de dire qu'ils ne sont pas tout à fait innocents de ce qui leur arrive et qu'après tout ils récoltent ce qu'ils ont semé.

Le désarroi qui s'exprime dans les deux cas de figure a cependant une tonalité identique, laquelle laisse supposer que l'inversion formelle de la hiérarchie produit un effet similaire pour les uns comme pour les autres. C'est comme si cette hiérarchie n'était plus appréhendée dans le cadre de l'ordre social ou tout simplement moral, mais pour ce qu'elle porte en elle de considérations implicites autour du temps vécu, de l'écoulement de ce temps et, pour le dire mieux et plus crûment encore, de la vie et de la mort.

« Les fleuves coulent toujours dans le même sens », enseigne la sagesse populaire. De même la vie a-t-elle un sens précis qui va de son début à sa fin. Un sens qui laisse entendre qu'il existerait un « ordre naturel des choses » : il est juste, et le respect de la hiérarchie le garantit, que les parents meurent avant leurs enfants. Si bien que, dans un réflexe conservateur, les enfants de parents diminués exprimeraient leur peur inconsciente de voir le contraire se produire. De même en serait-il de la crainte qui travaille les parents des enfants tyrans : ces derniers fussent-ils insupportables et eussent-ils eu envie plus d'une fois de les jeter par la fenêtre, ils ne veulent en aucun cas les voir disparaître avant eux. Ils savent, comme chacun, que la perte d'un enfant est la plus effroyable des épreuves que puisse vivre un être humain.

C'est une digression inattendue qu'a produit le fait de suivre le fil rouge. Elle renforce l'impression première que le projet de recherche d'une définition du parent se présente de plus en plus comme un casse-tête.

Que peut-on en retenir ?

Tout d'abord, qu'on est passé du parent aux parents. Ce qui signifie, et ce n'est pas sans intérêt, que, sur tout ce dont il a été question jusqu'à présent, l'un et l'autre, tout différents qu'ils soient, seraient quelque peu logés à la même enseigne.

Ensuite, que le ou les parents, ça sert à un enfant.

Et enfin, que, dans l'ordre des choses, ils sont appelés à mourir avant lui.

Ce résultat déjà substantiel encouragerait à poursuivre la digression et à continuer de laisser venir les idées sur le mode de l'association, même si cette manière de faire ne sacrifie pas à la structure ordonnancée qu'on attendrait dans le traitement d'un sujet de cette importance.

Il faut bien par exemple ne pas renoncer à comprendre ce que dit, par-delà sa formulation, ce fameux « ordre naturel des choses » qui est venu par deux fois dans l'écriture ! Pourquoi donc l'humain, en perpétuelle révolte contre son destin de mortel et multipliant les ruses pour en retarder l'échéance, serait-il à ce point affecté par la mort de son enfant alors qu'il demeure, lui, vivant – ce qui est censé, au moins sur le plan pulsionnel, être son objectif primordial ?

C'est une question qui, plus qu'impertinente, paraît obscène. Elle ne l'est pas tant que ça si on se souvient de la manière dont a été vécue la mort de l'enfant tout au long de l'histoire de l'espèce. J'ai signalé que les mâles hominiens de la lointaine préhistoire n'hésitaient pas, en effet, à le fracasser contre un arbre quand il risquait de les empêcher de disposer sexuellement de sa mère. Et que le grand Montaigne, pour ne citer que lui, parlait sans grand chagrin du nombre des siens qui étaient morts en bas âge. Il en irait comme si cette occurrence n'avait revêtu une tonalité plus tragique qu'assez récemment. Il n'est pas en effet d'occasion où, pour susciter l'indignation, on ne mette en avant la mort d'enfants dans des accidents, des attentats, des guerres. Pour ma part, j'avoue ne pas voir en quoi la mort d'adultes dans ce type de circonstances serait moins révoltante.

On expliquerait cette perception générale, par la conjonction, dans les sociétés occidentales, de la baisse substantielle du taux de natalité et des progrès considérables de la médecine. Avec un taux de fécondité qui se situe à peine autour de deux enfants par femme et une mortinatalité qui se situe, toutes causes confondues, autour de 6 ‰ (la mortinatalité naturelle étant, je le rappelle, de 400 ‰), la mort d'un enfant est désormais vécue comme une tragédie absolument inacceptable. Elle en est certes une, bien que je persiste à soutenir que celle d'un adulte ne l'est pas moins. Mais en quoi est-elle inacceptable, si on ne se contente pas des conclusions que suggère l'alignement des chiffres ? La réponse n'est pas aussi évidente qu'on le croit. Je me souviens de ma propre réflexion en la matière lorsque, jeune étudiant célibataire, je réfléchissais au choix d'une spécialité. Si j'ai fini par opter pour la pédiatrie, c'est en faisant intervenir, entre autres facteurs, le fait qu'au cours des remplacements de médecins que j'effectuais, je supportais très mal d'avoir à constater les décès et à en délivrer les certificats. Un adulte qui meurt, me disais-je, c'est souvent une longue histoire qui prend fin et qui laisse en douleur tous ceux qui y avaient participé. Du côté des enfants, il devait en aller autrement. Non seulement il en meurt beaucoup moins que d'adultes, mais, quand cela arrive, comme ils n'ont pas eu le temps de fonder une histoire, ce ne sont que leurs parents et leurs proches qui sont affectés par leur disparition, et encore, ne devraient-ils l'être que jusqu'à ce qu'ils les aient remplacés.

Je n'ai pas mis longtemps à mesurer l'étendue de ma stupidité. Il m'a suffi de rencontrer des parents affectés par ce type d'épreuve.

Ce qu'ils m'ont laissé entendre, c'est que, pour ce qui les concernait – et je fais clairement la différence entre un vécu intime et son instrumentalisation –, ils vivaient la mort de leur enfant comme plus tragique encore que leur propre mort. Elle est, me disaient-ils, la mort de celui grâce à qui ils avaient espéré faire échec à l'inéluctable. Leur enfant n'était pas seulement lui en tant que tel, il était leur prolongement. Il était destiné à demeurer vivant après eux et à les poursuivre dans ce qu'ils avaient fait de leur existence avec ce que leurs propres parents leur avaient légué. Ils disaient, avec leurs mots, que, par-delà leur propre histoire, c'était le déroulement de toute une histoire, celle dont ils avaient hérité et dont ils étaient les vecteurs, qui prenait irrémédiablement fin avec ce décès. Ils disaient qu'un enfant, ça ne se remplace pas par un autre, parce que ce dont il avait été chargé par le destin de sa conception ne pouvait en aucune façon être appréhendé et transféré sur un autre. Qu'aucun enfant nouveau venu ne pouvait remplacer un disparu dont la perte, aussi bien pour ce qu'il était que pour ce qu'il véhiculait à son insu, était irrémédiable.

Tout comme le fleuve que j'ai évoqué plus haut charrie une eau sur laquelle ont beaucoup glosé les philosophes présocratiques, la hiérarchie se révélerait donc comme le tremplin qui permettrait à une histoire de se déployer indéfiniment de génération en génération. Fixant l'ordre dans lequel doivent se succéder les morts, elle se fait substrat de ce qui circule de vie. Une potentialité qu'on passe sous silence et dont on ne fait pas assez cas en général. Elle explique à elle seule l'attachement féroce que les parents marquent indistinctement à l'endroit de chacun de leurs enfants.

Et ce d'autant que l'histoire qui se déploie ne fait pas que se transmettre. Elle escompte une correction éventuelle de son parcours. C'est ce que disent les rêves qu'on caresse dans l'attente de son enfant. Il sera comme ci ou comme ça, il aura ceci ou cela. Il fera ce que j'ai fait, mais aussi ce que je n'ai pas fait. Il sera ce que je n'ai pas été. Il n'errera pas comme moi. Je veillerai à ne pas commettre avec lui les erreurs que mes parents ont commises avec moi... C'est tout ce qui se dit d'une autre manière avec ces fameux contes de fées et de sorcières qu'on lit aux enfants le soir au lit pour leur dire, sans le faire ouvertement, l'espoir qu'ils constituent.

Depuis le haut Moyen Âge, la kabbale hébraïque a nommé *TiKouN* la possibilité de correction – le mot lui-même signifie « réparation » – qui se trouve ainsi offerte au sein même du processus de transmission. J'ai découvert très tard dans ma carrière, à ma plus grande stupéfaction, que le bébé, en hébreu, se dit *TiNoK*. On comprendra mon étonnement quand on saura que la langue hébraïque a pour propriété singulière que chacun de ses mots, faits de trois consonnes (que j'ai figurées par des majuscules dans l'écriture), laisse entendre à la fois son sens propre et celui de tous ses anagrammes. Le rapprochement anagrammatique des deux mots que j'ai écrits, attribuerait au bébé, dans la langue et la pensée hébraïques, un indéniable pouvoir réparateur – une notion que j'avais développée, pour ma part, sur ma seule approche clinique bien longtemps avant d'avoir appris tout cela[2] !

Rencontres

Aurait-on là une nouvelle piste qui s'ouvrirait, sinon pour poursuivre la recherche de la fameuse définition du parent, tout du moins pour compléter ce qu'il en est de sa stature propre et de son intervention dans le devenir de ses enfants ?

On avait déjà trouvé qu'un parent, ça sert à l'enfant, et que ça doit mourir avant lui. On découvre maintenant qu'il est vecteur d'une histoire qu'il lui transmet en le chargeant de la réparer éventuellement avant de la transmettre à son tour.

Cet espoir, pour ne pas parler d'injonction, dispose pour s'exprimer d'un mécanisme inconscient qu'on a déjà vu à l'œuvre à une autre occasion : la « projection ».

Tout parent se projette en effet dans le devenir de son enfant.

Il a toute légitimité et parfaitement raison de le faire. Il le fait toujours d'ailleurs, qu'il en ait ou non conscience.

---

2. Aldo Naouri, *Une place pour le père*, op. cit.

Car, quand il soutient, parce que c'est dans l'air du temps, que son enfant fera ce qu'il voudra, l'essentiel étant qu'il soit heureux, il ment ou, pire encore, il séduit et il manipule ! Mais, loyal ou fourbe, il sait, en raison même de son propre vécu, que cette projection constitue le véhicule de la transmission à laquelle, comme on l'a vu, la hiérarchie sert de tremplin. Il n'y a rien de monstrueux dans le fait qu'il veuille en user. L'enfant lui-même a besoin de cette propension parentale : elle lui donne une idée de son importance, il en fait une preuve d'amour et il en tire beaucoup de fierté. Elle lui indique de surcroît un cap qui, quoi qu'il arrive, lui servira de point de repère pour la suite de son propre parcours.

Toute mère estime à cet égard avoir le droit – qu'on ne peut lui nier – de vouloir que ses enfants lui ressemblent et qu'ils s'inscrivent, pour la prolonger, dans le fil de l'histoire dont elle a elle-même hérité. Tout père estime avoir exactement le même droit. Aucun des deux n'est cependant libre de le faire à son seul gré[3], puisqu'il y a le plus souvent l'autre de ces « deux dont l'union produit un troisième », selon la tentative de définition de mon proche.

Comment cela peut-il donc théoriquement se passer quand sont réunies les meilleures conditions qui le permettraient ?

Exactement de la même manière que ça se passe au niveau biologique, comme nous l'apprend en particulier la génétique.

Me voilà à recourir brutalement à des références qui m'acculent à une nouvelle digression au sein même de celle à laquelle je n'ai toujours pas mis fin. Mais je ne peux pas m'y soustraire. Car je sais combien de sensibili-

---

3. En principe du moins. La multiplication récente considérable des mères élevant seules un enfant a été, assurément pour nombre d'entre elles, un moyen commode de s'affranchir des possibles exigences d'un partenaire. En posant un tel acte, elles ont mis en œuvre le moyen dont elles disposent et dont ne disposent pas les géniteurs.

tés peut choquer le saut que j'opère en passant une fois encore du registre relationnel au registre biologique qu'on pourrait m'accuser de vouloir rabattre non sans impudence l'un sur l'autre. Et sans doute le fait paraîtra-t-il d'autant plus grave que j'annonce mon intention d'aller puiser mes arguments rien moins que dans la génétique !

La génétique a en effet plutôt mauvaise presse, en dehors des vertus conjoncturelles qu'on lui prête pour promouvoir les Généthons épisodiques. Elle est diabolisée depuis longtemps en raison de l'abominable usage qu'en ont fait les nazis et que continuent d'en faire les racistes de tout poil. Et cette diabolisation ne cesse pas d'être entretenue par toutes les perspectives qu'ouvre son usage dans le monde du travail et des assurances et dont le bruit qu'on fait autour des OGM n'est qu'un pâle reflet. Mais, derrière cette prévention, il s'en dessine d'autres tout à fait regrettables.

Le premier est celui qu'opposent aux généticiens les tenants de la primauté absolue de la psyché et de la toute-puissance du langage. Il me semble que, pour légitime qu'il puisse paraître, un débat de cet ordre n'a pas à avoir lieu, parce qu'il repose sur un malentendu. Il est indéniable, et je le soutiens sans réserve, que les processus biologiques sont profondément affectés par des facteurs psychiques. Combien de fois n'a-t-on pas à relever en effet que la maladie qui est survenue a constitué une forme de résolution par défaut d'une problématique psychique qui était demeurée trop longtemps en suspens. La biologie elle-même ne nie pas le fait. Elle en a même éclairé certains mécanismes en décrivant par exemple la manière dont l'enchaînement des phénomènes immunologiques peut être affecté par l'intervention de l'hypothalamus qui est l'un des carrefours où s'enregistrent les effets des émotions. La compréhension de l'incidence du psychisme d'un individu sur son équilibre biologique ne change cependant en rien la nature des processus qui sont en jeu et que la génétique met en évidence. Bien au contraire. Car, quand elle parvient à démontrer par exemple que la survenue d'une affection est consécutive à la suppression des facteurs qui empêchaient sa survenue, elle ne remet pas le moins du monde en cause l'importance de la psyché. Le reproche majeur qui lui est néanmoins adressé, c'est qu'elle entrouvre la voie à des traitements médicaux susceptibles de reléguer au second plan l'action de l'exploration psychique. C'est un fait. Mais, si la médecine n'avait pas pris une direction du même ordre, avec un luxe de moyens et une efficacité indéniables, les asiles psychiatriques et les camisoles de force demeureraient encore les seuls recours pour une population dont l'importance numérique n'a pas du tout diminué. Ne faudrait-il pas rappeler d'ailleurs ce que Freud n'hésitait pas à professer : à savoir que lorsqu'une maladie se déclare, elle évolue pour elle-même. Je peux rencontrer une série de circonstances qui me contrarient suffisamment pour me faire déclencher une angine. Mais cette angine, une fois là, sera assurément mieux soignée par un traitement médical que par le démontage et l'analyse de la chaîne des événements qui y ont conduit. Les tenants de la vertu cardinale du langage, sans devoir y renoncer, loin s'en faut, doivent convenir de ses limites au nom même, d'ailleurs, d'un fait dont ils sont les mieux placés pour faire le constat : le registre pulsionnel du sujet n'a changé en aucune façon depuis l'aube de l'humanité. Quelles qu'aient été les couches de civilisation et de morale dont on a voulu le revêtir, le « ça », constitutif de l'humain, reste identique à lui-même, imperturbablement. Et s'il n'est pas là par hasard, il ne faut pas chercher son origine ailleurs que dans les processus biologiques[4].

---

4. On peut consulter sur ce point : Simone Gilgenkrantz, « À la recherche des empreintes perdues : les épigénotypes anormaux », *Médecine/Science*, 2003, 19, p. 15-18 ; Claudine Junien et coll., « Épigénomique nutritionnelle du syndrome métabolique », *Médecine/Science*, 2005, 21, p. 396-404 ; Ruth Feldman, « Parent-Infant synchrony : biological foundations and developmental outcomes », *Current Directions in Psychological Science*, 2007, 16.6, p. 340-345.

La seconde critique que pourrait soulever la référence à la génétique est d'ordre idéologique parce qu'on croit devoir réduire sa démarche à la seule échelle du temps présent. Le déterminisme absolu – qu'elle ne soutient pourtant pas mais qu'on lui fait procès de laisser entendre –, parce qu'il est vécu comme concrètement et irrémédiablement inscrit dans le corps vivant, serait à lui seul une insupportable insulte à la notion de liberté qui fait la grandeur de l'Homme. Il est bon de relever que les mêmes personnes qui accusent la génétique de ces méfaits n'ont pas de mots assez durs pour stigmatiser la psychanalyse quand elle définit, avec Lacan, la liberté comme « l'illusion de l'autonomie du moi ». Or la génétique ne se cantonne pas au temps présent. Elle plonge dans le temps pour le parcourir, sans se fixer de limites. Elle explore le passé le plus lointain pour ouvrir des perspectives sur un futur des plus vaste. Elle ne se contente pas du descriptif, elle s'aventure dans la prospective, refusant de se figer à quelque étape du gigantesque parcours que son champ l'invite à balayer. On ne peut donc pas la rendre responsable du mésusage qu'en ont fait ou que continuent d'en faire certains.

C'est pourquoi je n'hésite pas à puiser dans ce qu'elle découvre et qu'elle enseigne.

N'est-ce pas cependant elle qui a, par exemple, démontré les dangers de la consanguinité et l'avantage qu'apporte, à l'enfant et à sa descendance, le mélange des gènes de ses deux parents ? Maintenant, chacun le sait. Mais ce qu'on ne sait pas encore assez, c'est que ce mélange de gènes a des vertus réparatrices sur les défauts qui peuvent affecter certains d'entre eux.

Ce simple fait devrait, à lui seul, inciter les critiques de tous bords à être plutôt reconnaissants à la génétique. Elle leur permet en effet de comprendre que la loi de l'interdit de l'inceste, qui, avec l'échange des femmes entre les hordes d'hommes, a rompu avec le règne brut de la nature, aura mis la culture qu'elle inventait au service du progrès et de la vie. La nature, à laquelle de nos jours un certain discours juge bon de se référer, n'est au service chiche d'un peu de vie qu'à un prix de mort exorbitant, comme le laisse entendre sur un mode des plus condensé la formule darwinienne de la « lutte pour la survie ».

Quand on regarde sans prévention les choses sous cet angle, il se vérifie alors que les dispositions culturelles décriées sont souvent en bien plus étroite relation qu'on ne le pense avec la logique biologique telle qu'on la découvre de nos jours.

La digression que je viens de faire, aussi longue a-t-elle été, n'avait pour moi qu'un intérêt, celui de faire comprendre que tout comme cela se passe pour les gènes qui lui ont été transmis, l'enfant, héritier de deux histoires qui se rejoignent en lui, offre à chacune de ces deux histoires une chance de se réparer ou de progresser par l'autre. Le processus est censé en lui-même n'offrir que des avantages.

Cela se vérifie-t-il ?

Moins qu'on ne serait en droit d'attendre. Car, en raison de l'existence du langage articulé, de tout ce qui le commande et de tout ce qu'il commande, ce processus-là ne connaît pas le confort de l'automatisme de ses homologues biologiques. Pour que le sort théorique de deux histoires qui se mélangent puisse s'accomplir, il faudrait que ces histoires soient portées jusqu'à l'enfant sur un mode équivalent sinon strictement identique.

Ce qui semble possible en toute logique s'avère dans la réalité toujours complexe, sinon impossible. Car ce sont les femmes qui, seules, portent les enfants et la différence des sexes ne rend pas plus aisée la communication que l'entente entre les hommes et les femmes. Ce que résume en une formule lapidaire Lévi-Strauss quand il écrit que « tout mariage est une rencontre dramatique entre la nature et la culture, entre l'alliance et la parenté[5] ».

---

5. Claude Lévi-Strauss, *Les Structures élémentaires de la parenté*, Paris, PUF, 1949.

La guerre entre les sexes

J'ai longuement développé dans le chapitre précédent les avantages que la gestation procure à l'enfant et la manière dont ces avantages interviennent dans la relation qui s'instaure entre sa mère et lui. Cette dernière n'a pas même besoin de lui parler pour qu'il la devine. Il n'est pas jusqu'à sa gestuelle qui ne soit son inconscient mis en acte – ce qui lui permettra, à son insu, de formater celui de son enfant.

Il n'y a strictement rien de cet ordre du côté du père. Le père est à cet égard un parfait étranger pour l'enfant. Ce dernier ne dispose pas en effet pour le reconnaître d'un quelconque alphabet et encore moins d'un équivalent à celui que lui a conféré son séjour dans le ventre maternel. Si bien que leur communication ne peut s'établir, sur un mode fiable et sans cesse perfectible, que par le truchement de la mère. Laquelle interviendrait dans le meilleur des cas comme une sorte de traductrice fidèle et bienveillante capable de fournir à l'enfant, dans la langue que la gestation leur a rendue commune, les sous-titres qui lui permettraient de comprendre la langue de son père.

C'est une notion extrêmement difficile à comprendre et encore plus à admettre. Pour en donner une idée concrète et rendre compte de son importance, j'expliquais à mes patients qu'en raison de ce qu'a mis en place la gestation, un bébé entend toujours ce que lui dit sa mère même si elle le lui chuchote du bout d'un tunnel d'un kilomètre, alors qu'il est incapable de comprendre spontanément quoi que ce soit du discours de son père, lui fût-il transmis par des baffles de trois cents watts placées autour des oreilles. Dans la foulée, je donnais au père le conseil, quand il voulait dire quelque chose à son bébé, de le mettre sur les genoux de sa mère avant de lui parler. Pourquoi ? Parce que l'alphabet élémentaire du bébé est fabriqué avec des données cohérentes réparties entre les différentes aires sensorielles et qui se répondent les unes les autres du fait qu'elles sont venues uniformément du corps de sa mère.

L'apport du père s'enregistre sur ce fond uniforme, mais comme il n'y a pas été préinscrit, il ne peut pas être perçu et lu sans une traduction préalable – que j'ai imagée sous forme de sous-titres – qui passe par des variations infimes du tonus musculaire de cette mère[6]. Combien de fois – pour expliquer les choses autrement – les vieux usagers de l'informatique n'ont-ils pas déploré le fait que les traitements de textes de l'époque ne comportaient pas de tableur. Si les traitements actuels en comportent, cela n'a été possible que par l'intégration de nouvelles instructions destinées à les mettre en place et inscrites dans les programmes, mais dans la langue même de ces programmes.

Le plus souvent les pères, refusant le sort que leur dessinait mon explication, la rejetaient non sans une certaine violence, au motif qu'ils parlaient français tout comme leur femme. Il m'a toujours fallu leur expliquer qu'il ne s'agissait pas d'un problème lexical, mais d'un problème de catalogue émotionnel, le bébé étant programmé pour ne comprendre que ce registre et en aucune façon la signification des mots. L'exemple que je leur fournissais pour les convaincre, c'est qu'une mère peut toujours dire à son bébé qu'il est une crapule, qu'elle le déteste et qu'elle ne rêve que de se débarrasser de lui. Elle le verra en retour lui sourire, ravi, parce qu'il n'aura rien perçu de ses mots, mais tout perçu du bonheur qu'elle a eu à lui parler.

Quand elle est profondément disposée à se comporter en traductrice fiable et disponible au point d'introduire une forme d'automatisme dans le processus, la mère désigne le père en tant que tel à l'enfant et introduit ce dernier au

---

6. Pour de plus amples informations sur ce point, on peut se reporter à Aldo Naouri, *L'Enfant bien portant*, *op. cit.*

monde symbolique[7]. C'est-à-dire qu'elle lui signifie implicitement qu'il ne doit pas plus la croire comme sa seule référence qu'il ne doit se croire la seule sienne. Qu'ils ne sont pas seuls au monde mais en compagnie de ce père dont la place doit rester de première importance puisqu'il leur a permis, à elle de concevoir et d'enfanter, et à lui de venir au monde. Pour que ce type d'attitude puisse se mettre en place, il faut que la mère ait préalablement concédé au père une importance au moins aussi grande que la sienne dans la conception et le destin de leur enfant vécu comme leur étant commun. C'est ce préalable qui permettra au père de saisir toute l'importance de sa place et qui le mettra en position d'accepter de l'occuper.

Combien n'ai-je pas vu de pères et de mères recevoir ces explications dans le plus profond accablement !

Aux premiers qui paraissaient désespérés, j'expliquais que l'enfant, grandissant, acquerrait progressivement une certaine familiarité avec leur langue au point de finir par se passer le plus souvent autant de la traduction que des sous-titres. Mais comme leur langue lui a été d'emblée étrangère et qu'elle l'est restée ne serait-ce qu'*a minima*, il se comportera comme le font toutes les personnes qui ne sont pas de vrais bilingues : il lui arrivera de temps à autre d'avoir besoin de recourir aux dictionnaires et autres sous-titres. Il arrivait toujours à l'un d'eux de m'opposer le cas de pères élevant seuls et pratiquement dès la naissance leurs enfants. Je leur répondais que l'adaptabilité considérable de l'enfant lui permettait de finir par se familiariser avec la langue du père en acquérant une langue approximative, une sorte de pidgin, dont il ne percevra la véritable nature que beaucoup plus tard, lorsque l'urgence de ses mécanismes de survie lui en laissera le loisir.

---

7. Le mot « symbolique » dérive du grec *symbolon*, lequel désignait une pièce de monnaie divisée en deux morceaux s'emboîtant l'un dans l'autre. Elle n'avait de valeur que lorsque les deux morceaux étaient réunis.

Aux mères, j'expliquais qu'elles disposent sans le savoir d'un pouvoir absolument considérable dans la mesure où elles peuvent à leur seul gré décider d'emblée de ne rien traduire, de traduire parfois seulement ce qui leur convient, d'autres fois comme ça leur convient, voire de cesser de traduire à tout moment. Or, à cela, le père ne pourra jamais rien. Il ne pourra en aucune façon les contraindre ou ignorer le pouvoir qu'elles détiennent en la matière. Car s'il lui prend par exemple l'envie de se passer d'elles, il fera comme on le fait au téléphone quand on a l'impression de ne pas être compris : on parle de plus en plus fort jusqu'à finir parfois même par hurler. Si bien que ce que l'enfant enregistrera d'une telle façon de faire ne sera pas seulement en total décalage avec ce qui aura été tenté d'être dit, mais suscitera chez lui une frayeur qui rendra le père plus étranger encore et effacera probablement une part de ce qui avait été enregistré de sa langue. Autrement dit et pour résumer, toutes les fois qu'un père rencontre un problème de communication avec son enfant, il le résoudra mieux en débattant de ses causes avec la mère plutôt qu'en s'adressant directement à l'enfant. Et ce, d'ailleurs, ajouterai-je au risque de scandaliser, quel que soit l'âge de l'enfant.

L'expérience démontre en effet que le grand enfant, l'adolescent et même le jeune adulte, qui ont pourtant acquis une certaine familiarité avec la langue de leur père, ne peuvent accepter le message qui leur est délivré que s'il porte l'estampille favorable de leur mère. Il ne faut pas oublier en effet que, dans l'inconscient, le père est inscrit comme celui qui a été responsable, de façon flagrante et depuis toujours[8], de la distance que la mère a

---

8. Françoise Héritier, Boris Cyrulnik, Aldo Naouri, *De l'inceste*, Paris, Odile Jacob, 1994. Dans ma contribution à cet ouvrage, j'ai montré que le père, perçu par l'enfant comme mortifère, s'avère de fait vivifiant à long terme, alors que la mère, perçue par l'enfant comme vivifiante, s'avère de fait mortifère à long terme.

prise avec l'enfant. Un père peut toujours tenter de censurer l'attirance que son enfant éprouve pour la mère, il n'y parviendra jamais tout à fait et n'en recueillera que révolte et haine. Il recueillera d'ailleurs souvent la même révolte et la même haine quand c'est la mère elle-même qui dénonce l'attirance. On peut, à partir de là, imaginer ce qu'il peut en être du cas où il intervient auprès d'un enfant dont la mère est flattée par les propos que lui tient cet enfant.

Au terme de mes explications, les pères, accablés et plongés dans des réflexions sûrement amères, se taisaient en général.

En revanche, les mères protestaient copieusement contre ce qu'elles entendaient. Au motif qu'un tel discours, peu orthodoxe faisaient-elles remarquer au passage, les acculait à une insupportable culpabilité. Je leur faisais alors valoir qu'elles confondaient, comme cela arrive souvent, culpabilité et responsabilité. Et, pour mieux me faire comprendre, j'usais d'une nouvelle métaphore. Je leur expliquais qu'elles étaient en quelque sorte au volant d'un véhicule, que le père dans le siège d'à côté occupait la fonction de navigateur, alors que leur enfant était sur la banquette arrière. Ont-elles, du fait que ce sont elles qui conduisent et qu'elles sont responsables de leurs passagers, à se sentir coupables de l'existence d'un volant, d'un frein, d'un embrayage et d'un accélérateur tout autant que de feux rouges et verts, de croisements ou de panneaux de sens interdits ou de stop ? Elles ne seraient effectivement coupables que si elles en venaient à enfreindre les règles qui valent pour tous les conducteurs sans exception. J'ajoutais que leur tâche était, il est vrai, plus ardue qu'autrefois, dans la mesure où aujourd'hui elles sont sommées de continuer de conduire, mais dans un paysage où tous les repères ont été brouillés sinon effacés, et sans pouvoir compter sur la moindre aide d'un navigateur qu'on a bâillonné et à qui on a retiré ses cartes et ses plans !

Il va sans dire que la confusion que font les mères entre culpabilité et responsabilité est certainement en elle-même lourde de sens et de nature différente pour chacune. Elle témoigne parfois du fait que le discours qu'elles ont reçu leur révèle une forme de devoir qu'elles ne pensaient pas avoir à mettre en œuvre ou qu'elles n'avaient pas l'intention d'observer. Mais elle peut être aussi rapportée, entre autres origines, à ce qui leur est brutalement apparu des données de leur histoire ou bien encore à la perception de la complexité d'une aventure que le discours environnant leur a laissé imaginer des plus simple.

Ce dont prenaient acte en tout cas ces jeunes parents dans la surprise, c'est cette vérité première, à savoir que la mère et le père ne sont en aucune manière logés à la même enseigne. Et que leurs pouvoirs respectifs ne sont pas distribués au hasard.

Alors même qu'on imagine ces différences symboliques comme ne relevant que d'un processus langagier, on les constate au sein même des processus biologiques qui permettent, au demeurant, de les éclairer encore mieux.

Car l'état de fait que je décris existe tel qu'il est depuis l'aube des cultures. Et c'est la fixité de son support biologique qui lui a interdit de connaître la moindre adaptation ou le moindre changement.

Sur cette fixité, la génétique ne nous apprend d'ailleurs pas grand-chose qui puisse la relativiser ou en laisser entrevoir une évolution. Tout au plus nous signale-t-elle que le chromosome Y, déterminant du sexe masculin, a varié. Il comportait 1 500 gènes quand il s'est individualisé il y a quelque trois cents millions d'années ; il n'en compte plus qu'une cinquantaine et il serait appelé à disparaître dans dix millions d'années. Les éthologues, qui considèrent le sexe masculin comme un sexe parasite, puisque sa proportion de 107/100 dépasse sa seule nécessité qui ne devrait pas excéder 2/100, ne manqueraient pas de vérifier la pertinence de leur analyse. C'est peut-être cette perspective qui a incité certains chercheurs[9], dans les années 1970, à s'intéresser à une grossesse masculine qu'ils déclaraient réalisable du fait des progrès de l'hormonologie. Ils parvinrent d'ailleurs à la conduire jusqu'à mi-parcours dans le scrotum d'un singe mâle. On avait beaucoup ri à l'époque en imaginant le mode de transport dont auraient usé les hommes – il y en aurait sûrement eu – pour porter leur grossesse ! Je n'ai jamais su pourquoi tout cela prit fin. Le résultat de cet heureux échec, c'est que ce sont donc les conditions classiques de la reproduction animale qui continuent de présider, comme toujours, à celle des humains.

Ces conditions, responsables de la profonde asymétrie que j'ai décrite, se sont accompagnées dès le début de l'histoire de l'espèce d'une domination brutale des hommes sur les femmes. L'absence de rut chez ces dernières les mettait en perpétuelle disponibilité sexuelle. Ce qui rendait fous les premiers dont le seuil d'excitabilité sexuelle a toujours été particulièrement bas. Cette situation dura des millions d'années[10]. Quand, au bout de ce temps infini de comportement brutal et aveugle, la culture puis les civilisations se mirent en place, elles entreprirent d'adoucir le sort des femmes sans mettre fin pour autant à la domination des hommes sur elles. Ce qui revenait à les contraindre, en toutes circonstances et indépendamment de leur volonté ou de leur assentiment, à se comporter un tant soit peu en traductrices. Cela s'est poursuivi – et continue d'exister dans nombre de cultures – offrant, au sein de la cellule familiale et à l'insu des protagonistes, un soutien minimal au père.

---

9. Il est non moins étrange que d'autres chercheurs se tournent aujourd'hui vers la mise au point d'un utérus artificiel dont on entrevoit la possibilité dans une cinquantaine d'années (*cf.* Henri Atlan, *L'Utérus artificiel*, Paris, Le Seuil, 2005).
10. Voir *Les Pères et les Mères*, *op. cit.*

Je dis « minimal » et je ne vais pas plus loin parce que les mères, qui ont toujours eu la faculté de se consoler dans l'investissement de leurs enfants, avaient également, dans les situations contraignantes, celle de désavouer les pères et de les dénoncer muettement, dressant leurs enfants contre eux en donnant ainsi à l'histoire quantité de détails à réparer. Mais lorsque les enfants grandissaient, la pression sociale s'exerçait sur eux et les amenait à relativiser le discours maternel auquel ils avaient jusque-là adhéré. Il faut relever que, sur ce point, nombre de cultures tentèrent d'adopter en vain des mesures destinées à pallier ce profond antagonisme. On peut citer par exemple les coutumes de matrilocalité (l'homme est intégré à la famille de son épouse) ou de patrilocalité (la femme est intégrée à la famille de son époux) qui n'ont strictement rien résolu ! Si bien que ce qu'on peut dire de cette affaire, c'est qu'elle demeure en chantier.

Un chantier au sein duquel les éléments dont on avait à se préoccuper, et qui ont abouti à la situation que je viens de décrire, n'ont longtemps jamais été appréhendés autrement que sur le mode empirique.

On aurait pu espérer voir un progrès accompagner l'enrichissement et les avancées récentes de nos sociétés occidentales. D'autant qu'elles se sont piquées d'avoir enfin impulsé une réflexion nouvelle et féconde sur le « vivre ensemble » des individus qui les composaient. Il y aurait beaucoup à dire sur le bilan de cette prétention. J'en relèverai seulement un élément dont la dynamique n'a pas faibli : la dénonciation des dérives aux mille figures du patriarcat. Je serai le dernier à regretter l'élimination des « petits pères des peuples » et la sanction des pères abusifs. Je regrette seulement qu'une telle entreprise n'ait pas pris garde au grave « effet collatéral » qu'elle a produit : elle a en effet cru devoir jeter, avec la boue du patriarcat, le père de la cellule familiale auquel, au nom de son idéal démocratique, elle a retiré le moindre soutien sociétal.

Cette longue et douloureuse histoire a d'ailleurs permis à certains courants féministes de laisser entendre que le rôle du père pourrait parfaitement être réduit, après tout, à celui de ce courant électrique capable de déclencher la fécondation de l'ovule des oursins. Pourquoi s'étonner dès lors qu'un nombre grandissant de femmes ait décidé de n'avoir recours à un homme que pour se faire féconder et que les mères ne se sentent plus en général en devoir de se faire traductrices ?

C'est là qu'en sont les sociétés occidentales dans la phase de mutation qu'elles traversent. On ne devra plus s'étonner que les pères aient été invités à devenir, et sont devenus, faute d'un soutien sociétal imaginable, ces mères-*bis* dont j'ai déjà parlé. Et on devra prendre son parti de la moindre durabilité des couples, de leur précarité ou de la remise en question de la différence des sexes qui a toujours présidé à leur constitution. Et quelle importance aurait donc la disparition de l'entité familiale, même si on en fait la première école du lien social[11] ? L'individualisme n'est-il pas déjà advenu ? Pourquoi, au motif de son immaturité, en exclurait-on l'enfant qui, chacun doit se le tenir pour dit, est « une personne » !

La guerre des sexes a-t-elle un objectif ?

Cette guerre des sexes, tout à fait inégale, qui date de l'origine de l'espèce, s'est donc radicalisée avec l'avènement de la culture et s'est poursuivie sans le moindre répit. Elle continue aujourd'hui encore, avec la même violence mais sous d'autres formes. La victoire a en effet changé de camp. Dans la sphère privée, les hommes ont cessé de dominer et de contraindre les femmes. « Où sont

---

11. J'ai développé cette notion dans Aldo Naouri, *Adultères*, *op. cit.*

les hommes ? », en arrivent à se demander certaines d'entre elles, exprimant une bien étonnante nostalgie ! Ce sont désormais elles qui dominent. Sur un mode certes moins ostensible, beaucoup plus subtil, mais guère moins violent puisque, se posant opportunément en victimes historiques dans notre époque de repentance, elles assument désormais leur possibilité d'empêcher les pères de transmettre leur histoire. Il suffit de se souvenir du propos des parents des enfants morts pour mesurer la dimension meurtrière d'un tel potentiel.

Il est néanmoins impossible de ne pas convenir au moins d'un fait : cette guerre, au fil des siècles, les systèmes culturels ont tenté de la tempérer du mieux qu'ils pouvaient faute de pouvoir y mettre fin. En modérant la domination masculine, ils ont toujours cherché, quoique maladroitement, à imposer une forme d'entente entre les deux parents. Leur projet, qui connaît aujourd'hui un effet de balancier, semble, hélas, encore plus irréaliste qu'irréalisable. La génétique nous apprend pourtant que la biologie ne vise qu'à imposer la complémentarité et l'entente !

On peut le vérifier en se référant à une découverte déjà ancienne mais peu connue, même dans les milieux professionnels[12]. Dans un travail publié en 1984[13], le biologiste allemand Davos Solter rapporte avoir implanté dans l'utérus de certaines souris des œufs qu'il avait obtenus en y remplaçant le noyau du spermatozoïde par un noyau d'ovule et qu'il avait nommés « gynogénotes ». Il a fait porter à d'autres souris des œufs obtenus en y remplaçant le noyau de l'ovule par un second noyau de spermatozoïde. Il avait nommé ces derniers œufs « androgénotes ».

---

12. Je n'en savais rien moi-même jusqu'à ce que l'information que m'en a donnée en 2007 le docteur Vincent Dussol – que je remercie au passage – m'ait poussé à en explorer la piste.
13. J. McGrath, D. Solter, « Completion of embryogenesis requires both the maternal and paternal genomes », *Cell*, 1984, 37, p. 179-183.

Il a observé le devenir de ces deux sortes de grossesses qui, bien sûr, ont avorté. À l'examen des tissus expulsés, il a constaté que pour les grossesses à gynogénotes, le développement de l'embryon était normal, alors que le développement des annexes (destinées à former le placenta et le cordon) était rudimentaire et anormal. Pour les grossesses à androgénotes, en revanche, le développement des annexes était strictement normal alors que le développement de l'embryon était, lui, anormal. Il en a conclu que le développement de l'embryon est plus dévolu aux gènes maternels alors que le développement des annexes, qui assurent l'approvisionnement nutritionnel de l'embryon, est plus dévolu aux gènes paternels.

C'était la naissance de ce qui a été appelé la « génomique parentale », laquelle a soulevé quantité de questions et a connu un développement considérable. Sur le point dont je viens de traiter longuement, elle aurait pu amener à insister sur le fait que les hommes et les femmes sont contraints de trouver un terrain d'entente pour la bonne menée de l'évolution de l'espèce. Mais des considérations de ce type n'entrent en principe pas dans le cadre de publications scientifiques. D'autres auteurs[14] n'ont pourtant pas hésité à émettre en 1991 une théorie connue depuis comme la « théorie du conflit entre les sexes ». Et ce, en raison du fait que les gènes paternels favoriseraient la croissance fœtale afin que les nouveau-nés soient les plus grands possible, alors que les gènes maternels freineraient cette croissance pour ne pas épuiser la mère et lui permettre de garder des réserves pour les portées suivantes. Si ce travail émet une hypothèse sur la finalité de la biologie maternelle, il n'en émet aucune sur celle de la biologie paternelle. Il ne dit pas pourquoi la génétique des pères viserait à rendre les enfants les plus grands possible. Effet de l'air du temps ? Inscription idéologique cor-

---

14. T. Moore, D. Haig, « Genomic imprinting in mammalian development : a parental tug-of-war », *Trends Genet.*, 1991, 7, p. 45-49.

recte en pleine période de récusation du patriarcat ? Ou référence implicite aux sociétés préindustrielles quand les hommes étaient réputés vouloir beaucoup d'enfants pour avoir plus de bras pour le travail des champs ?

J'ai résisté à rechercher une quelconque explication dès que j'ai rencontré, non sans un certain bonheur, le travail ultérieur de Claudine Junien[15] qui a démontré en 2000 que, par-delà ce qui apparaissait comme un conflit, les phénomènes, qui ont été décrits et interprétés comme une guerre en raison d'une approche qui privilégiait la seule statique, seraient de fait au service d'une solidarité entre générations. Comment aurais-je pu ne pas réagir d'une façon aussi enthousiaste ? Moi qui n'ai pas cessé de parler de « transmission d'histoire » et de « réparation », j'en trouvais la traduction jusque dans les programmes génétiques !

De quoi m'amener à rêver d'une réflexion qui se centrerait sur cet étonnant paradoxe : la biologie fait en sorte, jusqu'à la mise au monde, de régler les équilibres entre les mécanismes biologiques respectifs des deux sexes pour leur faire produire de la vie ; or, aussitôt cette vie produite, voilà que ses auteurs entreprennent d'y mettre fin ! Ce qu'expliquerait la pulsion de mort dont traite abondamment la psychanalyse – l'humain serait travaillé par une force destinée à le ramener à l'état minéral de sa plus lointaine origine. Mais pourquoi alors ne pas mettre davantage en évidence cette pulsion de mort pour ne pas s'en laisser aveugler au point de s'y soumettre sans y résister ?

Dans cette perspective, en restant au niveau de la biologie, et en tirant l'enseignement de ces divers travaux, j'irai encore au-delà de ce que j'ai laissé entrevoir comme une nécessaire, encore qu'impossible, entente entre les hommes et les femmes.

---

15. Claudine Junien, « L'empreinte génétique. De la guerre des sexes à la solidarité entre générations », *Médecine/Sciences*, 2000, 16, p. 336-344.

Je dirai qu'en raison même de la profondeur des racines sur lesquelles elle escompte intervenir, cette entente ne peut en aucun cas être espérée consensuelle. Elle doit toujours être une entente « armée », c'est-à-dire n'excluant jamais, sur le mode dissuasif, ni le conflit ni même la guerre, en renvoyant chacun des partenaires à la vieille peur qui lui a servi de compagne du temps où il se débattait avec la stature de ses parents. Et cela du fait que tout autant que le père doit protéger l'enfant contre une mainmise trop importante de sa mère sur lui, la mère doit protéger l'enfant d'une emprise totale du père. Ce qui revient, somme toute pour chacun, à user de sa propre pulsion de mort pour neutraliser celle de l'autre, au bénéfice exclusif de la vie dont l'enfant est porteur.

Pour faire comprendre cela aux parents de mes patients, je les renvoyais d'abord à la logique dynamique des échelles doubles : chacune des deux oppose sa force à celle de l'autre ; et aucune des deux ne pourrait remplir son office si l'autre venait à ne pas jouer son rôle. Les enfants sentent d'ailleurs parfaitement, eux, le danger que comporte une éventuelle défaillance, quand ce n'est pas la primauté écrasante de l'un ou de l'autre de leurs parents. C'est pourquoi les filles ressemblent si souvent à leurs pères, comme les garçons à leurs mères. Par mimétisme, les unes comme les autres empruntent aux parents du sexe opposé des caractéristiques physiques ou comportementales destinées à faire échec à une projection trop importante et qui ignorerait leur originalité. Une fois cette précaution prise, il en ira différemment ensuite comme le relève Oscar Wilde qui énonce dans un de ses paradoxes : « Les femmes finissent toujours par devenir comme leur mère – c'est leur drame. Jamais les hommes – c'est le leur. »

Là, une fois encore, la biologie s'offre comme une métaphore pleine d'enseignement en expliquant pourquoi, quand une des deux échelles ne joue pas son rôle, elle s'écroule sous le poids de l'enfant qui tente d'y grimper, l'entraînant dans sa chute !

Grâce à la génomique parentale, il a en effet été définitivement démontré qu'une grossesse de type parthénogénétique est strictement impossible : biologiquement, sans le recours d'un spermatozoïde, une femme ne peut pas avoir d'enfant. La dénégation de cette impossibilité foncière correspondrait, sur le plan psychique, au cas d'une mère qui ne pourrait pas même penser l'existence d'un tiers qui serait intervenu dans sa maternité – c'est ce que Lacan a appelé « forclusion du nom du père ». L'enfant d'une telle mère sera psychotique.

Grâce à l'étude d'une forme anormale de grossesse, la môle hydatiforme, la biologie démontre le danger que constitue une intervention confiscante du père dans la grossesse. Le terme de môle hydatiforme désigne une profonde altération de l'œuf conduisant dans la plupart des cas à un avortement, mais pouvant, dans d'autres, conférer à la mère un redoutable cancer (choriocarcinome), l'enfant, lui, n'ayant pas même été conçu ! Certaines formes de ces môles sont attribuées à la fécondation de l'ovule par deux spermatozoïdes, et d'autres à la fécondation, par un seul spermatozoïde, d'un ovule qui n'en est pas exactement un puisque dépourvu de noyau. Des travaux récents[16] ont démontré que ces occurrences surviennent en raison d'un défaut constitutif de l'ovule rapporté à une altération génétique du chromosome 19 maternel. Un processus de cet ordre, transposé sur le plan relationnel, fait de l'enfant, livré totalement au père sans opposition ni interposition maternelle, un paranoïaque. On peut observer l'évolution d'une telle occurrence dans un très beau film[17], dont j'ai souvent parlé parce qu'il a valeur d'un cas clinique parfaitement décrit, où on voit le com-

---

16. Rima Slim *et alii*, *Nature Genetics*, mars 2006.
17. *Shine*, film de Scott Hicks, Australie, 1996.

portement insoutenable du père détruisant son fils, rencontrer une passivité au moins aussi pénible de la mère !

Au terme de cette incursion qui a associé sans vergogne ni précaution aucune le biologique, le génétique, le langagier et le relationnel, en dégageant aussi bien l'idée de l'incontournable complémentarité des parents que la profonde asymétrie des moyens dont ils disposent, je proposerai volontiers une vue d'ensemble qui rendrait compte de ce qui place le « métier » de parent au rang des « métiers impossibles ».

Ce qui se jouerait à chaque génération peut se rapporter en effet à la possibilité ou à l'impossibilité que rencontre un père désireux de transmettre son histoire, celle de la mère ne rencontrant, elle, aucune difficulté. Si, sur un tel fond de décor, on prend en considération que père comme mère ont été portés par une mère et ont tissé avec elle des liens très solides, on pourrait presque avancer que le sort des enfants serait l'enjeu d'une lutte qui se jouerait, à leur insu, entre les lignées maternelles de leurs deux grands-mères. L'hypothèse que j'avance peut sembler audacieuse sinon farfelue. Elle semble cependant créditée par le bien moindre intérêt que les grands-mères portent généralement aux enfants de leurs fils par rapport à celui qu'elles portent aux enfants de leurs filles[18]. On sait par ailleurs, qu'au niveau biologique, il suffit de dix secondes après la fécondation pour que l'ADN mitochondrial[19], toujours d'origine maternelle, du spermatozoïde soit éliminé

---

18. Pour m'expliquer le fait parce que je l'ai prise en flagrant délit dans la différence qu'elle faisait entre les enfants de son fils et ceux de sa fille, une grand-mère mexicaine m'a rapporté un proverbe de son pays dont j'ai oublié l'énoncé espagnol mais dont je me souviens qu'il disait en substance : « Les enfants de ta fille sont tes enfants, ceux de ton fils, qu'en sais-tu ? »

19. Les mitochondries sont des petites inclusions disséminées dans le cytoplasme de la cellule et qui servent de réservoir énergétique. Elles contiennent un ADN, différent de celui du noyau et d'origine exclusivement maternelle.

par l'ovule. Dix secondes pour que la bru évacue du corps de sa progéniture la trace spécifique de sa belle-mère ! Cela ne laisserait-il pas à penser autour de la lecture de la distribution obvie des pouvoirs et des dominations qui en ont découlé ?

Définition ou définitions

Si, pour faire une pause dans le débat qui a été largement ouvert et que je ne ferme pas encore, je reviens à la recherche de définition du parent qui fait l'objectif de ce chapitre, je peux assortir les éléments que j'avais déjà trouvés, d'un élément nouveau. J'avais découvert qu'un parent ça sert à un enfant et ça meurt avant lui, non sans lui avoir confié le soin de proroger la part saine de son histoire ; j'ajoute qu'il l'engage dans les bons cas à réparer la part altérée de cette histoire par celle de l'autre parent qu'il lui reconnaîtrait sans réserve.

Il est vrai que cette accumulation d'éléments risque de tirer la définition du parent du côté de l'inventaire. Si elle n'est pas satisfaisante sur le plan formel, elle a néanmoins l'avantage que procure l'inventaire, celui de rester toujours ouvert et de pouvoir à tout moment être complété.

La biologie, comme je l'ai montré, livre aux parents un être que les équilibres qu'elle a instaurés ont réussi à rendre vivant. Comment cela se passe-t-il et que se passe-t-il quand ces parents ne s'avèrent pas capables d'entretenir l'équilibre de leurs participations respectives et qu'ils préfèrent, à une entente armée toujours à leur portée, se lancer dans une guerre sans merci et hier comme aujourd'hui inégale ? L'enfant conçu comme un loyal réparateur potentiel devient immédiatement un séparateur manipulé par les paramètres de l'histoire de chacun d'eux et par ceux des sociétés au sein desquelles ils sont inscrits.

Ces sociétés, quelles qu'elles aient été et quelles qu'elles soient, ont jugé indispensable de lui donner comme premier repère de son histoire aérienne, celle de la fécondation responsable de sa venue au monde en conférant aux auteurs de cette fécondation le statut uniforme et indistinct de géniteurs – *gli genitori*, comme la langue italienne nomme couramment les parents. Une notion sur laquelle se sont appuyés et continuent de s'appuyer la plupart des systèmes judiciaires, en lui donnant une importance que, dans la réalité et le vécu des êtres, elle est loin, très loin d'avoir, si tant est qu'elle ne soit pas simplement négligeable.

Et pourtant !

Cet homme venu me consulter du fond de sa province est un agriculteur possédant une exploitation de moyenne importance. Il est dans un profond embarras. Il vient en effet de recevoir, du tribunal allemand d'une ville dont il ignorait jusqu'à l'existence, un jugement prononçant la mise sous séquestre conservatoire de l'ensemble de ses biens. Il a mis un temps fou à comprendre de quoi il retournait, parce que rien dans les attendus du jugement qu'il a parcouru comme il a pu, pas même le nom de la partie plaignante, ne lui disait quoi que ce soit. Quand il s'est fait traduire le document et qu'il est allé consulter un avocat, il a recouvré la mémoire. Trois ans auparavant, pendant les vacances, resté seul pour les moissons alors que sa femme et ses enfants qu'il devait rejoindre étaient déjà partis en vacances, il a vu arriver à la ferme une jeune Allemande qui lui a demandé la permission de camper dans un de ses champs. Ce à quoi il a consenti. Quelques jours plus tard, il était devenu l'amant de cette jeune femme qui était repartie comme elle était venue. C'est cette jeune femme qui était la plaignante et qui lui réclamait, outre la reconnaissance de l'enfant dont elle lui attribuait la paternité, le versement d'une confortable pension pour son enfant et pour elle. Ce qui le préoccupait était moins la perspective qu'ouvrait la demande, que le problème personnel grave qu'elle lui posait. Dans la mesure où il ne savait pas du tout comment il pouvait présenter cette histoire à sa femme sans altérer, d'une façon qu'il était incapable de prévoir, la relation d'entente et de confiance qu'il avait toujours eue avec elle. J'avoue que, pour ma part, c'était le côté expéditif du tribunal qui m'avait stupéfié !

Dans son lit de maternité, cette jeune mère déclarait au personnel soignant ne pouvoir rien dire de ce qui la faisait pleurer sans arrêt. Ce qui avait amené son bébé de deux jours à ne plus s'alimenter. J'ai été appelé pour ce dernier que j'ai trouvé en excellent état. Je suis allé la voir pour le lui dire. Dans le fil de notre échange, elle m'a confié être, par-dessus tout, dans la terreur de la visite de sa mère qui venait de province et qui s'était annoncée deux jours auparavant pour l'après-midi même. « Elle va me le prendre ! », m'a-t-elle dit en tremblant et sur un ton effrayé par la simple évocation de cette perspective. Elle est tout de même parvenue à me parler longuement de cette relation difficile où, encore à son âge et malgré sa réussite professionnelle, elle se sentait être à tous égards pour sa mère une petite fille balourde et à tous points de vue incompétente. Elle lui dirait ça encore une fois et elle ne lui laisserait certainement pas son enfant, pensait-elle. Quand je lui ai fait remarquer que c'était elle qui avait conçu et mis son bébé au monde et que c'était bien le sien, comme jamais rien n'a été ou ne serait à elle, elle m'a répondu que ce ne serait pas un argument pour sa mère. « Je l'entends d'ici. Elle me dira que les vaches, les chattes, les chiennes et même les souris mettent aussi au monde des veaux, des chatons, des chiots... » J'ai alors évoqué la présence et le rôle potentiel du père de cet enfant, elle m'a rétorqué que sa mère ne tenait pratiquement pas compte de son existence et l'avait toujours considéré comme moins que rien. En voilà encore un, ai-je pensé, qui croyant devoir être courtois et poli en toutes circonstances, n'avait probablement pas rempli auprès de sa femme le rôle *que, depuis son tout jeune âge, elle attendait qu'il joue : s'interposer entre elle et sa mère pour neutraliser efficacement cette dernière.*

Quand j'ai ouvert la porte, ce soir-là alors qu'il était très tard et que je n'attendais plus personne, il est tombé en pleurs dans mes bras. C'était pour moi une étrange sensation de tenir comme un bébé ce magnifique gaillard de plus de cinquante ans que je connaissais depuis des lustres puisque je soignais ses trois enfants dont la dernière avait déjà douze ans. J'étais par ailleurs passablement inquiet de ce qui pouvait le mettre dans cet état et j'attendais l'affreuse nouvelle qu'il ne parvenait manifestement pas à me donner. Il lui a fallu pas mal de temps pour se calmer. Je l'ai introduit et fait asseoir, ce que je n'avais pas pu faire jusque-là. Avec un phrasé lent scandé par d'irrépressibles sanglots, il m'a alors raconté avoir assisté l'après-midi même à une violente altercation survenue entre ses vieux parents. Et comme il tentait de calmer sa mère, elle lui a jeté à la figure qu'il prenait le parti de son père qui de fait ne l'était pas. Après quoi, elle s'est tournée vers son mari et elle s'est lancée, pleine de rage et avec un luxe de détails, dans la narration de son adultère de l'époque pour lui démontrer qu'il n'avait pas pu être le père de ce fils qu'il croyait leur être commun. C'était déjà affreux pour lui, mais ça l'était plus encore d'imaginer la souffrance qu'avait dû concevoir son père de cette révélation. J'ai eu beaucoup de mal à le convaincre que, pour dur que tout cela ait été, il n'avait pas à en être autant affecté, parce qu'il ne faisait pas le moindre doute que cet homme qu'il avait vécu comme son père, l'était tout à fait et bien plus que le géniteur dont aurait parlé longuement sa mère. Il m'a fallu lui donner l'exemple des fécondations artificielles et des cas que j'avais dans ma clientèle. Ce fut long, très long...

Trois histoires de géniteurs. J'en aurais des centaines de la même eau à raconter !

Un premier qui apprend qu'il l'est, si tant est qu'il l'ait réellement été, d'une manière à tout le moins surprenante, au bout de trois ans !

Une mère qui, elle, ne peut pourtant douter un seul instant qu'elle l'est. Ça ne lui permet pas pour autant de se sentir apte à occuper la place qui lui revient en toute légitimité. Parce que sa propre mère est sans doute demeurée pour elle aussi terrifiante qu'elle avait dû l'être dans le petit âge, faute d'en avoir été protégée par son père et plus tard par son compagnon.

Et, d'un autre côté, un père qui découvre à quatre-vingt-cinq ans, parce que sa femme de quatre-vingt-deux ans le lui révèle, qu'il n'est pas le géniteur de celui qui a toujours été son fils !

Mater certissima, énonçait le doit romain, *pater semper incertus*.

Quelle *mater* ? La génitrice ? Si oui, ce serait, dans l'inventaire que j'ai servi à mon proche du début du chapitre, la femme accouchant sous X qui serait *ad vitam aeternam* la mère de l'enfant et en aucun cas la mère adoptante[20] qui lui aura pourtant consacré toute sa vie. Et ce serait la même chose avec une mère porteuse.

Quel *pater* ? Le géniteur ? Jusqu'à la paillette de sperme anonyme en conséquence ?

Comment peut-on soutenir que cette caractéristique puisse contribuer à définir le parent ?

Si tel était le cas, mon proche aurait eu raison de parler d'« union » et d'inscrire ce critère dans sa définition. Mais

---

20. Je m'aperçois que la direction prise par le développement de mon sujet ne m'a pas permis jusqu'à présent de signaler – ce qui est très important – qu'il n'y a aucune différence entre les couples adoptants et les autres. La même asymétrie y réside, comme doit y trouver place une entente « armée ». En raison de la proximité des caractéristiques féminines de la voix, des odeurs, etc., l'enfant investit sa mère adoptante sur un mode aussi intense que celui dont il aurait usé avec sa génitrice. Cet investissement entraînant par la suite dans son sillage toutes les nuances du registre relationnel, aussi bien du côté de la mère que de celui de l'enfant.

qu'aura donc alors été pendant plus de cinquante ans ce vieil homme à qui sa non moins vieille femme crache une histoire qu'elle aurait pu emporter dans la tombe sans que rien n'eût changé pour sa descendance ? Pour la plupart des animaux, cette caractéristique de géniteurs est amplement suffisante – la belle affaire que de pouvoir se prévaloir d'un pedigree ! – puisque les processus biologiques, que j'ai décrits plus haut et qui font appel à l'intervention des gènes spermatiques, intéressent tous les mammifères. Soutenir l'importance d'un tel critère, c'est privilégier le *certissima* de l'aphorisme du droit romain, c'est modéliser la parentalité sur la seule part maternelle, c'est récuser l'importance de l'*incertus* qui fonde le statut même du père[21], c'est nier la radicale différence des sexes, c'est appliquer à l'humain la logique bouchère[22] de l'animal, c'est applaudir à la pratique des nazis qui avaient entrepris de croiser, au sein des *Lebensborn*[23], les belles Aryennes et les beaux SS pour produire une race pure !

Et dire qu'au nom de ce que je qualifie comme un véritable terrorisme de la transparence, il y a des psychanalystes – les seuls à s'exprimer en la matière et qui parviennent du coup à se faire entendre ! – pour soutenir qu'il faut absolument que tout enfant puisse avoir accès à l'identité de ses géniteurs !

Les humains, dotés du langage, pris dans ce langage et dans leur désir univoque de prolonger une histoire, ne peuvent pas se contenter de cette notion de géniteur et ne

---

21. C'est parce qu'il est *incertus* que le père entreprend de ne plus l'être en investissant les moyens qui le lui permettraient, en demeurant dans une entente « armée » et en intervenant en particulier dans la relation de la mère et de l'enfant.

22. Pierre Legendre, *op. cit.*

23. Merci à Heinz Wismann de m'avoir signalé que le mot lui-même, qui signifie « source de vie », est fabriqué sur deux radicaux archaïques qui n'étaient plus guère en usage. Il laisserait entendre une forme de retour à la source pour ce qui devait en être une, s'il n'évoquait plutôt une régression vers l'animalité primitive de l'humain. Le nazisme n'a jamais fait mystère de sa fascination pour la nature.

s'en sont manifestement jamais contentés. Sans quoi, l'agriculteur embarrassé, la jeune mère et mon solide gaillard n'auraient certainement pas été dans l'état où je les ai trouvés.

Et ce d'autant que, si on poursuit l'exploration de cette condition parentale, on se rend compte qu'on lui découvre un autre versant. Il suffit par exemple d'évoquer le malheureux Yves Montand dont le cas défraya la chronique. À la suite d'une décision de justice, il fut inutilement exhumé parce qu'une femme le prétendait être le père de sa fille déjà adulte. Que pouvait espérer cette mère d'un procès destiné à prouver qu'il était le géniteur de cette fille ? Tirer pour elle-même un brin de gloire de la relation qu'elle aurait eue à lui, alors qu'il s'en était défendu de son vivant ? Produire un gain identitaire pour sa fille qui s'en était passée jusque-là ? Rien de tout cela. Mais à n'en point douter une part de l'héritage du défunt. Ce que la justice, dont on a vu qu'elle ne s'encombre pas de nuances et qu'elle continue de résumer le père au géniteur, aurait d'ailleurs certainement accordé si les tests biologiques n'avaient pas permis de la débouter. Car il a toujours paru bon pour la paix sociale qu'un parent assume ses responsabilités envers ses enfants en leur assurant un héritage, tout comme il est entendu qu'en retour un enfant se doit de prendre en charge son parent dans le besoin.

On se retrouve donc avec, derrière la définition du mot parent qui désigne communément l'un et l'autre des protagonistes qui se tiennent au-dessus de l'enfant, trois sous-définitions dont l'importance est inégale dans son vécu et son devenir.

Les trois cas que j'ai rapportés démontrent à l'évidence que le parent géniteur n'a d'importance que réduite à la biologie. Il va sans dire que, lorsque ce parent, mère ou père, transmet des tares génétiques, il occupe le premier plan. Mais, en dehors de ces cas relativement exceptionnels, c'est son côté négligeable qui a permis à la médecine de se lancer dans les fécondations avec donneur sans s'être attardée à réfléchir sur leur répercussion.

En dehors de rares cas que rapportent en général les médias, la place du parent social ne pose pas de problèmes importants. Un certain nombre de discussions ont certes eu lieu récemment autour du secret de l'identité des mères accouchant sous X et confiant leur bébé à l'adoption. De même a-t-on officiellement remis en cause l'attribution automatique du nom du père à l'enfant – remise en cause peu suivie au demeurant ! Mais tout cela n'a pas bouleversé le devenir de générations entières.

J'avais donc toute raison de tenir à mon « gaillard » le discours que je lui ai tenu. Pendant plus de cinquante ans, sa mère qui a été sa génitrice et qui, l'ayant reconnu comme son enfant, a été sa parente sociale, l'a entouré de ses soins et l'a fait grandir. Sur ce dernier point, elle a occupé la position de mère qui, remplissant sa fonction, répond à la définition de mère fonctionnelle. Il s'avère, dans le vécu des êtres, que c'est cette ultime sous-définition, celle du parent fonctionnel, qui revêt la plus grande importance. Qu'en est-il alors du côté du père de cet homme ? Il l'a reconnu comme son enfant et il a assumé de ce fait sa partition sociale de parent. Tout au long de leur vie commune, il a manifestement revêtu une grande importance pour son fils, comme on peut le déduire du chagrin que ce dernier exprime quand il apprend qu'il n'a pas été son géniteur et à la pensée de sa souffrance alors qu'il aura toute sa vie rempli sans conteste sa fonction paternelle. Et il ne l'aura pu que parce que la mère de ce fils, pour des raisons qui lui appartenaient mais dont on ne sait rien, l'a appelé à cette place qu'il a accepté d'occuper[24]. Pendant les premières années et plus de cinquante ans après, elle aura rempli sans jamais faillir son office de traductrice de ses propos. Et voilà qu'au bout de ce temps bien long, elle

---

24. Voir *Une place pour le père, op. cit.*

le chasse de cette place au cours de leur dispute. C'est trop tard pour que cela ait des conséquences préoccupantes pour leur fils. Il a depuis longtemps été construit sur le rapport, juste même si on ne sait rien de sa nature exacte ou de ce qui l'a instauré, qu'ils ont eu entre eux et autour de lui. Et, hormis le chagrin qui mettra quelque temps à se dissiper, il n'en concevra pas de troubles.

Si les deux sous-définitions de parent géniteur et de parent social se présentent comme symétriques et inaliénables pour les mères comme pour les pères, la troisième, le parent fonctionnel, n'a absolument pas le même statut dans les deux sexes.

La mère n'a pas besoin d'être désignée comme telle à l'enfant par le père. Elle a tout pour l'être d'emblée – qu'on se souvienne de l'alphabet élémentaire. Ce qui pourrait éventuellement lui manquer pour s'assumer en tant que telle lui sera transmis sur un mode singulier par sa mère – toutes ne sont pas comme celle de la jeune accouchée dont j'ai rapporté le cas –, ou par une ou plusieurs autres femmes qu'elle aura investies. En tout cas, une fois qu'elle l'a occupée, sa fonction lui est définitivement acquise et ne pourra jamais, sauf en de rares cas qui n'incluent pas même les divorces conflictuels, lui être retirée par le père. Alors qu'elle peut, elle, à tout moment, à son seul gré, y compris jusqu'à la fin de sa vie, retirer au père de son enfant la fonction dont elle lui avait éventuellement confié l'exercice. Ce père demeurera alors le géniteur, s'il l'a été, et le père social. Mais il ne pourra plus être totalement le père fonctionnel.

Ce qui n'est pas sans poser d'énormes problèmes dans le quotidien des familles. D'abord et en particulier aux pères à notre époque où la divortialité a pris une si grande extension.

Ces derniers, dont on a vu combien leur place est, aujourd'hui, en équilibre instable, sont le plus souvent désireux de bien faire. Faute malheureusement d'être correctement informés, ils font généralement preuve d'une maladresse qui ne fait que les desservir. Attachés à leur enfant et convaincus qu'il a autant besoin d'un père que d'une mère, ils réclament à la justice, en cas de séparation houleuse, des mesures destinées à leur permettre de continuer d'exercer leur fonction en refusant de comprendre que la mère ne se comportera plus jamais pour eux en traductrice fiable. Ce qu'ils obtiennent est si décevant – et il ne peut que l'être – qu'ils finissent par s'éloigner quand ils ne mettent dans leur entreprise une violence qui leur nuira longtemps.

Il vaut mieux, dans l'intérêt de son enfant, que, dans une telle conjoncture, un père accepte l'idée qu'il conserve indéfiniment, quoi que fasse la mère, son statut de géniteur et de père social, autrement dit celui de père d'une grande partie de l'histoire de l'enfant, mais qu'il ne peut plus remplir en totalité la fonction dont son enfant a impérativement besoin avant tout pour se construire. Cette fonction pourra, en revanche, être correctement relayée et remplie par l'éventuel nouvel homme de la mère. À condition toutefois que cette dernière ne joue pas, comme elle le fait souvent, un homme contre l'autre afin de garder la haute main sur son enfant[25]. Dans cette perspective et lorsque le cas se produit, le mieux qu'il puisse faire pour son enfant, c'est de s'entendre directement avec le nouvel homme de la mère, éventuellement devant l'enfant et sa mère, pour lui déléguer sa fonction, en disant à ce dernier que son beau-père le représente pleinement quand lui n'est pas là. Les choses sont alors claires pour tout le monde. Il va sans dire qu'une démarche de cet ordre ne peut intervenir que si l'intérêt de l'enfant prime pour tous, que le dépit est un tant soit peu dépassé et que les blessures narcissiques de chacun se

---

[25]. Voir Irène Théry (sous la dir.), *Recomposer une famille, des rôles et des sentiments*, Paris, Textuel, 1995 et en particulier le cas que je rapporte dans ma contribution, « Un homme qui divorce de sa femme divorce toujours de ses enfants ».

sont plus ou moins cicatrisées. Si un tel scénario n'est pas réalisable sur le mode que j'indique, on peut s'en inspirer pour en élaborer d'autres plus adaptés aux conditions de la situation. Un père peut, à l'occasion d'une de leurs rencontres, engager directement son enfant à investir le nouveau partenaire de la mère. Il lui permettra de mettre fin au conflit de loyauté qu'il vivait. Il peut, dans le même état d'esprit, engager la même démarche en rencontrant cet homme en tête à tête. Il lui sera néanmoins le plus souvent impossible de tenter quoi que ce soit de direct auprès de son ex-compagne : cela ne fera que raviver inutilement les plaies.

Gérer la guerre des sexes ?

On peut se demander pourquoi il a été nécessaire de procéder à un tel démontage des positions parentales pour aboutir, y compris avec le recours à la biologie, à la conclusion que l'enfant, réparateur potentiel des deux histoires qui lui échoient à la naissance, se révèle instrumentalisé – encore qu'inégalement – par chacun des deux partenaires au point de devenir le séparateur qu'il n'aurait pas dû être.

C'est ce qu'a sans doute voulu me dire mon proche du début de ce chapitre, dans la seconde partie de sa définition, quand il a dit de ce troisième qu'il passe sa vie à tenter de se « débarrasser » de ces deux qui ont été à son origine. De se débarrasser, faute de pouvoir avoir un avis propre en la matière, du dilemme dans lequel il a dû se trouver si souvent pris en les entendant, même dans les meilleurs cas, plaider pour la pertinence de leurs attitudes respectives. C'est sans doute aussi la raison qui a amené mon proche à m'accuser de chercher des poux dans la tête.

Comme j'ai essayé de le montrer, la vie de chacun est construite sur une enfance qui a perçu et enregistré les positions parentales sur un mode totalement décalé par rapport à leur réalité.

Sauf exception – les Médée ne courent pas les rues ! –, aucune mère n'a pour perspective, comme le croit l'enfant, de le tuer, aucun père de le châtrer quand il est un garçon ou d'en faire sa partenaire sexuelle quand elle est une fille. C'est néanmoins ce décalage quasi incompréhensible qui fait la subjectivité de chacun et qui, lui conférant une idée, fût-elle brumeuse, de la loi de l'espèce, le constitue non seulement comme pleinement conscient d'être vivant, mais comme sujet. C'est-à-dire sujet de cette loi et, pour le dire mieux encore, assujetti à elle.

C'est là qu'intervient, tout comme s'opposent les deux parties de l'échelle double, l'opposition des fonctions parentales.

Car, que fait donc une mère quand elle remplit sa fonction sans en admettre la moindre limite et qu'elle s'évertue à faire en sorte que son enfant « ne manque de rien » ? Elle lui signifie que, tout comme son corps l'a pourvu instantanément de tout ce dont il avait besoin tout au long de la gestation, elle continuera de le faire indéfiniment. L'indéniable avantage que procure une disposition aussi rassurante pour l'enfant comporte néanmoins un inconvénient. Car elle revient à laisser sa mère tisser autour de lui un utérus, virtuel[26] certes mais extensible à l'infini, qui reviendrait à le garder perpétuellement en elle et à n'admettre pratiquement que du bout des lèvres, si tant est qu'elle le fasse, qu'il soit venu au monde aérien. Ce qui contrevient totalement aux termes de la loi de l'interdit de l'inceste. Ce n'est pas par hasard que le terme qui dit cette contravention ait été construit par le latin

---

26. Voir *Les Pères et les Mères*, *op. cit.*

comme il l'a été. « Inceste » dérive en effet de *incestus*, lui-même construit avec le préfixe *in* privatif et *cestus*, supin du verbe *careo* qui signifie « manquer », ce qui donne donc au mot le sens de « qui ne manque pas ». L'enfant, quand il ne pâtit pas de cette disposition maternelle, acquiert néanmoins l'idée du champ auquel s'applique un interdit, à la manière dont un panneau stop laisse deviner la route à grande circulation qui croise la route sur laquelle on se trouve.

Que fait un père, lui, quand il remplit sa fonction ? Il dit à la mère de rabattre ses prétentions et qu'il a autant de droits qu'elle sur cet enfant qu'elle croit devoir ou pouvoir garder. Il est, jusque dans la réalité, aussi fondé qu'elle à soutenir qu'il a donné la vie à l'enfant. Il lui rappellerait que s'il est indéniable qu'elle a apporté instantanément à leur enfant les nutriments dont il avait besoin, c'est tout de même grâce au placenta qu'il a largement contribué à construire. Un placenta qui n'a d'ailleurs pas seulement permis le passage de ces nutriments, mais qui les a triés en les séparant soigneusement de la quantité de toxiques qu'elle aurait pu déverser dans son enfant au point de le tuer. Il ajouterait que cette véritable barrière interposée entre ce dernier et elle, l'a préservée, elle aussi, des agressions que cet enfant, du seul fait de sa présence, aurait pu perpétrer sur sa personne[27]. Une partie de ces problèmes a certes été résolue, poursuivrait-il, du fait de l'advenue de cet enfant à la vie aérienne, mais l'étroitesse de la jonction qu'elle s'évertue à avoir avec lui, n'est pas faite pour désarmer sa vigilance. Il continuera à l'empêcher de combler l'enfant, comme il empêchera ce dernier de faire disparaître la femme qui est en elle. C'est très

---

27. Quand, dans les années 1970, les biologistes, sur fond du développement de l'allergologie, se sont enfin posé la question de ce qui permettait au corps maternel de supporter le corps par excellence étranger qu'est celui de son enfant, ils ont fait accomplir à leur science des progrès vertigineux.

exactement cette disposition du père qui introduit l'enfant à la loi de l'espèce.

On sait qu'aujourd'hui plus qu'hier, la mère peut et a tous les moyens de se faire sourde à une telle argumentation et que le père n'y pourra rien.

Mais si elle reçoit le discours implicite du père et qu'elle y adhère, eût-elle à cultiver une forme de nostalgie de sa propension naturelle, elle désigne ce père comme tel et, tout en le regrettant éventuellement, laisse sourdre vers son enfant un message du type : « J'aurais bien voulu, mon chéri, que tu ne manques de rien, mais vois-tu, ce n'est pas possible. Ton père a parfaitement raison quand il tient le langage qu'il tient. Il va falloir que tu t'accommodes de cette vérité que tu dois te tenir dite une fois pour toutes et à laquelle je suis moi-même soumise : dans la vie, on ne peut pas tout avoir ! »

Une telle disposition est la clef qui seule peut ouvrir l'univers de la frustration dont tout enfant a le plus grand besoin, parce que c'est grâce à elle qu'il se construit. Avant de le montrer, je me permettrai une incise pour différencier ce terme de frustration, qui est de l'ordre du symbolique, de celui de privation qui, lui, est de l'ordre de la réalité. Si une mère tient le langage que j'ai décrit, l'enfant peut être inondé de cadeaux de toutes sortes sans jamais pâtir de cette surabondance. Dans le cas contraire, on pourra le priver de tout, y compris de boisson ou de nourriture, sans rien y changer.

La frustration de l'enfant lui est donc signifiée par le message implicite que la mère pourrait lui tenir si elle était *good enough* (« bonne suffisamment »), comme le dit Winnicott et non pas « suffisamment bonne », comme on le lui a fait si souvent dire. Le terme anglais laisse en effet entendre qu'elle « ne doit pas l'être trop », comme elle croirait devoir l'être, alors que la traduction abusive laisse, elle, entendre qu'elle pourrait éventuellement « ne pas l'être assez ». Ce que la mère laisse entendre à l'enfant par le biais de ce message, c'est qu'ils doivent impérativement renoncer l'un et l'autre aux bénéfices incomparables de leur jonction et à l'état édénique dans lequel elle les maintiendrait. Qu'elle en est elle-même frustrée et que c'est au nom même de ce partage de la frustration qu'elle l'engage à supporter la sienne, parce que c'est la condition même de la vie dans laquelle ils sont tous les deux et dans laquelle « on ne peut (donc) pas tout avoir ».

Car ce fameux « tout » du message, c'est d'abord et essentiellement, ni plus ni moins que l'éternité.

Si bien que ledit message, outre qu'il frustre l'enfant du tout premier plaisir – matrice de tous les autres plaisirs – de la jonction et de la poursuite qu'il en escomptait, lui dit en substance que si la mort est bien son lot comme elle l'est de chacun, elle laisse une belle tranche de vie à vivre. « Quelle belle vérité que celle-là ! se dira-t-il. Si ma mère reste vivante malgré la frustration qu'elle vit, je serai vivant moi aussi quoi qu'il advienne. Le manque avec lequel je démarre est constitutif de la vie que j'ai à accomplir et au sein de laquelle je pourrai manifester mon désir. » On le verra alors traverser les étapes cruciales que j'ai décrites sur un mode beaucoup plus serein. Il ne sera à aucun moment comme ces enfants qu'on aura entretenus dans un message inverse du précédent par une profusion de plaisirs et qui vivront toute privation comme une menace de mort imminente. Au point de devenir les enfants tyrans dont on a vu le nombre se multiplier sur le mode d'une épidémie qui annonce celle plus préoccupante encore de leurs semblables hyperactifs.

« Je suis lasse, me dit cette délicieuse et toute jeune mère dont je sais qu'elle est institutrice, pour m'expliquer le triste état dans lequel je la rencontre et dont je m'inquiète. J'ai depuis toujours voulu faire ce métier, mais ça fait à peine deux ans que j'ai une classe de CE1 et j'en ai déjà marre. Je n'ai pas des élèves. J'ai des clients ! Quand je dis de sortir le livre de lecture, il y en a toujours quatre ou cinq pour ne pas le faire et quand je répète mon ordre, j'entends l'une me

répondre : "J'ai pas envie, j'préfère dessiner", quand un autre me demande quand on va apprendre un poème. Le plus terrible, c'est que lorsque je me plains d'eux à leurs parents, ils me rétorquent que s'ils sont comme ça avec moi, c'est parce que je n'ai pas encore assez de métier. »

En déployant les conditions qui permettraient à un enfant d'investir le plus correctement possible la vie qui lui a été transmise, je suis allé encore plus loin dans ma recherche de la définition du parent. Il m'a été jusque-là impossible de la trouver en faisant usage de la quantité de ses caractéristiques que j'ai explorées. Ces caractéristiques, par leur nature et par les manières dont elles peuvent se combiner, sont tellement variables qu'elles font de chaque parent ce qu'il est et que n'est pas un autre, intervenant sur le devenir de son enfant sur un mode qui lui est spécifique et qui sera toujours en décalage avec ce qui serait attendu de lui. Si bien que Freud avait raison de dire qu'il ne peut que « faire mal ». Ne pourrait-on pas alors et après tout le définir à partir seulement de là et dire qu'« un parent, ça laisse à désirer[28] » ? Forcément, bien entendu. Un parent, ça devrait même ne faire que ça : laisser à désirer.

Tout cela ne dit évidemment pas pourquoi les conditions que je viens de décrire, non sans les avoir accompagnées de propos soulignant leur cohérence, ne sont pas aussi faciles qu'on pourrait l'imaginer à mettre en œuvre. Et qu'on assiste même à la promotion triomphante de leur récusation.

Il y a plusieurs raisons à cela.

---

28. Je ne suis pas l'auteur de cette définition dont j'apprécie l'ambiguïté et à laquelle j'adhère sans réserve. Je l'ai entendu énoncer, dans les termes exacts que je reproduis, par Pierre Marot, psychanalyste à Tours, lors de notre rencontre du 20 novembre 2007. Qu'il sache que je lui en suis d'autant plus reconnaissant que je me permets de la lui emprunter.

La première tient à ce que j'appellerais, toute déférence gardée, l'animalité des femmes – la « nature » de la définition lévi-straussienne du mariage. Leur rapport à leur enfant reste infiniment plus proche qu'on ne l'imagine de celui des femelles mammifères. Ce sont leurs tripes qui parlent et quand leurs tripes parlent, intellectuelles[29] ou pas, leur raison devient sourde et se tait, au point où on les voit user d'une mauvaise foi d'autant plus étonnante qu'elles sont capables de la nier même si on la leur démontre. Si tel n'était pas le cas, auraient-elles accepté, tout au long de leur histoire, de procréer au risque de leur vie ? Il y a seulement à peine plus d'un demi-siècle que le spectre de la mort a déserté les salles de travail. Mais ce n'est pas parce que les compagnies d'assurances, dont on sait la science du risque, assimilent désormais la mort maternelle en couches à une faute professionnelle, que la psyché des parturientes est libérée de son obsession. Alors, quand on a pris un risque de cette ampleur, on estime avoir droit à une compensation. Et autant se servir sans attendre !

La deuxième raison – j'en ai déjà parlé, mais je la reprends dans l'énumération – tient à l'évolution de nos sociétés. À un séminaire récent portant sur la création d'entreprises, le responsable de la formation faisait savoir que la seule condition susceptible aujourd'hui d'assurer la durabilité d'une entreprise, ce n'est plus, comme cela l'avait été jusqu'à présent, le repérage d'un besoin mais celui d'une frustration[30] (*sic*). Nos sociétés qui ont depuis longtemps repéré celle des mères s'en sont repues en les persuadant de la validité de leur propension naturelle. Et il leur importait peu, ce faisant, de malmener la loi de l'espèce. Ce sont elles qui ont tout fait pour hisser l'enfant au sommet

---

29. Les mères infanticides dont la presse a rapporté les cas ces dernières années étaient toutes, autant qu'il m'en souvienne, des femmes d'un niveau intellectuel élevé.
30. Louis Dessaix, communication personnelle.

de la pyramide familiale et asservir à lui ses deux parents, en laissant entendre à la fois qu'il était menacé de toutes parts (ah ! les procès de pédophilie, les meurtres et disparitions d'enfants, les risques domestiques, le principe de précaution, etc. !) et qu'il était génial. Il serait d'ailleurs si naturellement doué en toutes choses que, même au niveau de l'enseignement à lui dispenser, il suffirait de l'accompagner dans la découverte de son savoir ! Admirable moyen de l'abrutir pour le rendre plus sensible encore aux sortilèges de ce que lui vante la publicité.

La troisième raison tient au fait que nos gouvernants, à qui chacun se sent autorisé non seulement à tout demander mais à tout exiger de lui comme il le ferait d'une mère, ont entériné les choix de la société de consommation. Si bien qu'au nom d'un idéal démocratique qui a réussi à leur faire fabriquer au niveau du couple une étrange démocratie à deux, ils ont retiré tout soutien au père. Quand, en mai 1998, le juge Bruel a remis à Lionel Jospin, qui le lui avait demandé, son rapport sur l'origine de la violence dans les banlieues, son diagnostic était clair et sans appel : carence paternelle. Quand on voit, sous forme du carnet de paternité et du congé paternel de quinze jours accordé au père, la solution qui a été apportée à cette carence, on ne peut qu'en demeurer pantois et se dire soit que personne n'a rien compris au problème, soit qu'on ne veut rien y faire. Ce qui revient d'ailleurs au même !

La quatrième raison enfin, bien que moins déterminante, encore que parfois redoutable dans ses effets, se greffe sur les trois précédentes. Elle réside dans l'allongement de la durée de vie qui fait qu'on voit souvent les grands-parents intervenir inconsidérément dans la vie des jeunes parents. Comme la relation de la jeune mère à la sienne lui est souvent adjuvante, ce sont les grands-parents maternels, comme dans le cas de ma jeune accouchée, qu'on voit confisquer sans retenue – et toujours au nom de ce fameux amour mis à toutes les sauces ! – la parentalité de leur fille et de son compagnon, entraînant automatiquement une altération de l'équilibre déjà précaire du couple comme de la transmission des histoires respectives conférée à l'enfant.

Je n'irai pas plus loin dans le développement de ces points sur lesquels je me suis étendu dans d'autres ouvrages[31]. Je n'en use ici que pour faire mesurer l'étendue des dégâts et faire comprendre comment et pourquoi ils se sont produits. Il ne faut cependant pas imaginer que je me complairais dans un rôle de Cassandre ou que je plaide pour un retour au patriarcat.

J'ai déjà proposé pour résoudre le problème une solution réaliste[32], argumentée et fort simple, qui tiendrait compte de l'ensemble des paramètres de la situation. Elle revenait à proposer de changer le mot d'ordre sociétal actuel de « l'enfant d'abord » par un autre mot d'ordre qui serait « le couple d'abord ». Je montrais de quelle manière l'investissement qu'un homme ferait de la relation à sa femme lui permettrait de tracter cette dernière vers une féminité que sa maternité lui fait courir le risque de laisser sinon s'éteindre tout du moins profondément s'assoupir. Le réinvestissement de cette féminité par la nouvelle mère, parce qu'elle la distrait de la maternité au lieu de l'en laisser phagocyter, crée chez elle les conditions de mise en œuvre minimale quasi automatique de sa propre frustration et de celle de son enfant. Cela reviendrait à lui faire émettre à l'endroit de son enfant un message implicite qui dirait à ce dernier qu'elle n'est pas seulement mère et qu'il devra s'en accommoder : un autre équivalent du « on ne peut pas tout avoir ». C'est exactement ce que professait Michael Balint[33]

---

31. *Une place pour le père, op. cit.* ; *Parier sur l'enfant*, Paris, Le Seuil, 1987 et Odile Jacob, 2001 ; *Les Pères et les Mères, op. cit.*
32. *Les Pères et les Mères, op. cit.*
33. Psychanalyste d'origine hongroise, élève de Ferenczi, qui travaillait à Londres et qui avait fondé les groupes portant son nom. Il a dirigé à plusieurs reprises le groupe que je fréquentais à cette époque à l'hôpital des Enfants malades.

quand il nous disait autour de 1970 que « la santé des enfants se fabrique dans le lit des parents ». J'ai pour ma part adapté cette formulation à l'intention des parents qui fréquentaient mon cabinet en leur disant sur un mode non moins imagé qu'« un enfant, ça ne cesse pas de se faire ».

Malgré le succès de l'ouvrage dans lequel je proposais ma solution et la quantité considérable de réactions que j'en ai obtenues – au nombre desquelles se comptaient tout de même quelques lettres d'insulte –, je ne me fais aucune illusion sur la diffusion de ma proposition et encore moins sur sa mise en œuvre. Et pas seulement en raison de l'extrême lenteur des réactions, mais parce que la quantité d'intérêts qu'elle bousculerait est considérable et que la paresse qui affecte les rouages de nos corps sociétaux est consternante. Voilà plus de trente ans, par exemple, que j'ai démontré combien l'appellation « Protection maternelle et infantile » était nocive à bien des égards à une institution fort louable et qui accomplit un excellent travail de terrain. Toutes les fois que je le rappelle, je m'entends donner raison. Mais rien ne change.

C'est pour cette raison que, dans cet ouvrage destiné à encourager la correction des graves défauts d'éducation dont pâtissent aujourd'hui les enfants, je me suis autant attardé sur des éléments qu'on pourrait penser lui être étrangers et qui ne le sont en aucune manière. Car comment aurais-je pu conférer à mon entreprise la moindre crédibilité si je n'avais pas montré, comme j'espère être parvenu à le faire, l'extrême nécessité de la frustration parce qu'elle constitue le substratum sans lequel nul ne peut se sentir pleinement vivant, et que l'éducation est le seul moyen – excellent de surcroît – de renforcer cette option.

Je ne suis plus assez naïf pour imaginer cependant que mon entreprise emportera les suffrages ou qu'elle ne rencontrera pas résistances et dénonciations. Je n'imagine en aucune façon pouvoir modifier les convictions de ceux dont l'avis est opposé au mien ou pouvoir intervenir sur la psyché de qui que ce soit. Je veux simplement donner, à ceux que le discours environnant aurait versés dans le trouble ou l'hésitation, des repères susceptibles de les aider. Ces repères sont simples, ils ont existé, ils n'auraient jamais dû disparaître, d'autant moins d'ailleurs qu'ils ont longtemps produit leur effet. Même s'ils ont été élaborés d'une manière empirique, ils s'avèrent parfaitement adaptés aux ressorts et au destin de l'être humain, né dans le dispendieux de la pulsion et mourant dans le souci d'économie du moindre de ses souffles, après une vie passée à quérir auprès de ses semblables des réponses aux questions que lui posait sa condition.

Après avoir exposé les principes sur lesquels ils reposent, je reprendrai ces repères sous l'éclairage de notre environnement et je les expliciterai chaque fois pour ne pas laisser croire que je voudrais de quelque façon les imposer.

Chapitre 4

QU'EST-CE QUI FAIT OBSTACLE
À L'ÉDUCATION ?

Qu'est-ce qui fait obstacle, aujourd'hui, à l'éducation ?
Quantité de choses sinon tout, pourrait-on dire !

Le petit enfant lui-même qui ne s'y prête pas spontanément. Riche d'une énergie considérable qu'il met au service de ses seules pulsions, il est dispendieux, férocement centré sur lui-même, strictement ignorant de l'autre, et d'autant plus longtemps rétif à l'accepter ou à l'investir qu'il reste longtemps accroché à sa mère.

La mère qui, à n'en pas douter, en conçoit et en concède la nécessité. Mais qui ne peut pas s'empêcher de remettre sa mise en œuvre à plus tard. Elle a vécu sa gestation sur un mode tellement intense qu'elle a les pires difficultés à en accepter la fin[1]. Elle ne sort de son dilemme qu'en parvenant, à force de ténacité, à tisser autour de son enfant un utérus virtuel pérenne extensible à l'infini.

---

1. Cette situation a probablement été aggravée par la pratique systématique de la péridurale. C'est une hypothèse que j'ai soulevée, il y a déjà une vingtaine d'années, en faisant remarquer que, de toutes les douleurs connues, seule la douleur de l'accouchement ne semblait pas avoir la moindre fonction. J'ai souvent entendu des mères qui avaient accouché par césarienne sous anesthésie générale me dire qu'il leur a fallu parfois de nombreuses années avant de prendre acte qu'elles avaient bel et bien mis leur enfant au monde. Je me suis alors demandé si la douleur de la parturition n'était pas destinée, par corps interposé, à inscrire profondément dans la psyché de la mère la réalité de l'expulsion de son enfant.

Le message sociétal qui, depuis quelques décennies, magnifie ce double accrochage et qui encourage la mère et l'enfant à demeurer étroitement liés et à se considérer mutuellement comme unique référence.

L'aura de la science et celle de la certitude qui en a découlé. Elles ont réduit le père à son seul statut de géniteur en lui offrant un strapontin dans le devenir de l'enfant et en l'invitant, s'il y tient, à plaquer son vécu, ses réactions et jusqu'à son comportement, sur ceux de la mère.

Les avancées de la médecine qui, ayant innové dans le domaine de la procréation, ont suffisamment bousculé les repères traditionnels pour malmener les notions de place, de statut et de hiérarchie qu'ils introduisaient.

La profonde mutation du paysage sociétal qui voit la désaffection du mariage, l'accroissement de la divortialité, la multiplication des familles recomposées et celle, plus importante encore, des familles monoparentales, le tout prenant l'allure d'une évolution réputée libertaire qui désavoue et condamne à terme l'institution familiale.

Les effets collatéraux de la démocratie, dont certains ont balayé toute référence à la verticalité ou à une quelconque échelle de valeurs et soutiennent que « tout vaut tout et rien ne vaut rien ». « L'éducation, pourquoi faire ? », entendrait-on presque dire sur le ton dont usait Goering quand il déclarait que le mot « culture » lui faisait sortir son revolver ! L'infantolâtrie n'enseigne-t-elle pas que l'enfant est parfaitement capable de trouver seul sa voie ? Et qu'il n'y a pas à faire la moindre différence entre la « personne » qu'il est et un quelconque adulte ? Car accepter une telle différence reviendrait à cautionner avec la différence entre générations la différence entre les sexes dont la récente théorie des genres[2] a montré l'inanité...

---

2. Ne reconnaissant que l'aspect social du sexe, cette théorie, élaborée aux États-Unis dans les années 1970, a pour objectif de repenser l'organisation de la société selon des modèles homosexuel, bisexuel ou transsexuel.

La banalisation de la perversion qui, sur fond de ce qui vient d'être dit, est devenue ordinaire[3]. L'apologie du plaisir, du « jouir sans entrave » que Mai 68 a mise en orbite, continue en effet de faire son œuvre[4], encourageant chacun à instrumentaliser l'autre et à se laisser instrumentaliser tout autant par lui, afin de s'enrichir mutuellement, dans cette vie trop courte et réduite à sa seule durée, d'une jouissance[5], autrement dit d'un avoir qui a définitivement supplanté l'être.

La place conférée à l'inconscient lui-même – donc à l'inatteignable – dans le comportement des sujets. Grâce à elle, chacun sait désormais, quand ça l'arrange, comment s'exonérer de sa responsabilité, s'absoudre du pire de ses comportements et aller jusqu'à récuser les arguments de la rationalité autant que ceux de la réalité la plus objective.

La surinformation qui est source d'une confusion telle qu'elle ne permet pas de conférer plus de valeur à une opinion qu'à une autre. Au point que chacun se sent non seulement autorisé, mais fondé, à faire comme il l'entend, à avoir un avis sur tout et même à le défendre faute de pouvoir le soutenir, au motif qu'il y a un droit imprescriptible auquel il s'accroche d'ailleurs comme au lieu névralgique de sa dignité. Du côté des biens de consommation, les bancs d'essai de toutes sortes ont fleuri et font le succès de nombre de revues quand ce n'est pas d'associations ou d'entreprises. Malgré la multiplication des sites Internet qui leur sont dédiés, ceux consacrés aux conseils dispensés aux parents n'ont pas encore vu le jour. Mais ça ne saurait tarder. Et il y a fort à parier que ce seront les officines les plus libérales et les plus permissives – l'air du

---

3. Pour faire un clin d'œil au titre du livre édifiant de Jean-Pierre Lebrun, *La Perversion ordinaire*, Paris, Denoël, 2007.
4. « Jouir sans entrave » était un des thèmes des Rencontres de Pétrarque de France Culture en juillet 2007. Pour avoir eu un avis sceptique et critique sur la question, je me suis entendu traiter par une des participantes de l'émission d'« homme d'extrême droite ».
5. Au sens notarial du terme.

temps exige : tout le monde il est beau, tout le monde il est gentil ! – qui seront les mieux notées.

Le principe enfin du respect absolu du droit – qui, découlant de cet ensemble de dispositions, a dévoyé jusqu'à cette notion même ! – et en particulier du droit de chacun à faire et à se comporter comme il l'entend et à avoir ce qu'il estime, lui, lui être dû. Il y a eu, entre autres, le droit à l'information, le droit à la santé, le droit à la sécurité, le droit au bonheur, il y a désormais le droit d'agir selon son désir. Sans compter le dernier venu, le droit à l'enfant, qu'enfourche, et que parvient même à faire entendre, une minorité infime mais agissante qui refuse d'assumer le fait que son orientation sexuelle puisse l'en priver.

Cela peut aller très loin, comme dans le cas de cette femme qui se découvre séropositive à la suite d'une aventure sans lendemain. Non seulement elle décide de n'en rien dire à son mari, mais elle lui demande de lui faire un enfant. Elle ne change pas d'attitude au moment de la naissance alors qu'il faut immédiatement hospitaliser son bébé pour lui administrer en perfusion le traitement que nécessite son état. Elle exige des médecins qu'ils n'informent pas son mari de la situation et qu'ils inventent un scénario à son intention. Et elle obtient gain de cause car le Comité d'éthique, malgré l'aide de philosophes et de juristes convoqués pour réfléchir à la situation, n'était pas parvenu à trouver une autre solution à l'impasse.

Au nom du respect absolu du secret professionnel auquel elle a effectivement droit, cette femme aura contraint les médecins à couvrir sa conduite et continuera de perpétrer sereinement ce qui ressemble étrangement à une tentative d'assassinat sur la personne de son époux. Mais de quel droit, et au nom de quelle censure ou de quoi d'autre, aurait-on pu se permettre de la contraindre à modifier son attitude ? Son droit ne prime-t-il pas sur tout autre ?

Son droit à laisser une vie après elle ? Comme cette autre femme, toxicomane dure, atteinte du sida et d'hépatite C et qui, sans rien cacher de son état de santé que trahit son aspect cadavérique, parvient à bénéficier d'un don d'ovule et d'une insémination artificielle qui lui permettent, avant de mourir en suites de couches, de mettre au monde avant terme un prématuré en pleine détresse parce qu'en manque de la drogue dont elle avait refusé de se sevrer.

Lui n'a eu de cesse que de proposer à sa femme un second enfant dans la foulée de leur premier, un garçon. Mais dès que la mère eut mis au monde une fillette, il lui proposa un marché équitable : il la laisserait s'occuper exclusivement de leur fille et lui se chargerait complètement de leur garçon auquel il avait déjà réussi à se rendre indispensable. La demande de divorce que fut contrainte d'introduire la mère mit à être instruite un temps dont le père usa pour renforcer sa place auprès de son fils, avec lequel il partageait son lit depuis des années, au point que cet enfant ne cessait pas de seriner, à ses camarades de maternelle et aux institutrices, que son « papou » était « bien malheureux et triste » et qu'il devait s'« occuper de lui ».

Cet autre n'avait pas, lui, de talent de négociateur. C'est plus sournoisement qu'il a agi, se comportant en tous points comme un père modèle – autrement dit en parfaite mère-bis – ne rechignant ni au partage des tâches ni à sa présence à la crèche. Jusqu'à la semaine qui suivit la fin du sevrage : un matin, il disparut, emmenant son enfant dans un pays lointain où la mère ne parvint jamais à le retrouver.

Devant ces cas – les deux premiers m'ont été rapportés récemment au cours d'une rencontre professionnelle –, je me suis fait une remarque et je me suis posé une question.

Ma remarque concernait en particulier le premier et la révolte unanime des soignants qui ont eu à s'en occuper. Je me suis étonné qu'aucun d'eux n'ait pensé à y voir l'illustration, frappante certes parce que extrême, de la guerre entre les sexes – dont la version masculine se retrouve d'ailleurs dans les deux derniers. Que cette femme entreprenne à sa manière d'assassiner le père de son enfant diffère-t-il à ce point de ce que font tant et tant d'autres mères quand, lassées d'un amour que n'alimente plus la passion[6], elles éjectent délibérément le père de sa fonction et qu'elles lui ferment les voies de la transmission de son histoire ? Cautionner une telle différence revient à ignorer délibérément que l'interdit du meurtre qui vise le meurtre réel n'excuse pas pour autant le meurtre symbolique !

La question que je me suis posée a été de me demander quels enfants ont été ces deux femmes et ces deux hommes, quels parents ont-ils eus et comment ces derniers les ont-ils élevés.

Parce que toutes les fois que des personnes agissent de cette manière, au mépris du simple bon sens et, plus encore, au mépris du droit de l'autre à exister pour lui-même, cela témoigne d'un état d'esprit dont la racine, demeurée vive, se situe à une étape de la petite enfance qui n'a pas été résolue et encore moins dépassée. Celle dont il s'agit très précisément en l'occurrence, c'est la vaine toute-puissance que l'enfant brandit contre celle qu'il suppose à sa mère. Les mères de ces deux femmes ont dû être redoutablement masochistes pour les contraindre à passer le reste de leur vie à demeurer accrochées à une toute-puissance dont elles les ont laissé croire qu'elles ne devaient jamais se départir. Je n'irai pas plus loin car l'hypo-

---

6. Sur ce point précis, le discours que j'esquisse n'entend pas exonérer les pères quand ils usent du même argument pour se séparer de leur compagne et de leur enfant. Leur cas de figure qui, si on pousse mon raisonnement sans y mettre de nuance, équivaudrait alors à un « suicide », n'est cependant pas superposable au précédent. Dans la mesure où, en raison de l'asymétrie des positions face à l'enfant, il peut équivaloir pour le père à une tentative de trouver une autre voie et un autre enfant pour transmettre son histoire.

thèse m'entraînerait sur la voie de la transmission du comportement agressif entre mères et filles – une exploration dont j'ai suffisamment rendu compte ailleurs[7] pour estimer n'avoir pas à y revenir. Quant aux mères des deux hommes, on peut les imaginer avoir plutôt fonctionné sur le versant sadique de la relation. Ce qui témoigne, pour les unes comme pour les autres, d'une vie d'enfant au sein de laquelle la partition paternelle n'a pas rempli son office protecteur.

La question que je me suis posée devant ces cas n'était pas en tout cas inopportune.

Sur fond du catalogue, non exhaustif, que je viens de dresser pour établir la liste des obstacles que peut rencontrer aujourd'hui une tentative d'éducation, je l'ai même jugée pertinente. Au point de me réjouir de ce que j'ai vécu dans ma profession et de me féliciter d'avoir cherché, et d'être parfois parvenu, au fil de ma carrière, à édifier les parents qui fréquentaient mon cabinet sur les pièges de leurs histoires et sur ceux du monde dans lequel ils avaient mis leur enfant.

Éloge de la frustration

Il m'est souvent arrivé, dans ces échanges, d'évoquer l'un ou l'autre des différents points dont je viens de dresser la liste et de découvrir les jeunes couples avec lesquels je m'entretenais d'une naïveté qu'on pourrait considérer des plus touchante si on ne devait s'en alarmer. Car, par quel bout de la lorgnette se regardaient-ils, eux, et regardaient-ils le paysage ? Par tout ce qu'ils percevaient de rassurant : leur amour, leur bonheur tout neuf, leur emploi plus ou moins satisfaisant, leurs avantages sociaux,

---

7. Aldo Naouri, *Les Filles et leurs mères*, Paris, Odile Jacob, 1998 et « Poches Odile Jacob », 2000.

l'attendrissement que suscitait leur condition, les bénéfices qu'ils en retiraient et la perspective qu'elle leur ouvrait. Encoconnés comme ils étaient, ils n'imaginaient pas que leur cocon puisse un jour se trouver parasité par des retours de leurs histoires ou devoir s'ouvrir et les propulser, eux comme leur enfant, dans la dure réalité de leur environnement. Tout mon travail consistait alors à esquisser par touches successives, à l'occasion des étapes de l'évolution de leur enfant et de la découverte de sa réalité, le plus long terme de leur entreprise. Et j'avais conscience, ce faisant, de les amener à se poser une question fondamentale : que faire pour que cet enfant puisse, sans trop de difficultés, s'insérer et s'inscrire plus tard dans le monde adulte auquel il est destiné ?

C'est une interrogation par laquelle je me suis senti moi-même concerné quand j'ai décidé de prendre en charge la demande que j'ai entendue assez tôt poindre dans le discours des parents autour de l'éducation de leur enfant. Fallait-il œuvrer en vue de faire de cet enfant un être bon et profondément moral sur le modèle rousseauiste ? Ou bien valait-il mieux en faire une sorte de « sympathique crapule » capable de se tirer d'affaire en toutes circonstances ? En faire un mouton, ce n'était pas, à long terme, lui rendre service. C'était même le donner en pâture à un environnement sociétal qui ne lui ferait assurément pas le moindre cadeau. Une crapule, même « sympathique », ça ne pouvait pas non plus être un but en soi ! Cela revenait à aggraver délibérément la situation déjà déplorable contre laquelle je pensais qu'on devait l'armer. La solution qui s'imposait ne pouvait pas être non plus la production d'un mélange des deux options. Il fallait construire un être le meilleur possible, mais suffisamment solide aussi pour s'inscrire dans l'humanité sans se laisser détruire par ceux de ses semblables moins disposés que lui à le faire. Ce qui revenait à devoir effectivement l'armer, autrement dit à le tremper le plus tôt possible, sans violence mais aussi sans hésitation, dans la réalité de son environnement immédiat pour lui permettre d'en prendre la mesure, de s'y accoutumer et de s'y adapter.

Or à quelle première réalité sera-t-il confronté ?

Au fait, si cela ne le lui a pas été enseigné tôt, qu'il n'est pas seul au monde, encore moins le centre du monde, qu'il n'a aucun droit à le prétendre et que rien, strictement rien, ne lui est dû.

Une horreur ! La pire d'entre toutes. Celle contre laquelle hurle le petit enfant qui se roule par terre devant les caisses des supermarchés parce que sa mère lui aura refusé la sucette ou la petite voiture dont il a eu soudain envie. Celle que combat sans relâche et avec une énergie surprenante l'enfant tyran qui règne, à coups de caprices et sans partage, sur son entourage.

Et quelle est-elle cette horreur ? De quoi est-elle faite pour générer une si grande violence et être à ce point rétive à toute réassurance ? De la pire chose qui soit ! De la pire menace qui puisse s'imaginer et encore plus se vivre : celle de la mort imminente !

On éprouve quelque difficulté à le croire et on imaginerait volontiers que l'argument ne serait pas tout à fait exempt d'une composante manœuvrière.

C'est pourtant simple à comprendre. Le message qui aura été transmis de mille manières à cet enfant tyran a en effet été le contraire de celui qu'il aurait dû entendre. On lui a dit ou on lui a laissé entendre qu'il était le centre du monde, que rien ne devait ou ne pouvait l'atteindre, qu'il avait droit à tout et que tout lui était dû. Bien plus que seulement transmis, ce message a été sans cesse renouvelé et renforcé par l'octroi ininterrompu de plaisirs gratuits et sans nombre qu'il a vécus comme autant de preuves concrètes et vérifiables. Si bien que la moindre entorse à l'exécution des modalités de ce message équivaut pour lui ni plus ni moins qu'à son démenti. Il se trouve alors brutalement confronté à la rencontre de l'écoulement d'un temps qu'il n'a jamais perçu puisque cet écoulement a toujours été masqué par le plaisir qui lui était octroyé. Or rien n'est plus menaçant que ce temps auquel il avait déjà été confronté, vers la fin de sa première année, lorsqu'il a découvert la mort et l'agent que pouvait en être sa mère ! L'écoulement du temps ramène cela instantanément et en masse : la mort est là, pas même tapie ; elle est perceptible, il la sent, elle va fondre sur lui ! Que peut-il faire contre elle, sinon se débattre et hurler la terreur qu'il en éprouve ?

C'est en ce point-là qu'intervient la notion essentielle de la frustration, dont j'ai déjà parlé et à laquelle je reviendrai sans cesse et en toute occasion dans la suite de cet ouvrage.

J'ai déjà dit que, lorsqu'elle est mise en place sur le mode symbolique, rien ne peut en affecter l'effet, pas même l'octroi de plaisirs sans nombre. Mais cette mise en place symbolique est aujourd'hui plus difficile que jamais dans la mesure où elle ne peut intervenir que par l'émission d'un message inverse de celui qui est émis habituellement et auquel nul ne semble prêt à renoncer. Un tel message, il faut le répéter, consiste pour la mère à signifier à l'enfant qu'il n'est pas plus le centre du monde que le centre de son monde, puisque son père est là, qu'elle a formé avec lui le couple qui l'a fait venir dans ce monde et que ce couple viendra toujours avant lui. Ce qui, soit dit en passant, permet de prendre encore plus conscience de l'importance du catalogue que j'ai dressé en début de chapitre.

L'état des lieux tel que je l'ai décrit a en effet de quoi désespérer. J'en conviens. Et je verrais presque le sourire amusé et compatissant qui flotterait sur le visage de mes collègues psychanalystes, me laissant entendre que je n'ai rien fait d'autre jusqu'à présent que de démonter minutieusement les conditions qui mettent en évidence la manière dont les dés sont toujours pipés et dont tout est joué par avance pour chacun. Si j'admettais ce point de vue, je ne serais pas le médecin auquel ces mêmes collègues demandent qu'il vaccine leurs enfants contre la poliomyélite et contre tout ce qu'ils peuvent attraper de cet ordre. Je ne serais pas non plus celui qui aura passé son temps à leur conseiller de s'occuper autant sinon plus encore des parents des enfants qu'ils prennent en charge ! Ce qui devient urgent, parce que si on ne permet pas aux parents actuels de « grandir un tant soit peu dans leur tête » en se résolvant à quitter l'enfance dans laquelle les ont coincés leurs propres parents, c'est à une infantilisation plus radicale encore de toute la société qu'on assistera.

Je prétends qu'entre le message courant d'aujourd'hui et le message inverse désormais impossible à émettre, il existe une voie intermédiaire, l'éducation, qui préserve un minimum sinon l'essentiel, que les parents qui en admettent le principe apprécient, dont ils sont demandeurs et dont ils prisent les résultats tant ils la découvrent, à travers la fonction fondamentale de leur enfant, comme réparatrice de leurs propres histoires.

Cette voie aurait toute possibilité de produire des effets positifs sur une large échelle si elle était acceptée comme telle, et surtout mieux relayée et plus diffusée à partir de vérités élémentaires faciles à admettre tant elles sont bien établies.

Comme par exemple le fait que, dans nos sociétés, un enfant n'est pas un être fragile qui peut mourir d'un rien. Qu'il est, au contraire, un être formidablement solide, qui réagit admirablement aux thérapeutiques qui lui sont appliquées quand il lui arrive d'être malade. Voilà une vérité élémentaire qui ôterait radicalement aux mères la peur qui leur sert d'alibi pour ne pas cesser de surprotéger leurs enfants. Il est vrai qu'elle se heurterait au message du principe de précaution qui, entre autres gardefous, ne permet plus à un enfant de prendre place à l'arrière d'un véhicule sans être sanglé de sa ceinture de sécurité ou de circuler, même sur un tricycle, s'il n'a pas été muni d'un casque ! Il suffirait de tenir compte de la toxicité de ce type de disposition et de veiller à différencier maladie et accident.

Un autre exemple consisterait à faire largement savoir[8] qu'un enfant, parce qu'il en a besoin, doit être cadré, « contenu », comme le dit Winnicott, qu'on doit lui fixer des limites, parce qu'il supporte parfaitement l'épreuve de la frustration qu'on lui fait faire dans ce cas : elle lui donne, répétitivement, la conscience qu'il est vivant et partenaire d'une magnifique aventure de vie auprès de parents rassurants qui savent les choses pour lui.

Il est vrai que des campagnes de publicité télévisée qui assureraient la promotion de tels messages n'auraient pas le même impact chiffré immédiat que celles qui serinent que « les antibiotiques, c'est pas automatique ». Les assurances sociales devraient cependant y penser. Ça leur ferait certainement faire à terme de bien plus sérieuses économies. Il est vrai qu'il faudrait pour cela que les décisionnaires ne se perdent pas dans le casse-tête de la ligne budgétaire à laquelle il faudrait imputer une telle dépense et qu'ils comprennent, surtout et avant tout, à quel point l'état de santé physique d'un enfant dépend étroitement de l'anxiété ou de la sérénité parentale en général et maternelle en particulier.

Cette voie intermédiaire, l'éducation dont je me fais le défenseur, permettrait à l'enfant, en l'absence des conditions idéales qui auraient pu mieux encore le préserver, d'être mis à l'écart des dégâts que lui promettent les conditions qui lui sont actuellement faites.

---

8. On est bien loin d'une telle perspective si on en juge au fait qu'il a fallu une intervention ministérielle pour que l'enfant de sixième, qui a traité son professeur de « connard » et qui en a reçu une gifle en retour, soit renvoyé de l'établissement pendant trois jours, alors que son « éducateur » a été mis à pied pendant un mois ! Le comble des décisions complaisantes, séductrices et contre-productives – pour ne pas dire plus !

Bien que destinée à n'être mise en place, comme on le verra dans la suite de l'ouvrage, que sur un mode doux et progressif, cette voie se heurte néanmoins à trois écueils.

Les résistances maternelles invincibles

Le premier écueil réside dans la difficulté que manifeste toute mère à y adhérer pleinement. Or, comme c'est sur elle qu'est branché l'enfant, rien, strictement rien, ne peut être fait sans son assentiment. Et, comme rien ne peut lui être imposé en aucune façon, une grande partie du travail auquel je me suis attelé dans ma pratique a consisté à lui montrer, répétitivement, comment une alliance peut parfaitement se nouer entre ce dont elle rêve à long terme pour son enfant et ce qui lui est proposé pour ce même enfant à l'étape où il se trouve le jour de la consultation.

Mais, même étoffé et paré de tout ce qu'il requiert pour être convaincant, un tel discours ne parvient jamais à l'être tout à fait, et encore moins une fois pour toutes. Il doit être régulièrement rappelé. Car ce ne sont pas seulement les dispositions naturelles de la mère qui expliquent sa pusillanimité. C'est aussi la pression des différents facteurs dont j'ai fait état : elle ne peut pas en ignorer les échos qui lui parviennent et qui réveillent ses résistances. Quand ces résistances sont enracinées dans sa propre histoire, elles constituent souvent un obstacle qu'aucun discours ne parvient à lever.

Elle a toujours refusé d'entrer dans la salle d'attente et elle se tenait dans l'entrée du cabinet, rabattant sur son enfant les bords de la couverture dans laquelle elle l'avait emmitouflé. Il lui était indifférent d'attendre, parfois plusieurs minutes, que je la prenne en consultation. Il n'était simplement pas question qu'elle expose son enfant aux miasmes de l'atmosphère d'une pièce où avaient peut-être attendu des enfants contagieux. Arrivée dans le cabinet, elle sortait méthodiquement de son sac une série de linges qu'elle avait apportés avec elle. Elle en posait un sur le pèse-bébé, un autre sur la table d'examen, et elle me tendait le dernier pour m'essuyer les mains quand j'avais fini de les laver. Elle m'avait expliqué que c'étaient des linges stérilisés, les miens ne l'étant sûrement pas, à voir l'essuie-mains que j'utilisais pour la journée. J'ai eu beau lui expliquer dans le détail ce qu'il en était de l'écologie microbienne, rien n'y a jamais fait. Un jour que, profitant de la venue de son compagnon, j'ai essayé de demander de l'aide à ce dernier, en lui donnant les mêmes explications qu'à elle, je n'ai recueilli de sa part qu'un haussement de sourcils exprimant son impuissance. Encore un, ai-je pensé, qui s'estimait suffisamment heureux de pouvoir disposer d'un strapontin. Elle aura sans doute beau jeu, quelques mois ou quelques années plus tard, de se plaindre qu'il les ait abandonnés, elle et son enfant, pour ce qu'elle désignera comme une « minette » ! Ça contribuera à parfaire son image de mère exemplaire et martyre.

Cette autre, quant à elle, refusait obstinément de donner à son enfant la moindre goutte d'un autre lait que le sien. Ce contre quoi je n'aurais rien eu à redire même si sa fille ne prenait pas un gramme. Mais, en l'occurrence, cette dernière perdait du poids au point qu'à six semaines de vie, elle pesait encore moins qu'à sa naissance ! Comme je l'ai alors avertie du danger de la situation, elle est revenue, la semaine suivante, me défier avec un stratagème qui lui avait été suggéré : d'un biberon, qu'elle portait autour du cou et dans lequel elle avait mis cent grammes de lait de chèvre frais, sortaient deux fins tuyaux de plastique dont l'extrémité était solidarisée au mamelon par un collant. La fillette suçait ainsi le mamelon, sollicitant la lactation, et prenait un peu de lait de chèvre. C'est certainement ce qui lui avait permis de prendre trente grammes en une semaine.

Mais on était bien loin des trois ou quatre cents grammes qui auraient été nécessaires. J'ai donc repris le problème, en y mêlant l'état de carence et de fatigue dans lequel elle se trouvait elle-même, et en insistant à nouveau sur la gravité de la situation. Elle n'est plus revenue.

On revient une fois encore au problème de droit et de toute-puissance infantile dont il a été question dans les cas précédents. Là encore, aucun discours ne peut parvenir à libérer les otages que sont les enfants. Quand je dis « aucun discours », je veux dire qu'aucune de ces deux dernières mères n'a par exemple souscrit à ma proposition d'aller faire un tour dans une « maison verte » et aucune n'aurait certainement accepté de rencontrer un psychanalyste. J'ai moi-même tenté assez tôt d'aborder la situation sous cet angle. Ce fut vain. Voilà qui montre dans tous ces cas, sans que je l'aie voulu ou que j'en aie fait un argument ou un objectif, que le souci que je développe autour de l'éducation ne concerne pas seulement l'enfant et son insertion ultérieure dans le tissu social, il concerne aussi sa descendance. Il est vrai qu'une considération de cet ordre n'a pas grande importance quand on résume la vie au seul et bref passage sur terre !

Le cercle vicieux de la peur

À côté des cas de cette espèce, la crainte que les mères manifestent couramment devant les perspectives et les mesures qui leur sont proposées prend pour prétexte la peur qu'elles ont pour leur enfant. Une peur sans motif précis. Une peur immaîtrisable, selon leurs dires. Une peur qui ne trahit rien de suspect et qui ne renvoie pas toujours à un point particulier de leur histoire. On peut les rassurer, autant qu'on le voudra et comme on le voudra. On peut leur affirmer et leur démontrer que l'enfant est, comme je l'ai rappelé, un être solide, plastique et doué d'une faculté d'adaptation admirable. Cela n'y fait pas grand-chose. Il faudrait que le message parvienne jusqu'à elles sous la forme d'une nouvelle rumeur – d'où mon idée de spots télévisés – qui éteindrait celle qui circule encore. Car ce dont il s'agit est d'une autre nature et se situe ailleurs.

La peur est en effet contagieuse. La peur engendre la peur et l'entretient. Et je pense que la peur qui se manifeste encore aujourd'hui prend racine dans la peur qu'a longtemps générée chez les mères le chiffre considérable de la mortinatalité. Jusqu'à une date récente qui remonterait à moins d'un siècle, un nouveau-né sur trois ou quatre risquait de mourir avant l'âge d'un an. Il en va dans ce registre comme dans ce qui se constate autour de l'accouchement : la vieille rumeur, transmise de génération en génération de femmes, ne s'est toujours pas éteinte.

Si bien qu'elle fait le lit de la peur omniprésente dans la relation mère-enfant et prend un relief singulier à deux grands moments de la vie : les trois premières années et la puberté.

La propension à la peur de la mère se renforce et trouve sa légitimité dans la peur de l'enfant. Tout comme elle le fait, à la puberté, avec celle de l'adolescent. C'est cette peur de l'enfant qui fait peur, tout comme le fait celle de l'adolescent. Celle que le parent en conçoit transpirera par tous ses pores, accroissant celle de l'enfant. Et ainsi de suite, en un cercle vicieux qui s'installe et s'auto-entretient, produisant à chaque aller-retour de regrettables effets sur les partenaires.

On en trouve la preuve dans l'effet immédiat et quasi miraculeux que produit la rencontre d'un enfant ou d'un adolescent avec un thérapeute. Que se passe-t-il dans une telle rencontre pour qu'elle produise un tel résultat ? Rien ! Rien d'extraordinaire en tout cas. Sauf que l'enfant ou l'adolescent ont rencontré quelqu'un à qui leur peur n'a pas fait peur. Et que le cercle vicieux s'est aussitôt brisé. Si bien qu'ils parviennent à mettre des mots, n'importe lesquels, les leurs, sur cette peur. Et, quoi qu'ils diront, elle s'évacuera, pour finir par disparaître, grâce avant tout à l'impavidité du thérapeute.

Mais de quoi l'enfant et l'adolescent ont-ils peur ?

De la seule chose qui justifie qu'à leurs âges respectifs ils en aient peur : la mort ! Encore elle et toujours elle !

La mort qu'ils ne peuvent pas même nommer tant ils craignent qu'à la mettre trop vite en mots elle ne fonde sur eux !

Pour l'adolescent, cette vieille peur qu'il a crue disparue parce qu'il l'avait oubliée, lui revient devant l'étape qu'il va franchir. Contraint de quitter une enfance qu'il a tellement souhaitée éternelle qu'il en est arrivé à croire qu'elle pouvait l'être, le voilà à devoir entrer dans cet âge adulte dont la mort est le lot ! Il va se débattre comme il le peut, développant parfois des symptômes qui désarçonnent et effraient son environnement, enclenchant le fameux cercle vicieux. Ce qu'en revanche produit chez lui l'impavidité du thérapeute qu'il peut être amené à rencontrer, c'est un message implicite lui laissant entendre qu'on peut parfaitement se trouver dans la tranche d'âge des sujets inévitablement promis à la mort et demeurer serein. Qu'il n'y a pas, autrement dit, à avoir peur plus que ça de la mort. J'ai remarqué, dans mon expérience personnelle, que les parents des adolescents reçoivent très bien ce type d'explication et parviennent, chassant leur peur dont ils comprennent qu'elle est sans fondement réel, à en tirer profit pour eux et pour leurs enfants.

Il en va différemment pour le petit enfant. Pour lui – il suffit de revenir au chapitre qui lui est consacré –, c'est la découverte, fût-elle brumeuse, de l'existence de la mort qui enclenche la peur. Une mort d'autant plus terrifiante que l'univers environnant est complexe et menaçant. Et que sa mère, jusque-là si admirablement secourable, s'est montrée plus d'une fois déficiente au point qu'il l'a soudain imaginée comme l'agent même de ce dont il se sent menacé. Il décide alors, comme je l'ai expliqué, de ne pas se laisser faire et de mettre en œuvre, contre la toute-puissance dont il la revêt, la sienne propre.

Cette étape de son parcours a une importance considérable et l'attitude de sa mère à son endroit va être déterminante pour le restant de sa vie.

Si, murée dans sa peur – y compris dans celle des microbes, comme dans le cas de la mère phobique dont j'ai cité le cas –, elle estime devoir être à son entier service et se plier sans rechigner au moindre de ses caprices, quand elle ne prendra pas parfois plaisir à le faire, elle l'enfermera définitivement dans sa conviction. Si elle ramasse vingt fois la cuiller qu'il n'a pas cessé de jeter par terre, ou qu'elle accourt, affolée, à chacun de ses cris, il se convaincra que non seulement il avait vu juste, qu'elle est bien ce qu'il pensait, mais qu'il a toute raison de continuer de déployer une stratégie qu'il tiendra à jamais comme la seule qui convienne à la sauvegarde de sa personne. Du tableau qui vient d'être dressé, on peut inférer que les mères de ces deux femmes qui ont procréé malgré leur sida avaient dû se comporter, avec un plaisir débordant issu d'un masochisme redoutable, en mères... parfaites et dévouées !

Si, en revanche, une mère ne se laisse pas mener par le bout du nez, qu'elle met de côté la cuiller dès qu'il l'a jetée la deuxième fois, qu'elle le tance un tant soit peu sur sa conduite ou sur ses cris non justifiés et seulement destinés à la faire accourir, elle lui signifiera, jour après jour, qu'il se trompe sur son compte, comme il se trompe en ce qui concerne la manière de faire qu'il a choisie. Elle saura d'ailleurs en général trouver les mots qui le rassureront et qui parviendront à lui faire relativiser son dilemme.

Il y a bien entendu quantité de variantes intermédiaires entre ces attitudes extrêmes, chacune d'elles donnant à l'évolution de l'enfant sa coloration singulière.

Il est également indéniable que les dispositions des mères ne sont pas indépendantes des données de l'histoire individuelle de chacune d'elles. On ne peut alors que regretter l'exil du père sur son strapontin éjectable et l'invitation qui lui est faite d'être une mère-*bis* ou tout au plus un père-Joseph. Car cela prive la mère de la possibilité qu'elle aurait d'interroger sa ligne de conduite, de dialectiser ses perceptions et de montrer implicitement à l'enfant combien il se trompe sur son compte puisqu'il y a son père, ce tiers auquel elle se réfère et dont la nature n'est pas encline à lui faire occuper une position de martyr.

C'est donc en conscience de la complexité du paysage des relations parents-enfants, que j'engage l'ensemble des parents, si tant est qu'ils veuillent bien m'entendre, à ne pas avoir plus peur de leurs enfants que d'avoir peur de leur faire peur : leurs enfants n'ont pas d'autres parents qu'eux et ils s'adapteront plus vite aux conditions qu'ils leur font s'ils ne mettent jamais en question ces conditions.

Mon propos, même s'il s'adresse à l'ensemble des parents, ne prétend en aucune façon pouvoir les convaincre tous. Je le pense cependant utile à ceux de plus en plus nombreux qui, désireux de bien faire, demeurent dans une hésitation qui les dessert comme elle dessert leur enfant.

« Vous m'avez sauvé la vie », me déclare à brûle-pourpoint cette mère d'un garçon de quatorze mois, à la fin de la consultation alors que je rédigeais mon ordonnance. J'ai levé la tête, étonné. Parce que rien pour moi ne pouvait expliquer son propos : sauver une vie est déjà si rare, et une vie d'adulte, pour un pédiatre !... Comme elle a compris que j'attendais la suite, elle a enchaîné : « Quand je suis arrivée chez vous, Clément avait douze jours. Et savez-vous l'idée qui m'était passée par la tête en traversant la place ? Je me suis dit que je le laisserais dans un coin de la salle d'attente et que je me sauverais pour aller me jeter sous la première voiture ou le métro. » Voilà qui était intéressant mais qui venait tard, me suis-je dit. Elle a poursuivi : « Quand je suis entrée dans votre cabinet, j'ai éclaté en sanglots et je

vous ai dit d'une traite que j'étais nulle, que je ne savais pas pourquoi j'avais fait cet enfant, que je ne savais pas comment faire ni comment être avec lui, que j'étais au-dessous de tout. Plus je disais de choses, plus il m'en venait. Et c'est là que vous m'avez sauvé la vie. Vous vous en souvenez ? » Comme je n'ai pas répondu, elle a repris : « Vous m'avez laissé finir et sur un ton des plus détaché, vous m'avez dit : "De toutes les façons, il n'a pas d'autre mère que vous, il s'en débrouillera." » Je n'avais strictement aucun souvenir de cet échange, mais je suis sûr que c'est ainsi qu'il a dû se dérouler. Je n'avais rien dit d'extraordinaire. Je n'avais dit qu'une plate banalité qui avait ramené à la réalité cette jeune mère perdue dans les discours imaginaires qui lui étaient venus de toutes parts.

L'exercice de l'autorité et la demande d'amour

Pour banal qu'il ait été, le discours que j'aurais tenu à cette jeune mère – et qu'elle me rapporte après plus d'un an – aurait produit un effet déterminant sur sa conduite.

Pour quelle raison cela s'est-il passé ainsi ?

Pas tant parce que j'étais le pédiatre qu'elle venait voir et qu'elle investissait déjà au point d'avoir fantasmé de lui abandonner son enfant. Mais parce que j'ai dit, avec des mots dont chacun était pensé, une vérité universelle à laquelle toute ma personne adhérait.

C'est cela qui a « fait autorité ». Je n'ai été que le véhicule d'un propos qui est allé jusqu'à elle sur un mode tel qu'elle a pu le faire aussitôt sien.

Faire autorité diffère-t-il d'exercer l'autorité ? Si oui, de quelle façon ? Sinon, où réside la différence ?

Faire autorité, c'est d'abord être l'auteur reconnu d'une pensée, d'un discours, d'une théorie, d'un comportement, qui s'imposent par un certain nombre de qualités. Mais le sens vaut aussi pour une information ou un propos qui prennent valeur de vérité : ça a été pendant longtemps, par exemple, le cas des dictons, des proverbes ou des aphorismes, et, hélas souvent, celui aussi de… la rumeur ! À quoi il faudrait ajouter, aujourd'hui, la télévision réputée conférer, à ce qui s'y voit ou à qui on y voit, une fiabilité et une importance l'une et l'autre irrécusables.

Exercer l'autorité, c'est tenir une parole dont on est tout entier l'auteur (ce que dirait « autor »), une parole destinée à s'imposer à un interlocuteur et qui s'impose généralement à lui. Ce qui instaure automatiquement entre les protagonistes une hiérarchie que l'un assume suffisamment pour que l'autre n'ait pas même la velléité de la discuter. C'est ce qui se passe entre l'enseignant et l'enseigné, le patron et ses employés, le chef de service et ses subordonnés, le policier et l'automobiliste en infraction, etc. S'il n'est pas de société qui fasse l'économie de l'autorité à tous ses niveaux d'organisation, c'est parce que c'est grâce à elle qu'elle a pu se former et qu'elle continue de tenir. Si la hiérarchie qui en découle est admise par tous ses membres, c'est que chacun d'eux en a expérimenté les avantages dans la relation à ses propres parents. C'est ce que récusent les anarchistes quand ils s'attaquent aux fondements des sociétés au sein desquelles ils vivent : bouleverser la hiérarchie qui y a cours, leur permet par déplacement de s'attaquer à celle de leurs parents avec lesquels ils ont mal réglé leurs comptes. C'est ce qui explique aussi que la notion même d'autorité a très mauvaise presse. Dans l'un comme dans l'autre cas, il ne s'agit ni plus ni moins que d'une manifestation tardive de la croyance en la toute-puissance infantile. Combien souvent les adultes l'accusent-ils de tous les maux et en condamnent-ils l'usage, lui préférant, au nom d'un comportement civilisé et des valeurs démocratiques, les explications et la négociation. Quand ils sont poussés dans leurs retranchements, ils en viennent tôt ou tard à évoquer les méfaits des dictatures. Ce qui équivaut de leur part à une grave confusion entre autorité et autoritarisme. Si l'autoritarisme est condamnable sans la moindre réserve, c'est parce qu'il abuse d'une autorité qui n'a aucun lieu de s'exercer sur des individus matures et détenteurs légitimes d'un libre arbitre. L'autorité que les parents se doivent d'exercer sur leur enfant se trouve confrontée, elle, au registre pulsionnel de cet enfant. Un registre strictement imperméable à la rationalité et absolument inaccessible aux explications et à la négociation. Voilà qui permet de comprendre que les anarchistes et autres chantres du merveilleux enfant ne défendent rien d'autre qu'eux-mêmes et ce qui reste en eux de leurs vieux conflits !

Or, pendant longtemps, très longtemps, les parents ont occupé leur place, exercé leur autorité et assumé leur rôle sans se poser de questions. Ce n'est plus ou presque plus le cas, même avec des enfants petits. Pourquoi ?

— Docteur, comment puis-je lui faire comprendre que c'est l'heure d'aller se coucher quand elle me dit qu'elle veut continuer de regarder la télévision ?

— Vous n'avez qu'à l'éteindre, votre télévision.

— Mais, docteur, elle la rallume !

À lire cet échange, on pourrait imaginer que cette maman est confrontée à une adolescente boutonneuse et rebelle de 95 kilos. La petite dont elle parle a vingt-trois mois et pèse à peine 9 kilos !

Il n'est pas plus haut que trois pommes, mais il a réussi à déplacer le bac à jouets et à le mettre au milieu de la salle d'attente. Après quoi, en utilisant tous les coussins des fauteuils, il a fait une pyramide sur laquelle il a disposé tous les jouets. Puis quand il a fini son montage, il y a donné un grand coup. Tout s'est abattu dans un grand bruit qui a inquiété la secrétaire au point qu'elle est allée voir ce qui se passait. Quand elle a vu le chantier qu'était devenue la pièce, elle a interpellé l'enfant, lequel est allé se réfugier dans les jupes de sa mère. Cette dernière, qui était restée aussi indifférente à ce qu'avait fait son fils qu'elle semblait insensible au désordre, a reproché à la secrétaire son attitude au motif qu'on ne pouvait tout de même pas « empêcher à tout bout de champ un enfant de faire ce qui lui passe par la tête ».

Dans le premier de ces deux cas, la mère qui demande un conseil pour mieux se faire obéir, n'use spontanément d'aucun des moyens dont elle dispose pour parvenir à ses fins. Rien ne lui serait en effet plus facile que d'éteindre la télévision, de prendre sa fille dans les bras et de la porter – d'autorité, allais-je écrire ! – dans sa chambre. Si elle ne le fait pas, c'est probablement pour plusieurs raisons : elle n'est pas convaincue qu'il faille que la fillette aille se coucher ; elle a peur de se confronter à elle et de la... traumatiser ; elle n'est pas fâchée que sa fille ait du caractère (c'est la lecture, lourde de conséquences, qu'elle fait des manifestations de la toute-puissance de cette dernière) ; elle a enfin peur de lui déplaire alors qu'elle n'a qu'une seule envie, celle de se faire aimer d'elle !

Cette envie de plaire à leurs enfants qu'ont aujourd'hui pratiquement tous les parents mine d'autant l'exercice de leur autorité qu'ils sont souvent pris, je le répète, dans un véritable concours de séduction à l'égard de ce dernier.

Quand j'avais à expliquer aux parents leur erreur à cet égard, je prenais une feuille de papier que je pliais de façon à en faire une sorte de pont aux parapets eux-mêmes pliables. Je leur disais que, pour leur enfant, comme ce fut le cas pour chacun, la vie revenait à devoir traverser un pont suspendu au-dessus du vide avec un bandeau sur les yeux. Je pliais alors les parapets et je leur figurais la trajectoire de leur enfant dans ce cas. Il partait dans n'importe quelle direction et il rencontrait inévitablement le vide. Il en était si effrayé, qu'il revenait prudemment dans le sens opposé à celui qu'il avait pris. Il rencontrait à nouveau le vide. Il était, du coup, saisi de la même frayeur. Si bien qu'il revenait une fois encore sur ses pas. Quand il a renouvelé ses tentatives un certain nombre de fois, il finit par conclure que le mieux est encore de rester sur place et de ne plus en bouger. Je redressais alors les parapets de mon pliage et reprenais les mêmes explications. Je montrais qu'il suffit alors à l'enfant de quelques tentatives seulement pour être assuré qu'il sera en toutes circonstances préservé de la chute dans le vide. Ce qui lui permettra d'avancer sans hésitation sur le chemin de la vie. Il n'y a donc pas à rabattre le parapet d'un côté ou de l'autre, mais au contraire à le dresser et à le garder ferme. On aura remarqué que cette explication vaut tout aussi bien pour l'attitude à avoir face à l'exercice de la toute-puissance de l'enfant.

Ce qui, pour l'enfant, fonde l'autorité de son parent, c'est ce qu'il perçoit de la détermination de ce dernier à aller jusqu'au bout de la confrontation et à en sortir vainqueur. Ce que métaphorise le parapet de mon pliage et la solidité qui doit être la sienne.

Mais cette détermination peut être défaillante, le parent doutant de la pertinence de son ordre quand il ne doute pas de lui-même. Si c'est l'ordre qui est mis en question, il vaut mieux ne pas le donner et accepter la situation telle qu'elle est. En revanche, le parent ne doit jamais, jamais, douter de lui-même. Le doute contre lequel il lui semble ne pas pouvoir se défendre provient du vécu de la position et de la place qu'il a occupées face jadis à ses parents puis plus tard face aux autres. À cela, il ne peut rien. Il lui faut cependant savoir que, pour son enfant, il est la référence suprême et que la place qu'il occupe est de toute première importance. Ce sont ces éléments qui vont lui permettre d'exercer sereinement son autorité sans être travaillé par le doute. L'exemple suivant va permettre de le comprendre.

Cette mère, professeur d'allemand, se débattait depuis des semaines avec sa fillette d'une trentaine de mois qu'elle ne parvenait pas à mettre sur le pot. Ayant épuisé les différents conseils en la matière, j'ai fini par lui demander si elle ne percevait pas dans sa manière de procéder une hésitation que sa fillette percevrait elle-même au point de continuer d'hésiter à franchir le pas qui lui était proposé. Elle m'a alors dit, en rougissant, qu'elle se sentait effectivement mal à l'aise dans la menée de sa tâche parce qu'elle avait elle-même fait pipi au lit jusqu'à l'âge de douze ans. Je lui ai fait remarquer que, lorsqu'elle enseigne l'allemand à ses élèves, elle se fonde sur son aisance dans la pratique de cette langue et elle n'est pas obnubilée par le souvenir des devoirs qu'elle avait ratés en quatrième ou en troisième. Son énurésie avait disparu et elle savait aujourd'hui parfaitement se retenir. Il lui suffit de mettre en relation les deux faits pour lever son hésitation.

La fillette a acquis son contrôle sphinctérien dans les jours qui ont suivi. Parce que sa mère a compris qu'elle n'avait pas à douter d'elle-même dans son rapport avec sa fille.

Il reste à savoir qui est l'agent de cette autorité, qui l'exerce et qui doit éventuellement poser les interdits dont elle use.

La question mérite qu'on s'y attarde parce que quantité de fausses idées circulent en la matière. Ne serait-ce que celle qui prétend faire du père celui qui énonce uniformément tous les interdits. C'est juste dans le principe, mais c'est faux en pratique. C'est juste que le père, quoi qu'il fasse, est vécu comme à l'origine de tous les interdits, mais c'est faux qu'il doive impérativement les édicter.

Du recours au père, de son usage et de ses interventions, il importe d'être économe. Un père, c'est comme une pile, ça s'use et il vaut mieux le garder pour les grandes occasions. C'est en effet à la mère de poser les interdits, de les énoncer et de veiller à ce qu'ils soient suivis d'effet. Une lourde tâche et une tâche ingrate, me faisaient remarquer celles à qui il m'arrivait de tenir ce type de discours. Pas le moins du monde, malgré les apparences, leur disais-je, en ajoutant que c'était une tâche aisée et efficace de surcroît. Je leur expliquais alors que la communication immédiate qu'elles avaient à leur enfant, permettait à ce dernier de comprendre aussitôt et sans contresens le message qu'elles lui adressaient, ce qui ne serait pas le cas si c'était le père qui était intervenu. Qu'elles ne devaient pas oublier qu'elles étaient si investies par leur enfant qu'il était capable d'assumer un désagrément dans le seul but de continuer de leur plaire. Que si elles craignaient, à cet égard, que leur enfant en vienne à ne pas les aimer, il leur fallait savoir que leur place dans sa psyché est si importante qu'il est condamné à les aimer quoi qu'elles fassent ou deviennent. Si bien que, s'il doit verser le désagrément qu'il conçoit à un compte, ce sera toujours, et même s'il n'a rien dit, au compte de son père.

En raison de la traversée de la gestation, une mère est en effet pour son enfant celle qui a toujours satisfait ses besoins et qui a vocation, de ce fait, de continuer de le faire et donc de dire « oui » à tout ce qu'il demande. Si bien que lorsqu'il lui arrive de dire « non », ce n'est pas sa nature profonde qui s'exprime, mais quelque chose qui la contraint et qui vient assurément de celui qui est intervenu entre eux depuis qu'elle l'a mis au monde, celui qu'on lui a désigné comme son père. Ce qu'on peut résumer en disant que tous les « non » que reçoit l'enfant, quel qu'en soit l'agent, lui sont signifiés au « nom » de son père. Cette attitude maternelle revêt un autre avantage qui intervient encore plus profondément au niveau de la psyché : quand une mère dit « non » à son enfant, elle émet implicitement un message dont le contenu pourrait s'écrire sous la forme : « Je te dis "non" au "nom" de ton père à qui j'ai dit le "oui" qui a fait que tu es là. » Ce qui contribue à introduire encore plus le père entre eux deux.

Les pères n'apprécient pas toujours ce genre de discours, même s'il les dispense d'intervenir comme on le leur conseille habituellement. Ils sont même heurtés d'apprendre qu'ils sont la cible du ressentiment de leur enfant. Eux aussi ont envie de lui plaire et de se faire aimer de lui. Je les renvoie alors à leur expérience de fils de leur père, pour leur faire prendre conscience que la haine et l'amour sont l'avers et l'envers d'une seule et même médaille ; que leur place est faite pour les exposer au ressentiment et à la haine dont ils perçoivent parfois l'expression ; qu'ils doivent l'assumer sans s'en laisser émouvoir parce qu'elle accroît paradoxalement leur stature et leur pouvoir ; qu'à attendre enfin ou quémander l'amour, ils inversent la hiérarchie de leur rapport à leur enfant, compromettent son avenir et s'exposent, de surcroît, de sa part au chantage et au refus.

DEUXIÈME PARTIE

DES PRÉCISIONS UTILES

On sera sans doute amené à constater que les informations pratiques contenues dans la suite de cet ouvrage sont uniformément inspirées des propos que j'ai tenus jusqu'à présent. Rien de plus normal. Si j'ai cependant pris le soin d'illustrer ces propos par les différents points du quotidien de la vie familiale auxquels ils s'appliquent, c'est pour permettre à chacun de trouver éventuellement les réponses précises qu'il attend et de se débarrasser ainsi de ses hésitations.

L'ensemble des conseils que je fournis sont destinés à mettre en place chez l'enfant un minimum de frustration. Car c'est elle seule qui pourra le rendre au temps, autrement dit l'inclure dans la dynamique implacable de ce temps, lui en faire pressentir puis, dès qu'il le pourra, en percevoir l'écoulement afin de l'y accoutumer sans qu'il ait à en éprouver d'effroi. Ces conseils tiennent le plus grand compte de la place de cet enfant et de sa physiologie particulière, mais surtout aussi de ses étonnantes capacités d'adaptation : il sait, en effet, toujours « faire avec » les conditions qui lui sont offertes et qui ont pour lui valeur de vérité puisqu'il n'en connaît pas d'autres.

Il va sans dire que nul ne pourra recevoir ces conseils, même accompagnés de leurs explications, sans les passer, à son su ou à son insu, par le filtre qu'ont forgé en lui ses souvenirs et son histoire. Il pourra être amené de ce fait, pour certains sinon pour nombre d'entre eux, à les rejeter, à les aménager ou à les adopter tout à fait sur un mode soulagé, selon qu'ils répondent ou non à des questions demeurées en suspens. Il devra savoir que, quelle que soit son attitude, ce sera la sienne et qu'à aucun moment ce qu'il fera ou mettra en place ne sera vécu autrement par son enfant. J'estime pour ma part que je me serai comporté en pédiatre et que j'aurai eu à son endroit la même attitude que j'ai eue avec les parents de mes patients pendant les quatre décennies qu'a duré mon activité professionnelle : le plus profond respect pour leur personne assorti du respect que je les engageais à avoir de la personne de leur enfant, dans ses caractéristiques propres et dans les attentes qu'il marque à leur endroit.

Il ne s'est pas agi en l'occurrence pour moi de balayer ici tout le champ de la puériculture[1]. Il s'est seulement agi d'intervenir sur des points au niveau desquels les solutions envisagées par les parents peuvent soit aguerrir l'enfant, comme il est souhaitable quand on a le souci de l'éduquer, soit contribuer à freiner la maturation qu'on déclare pourtant souhaiter le voir acquérir.

J'ai divisé les questions que j'ai recensées en trois parties :
— celles qui, susceptibles d'instaurer la frustration, méritent d'être prises en considération dès le premier âge (zéro-deux ans) ;
— celles qui concernent d'autres problèmes ; leur traitement permet aussi bien de comprendre la ligne de conduite à observer à cette étape du développement, que de savoir comment faire si l'étape antérieure a fait éclore des troubles qui méritent d'être pris en considération – car tout peut être toujours rattrapé ;

---

1. Je l'ai fait ailleurs, dans *L'Enfant bien portant*, *op. cit.*

— et celles enfin qui concernent les parents quand ils s'interrogent parfois sur leurs attitudes face à eux-mêmes, face à leur enfant ou face au quotidien.

On pourra trouver étonnant le regroupement des questions tel qu'il se présente dans chaque partie. Je me suis laissé guider, d'une part, par la chronologie (traiter du rythme des biberons vient avant l'attitude à observer en cas de caprices...) et, d'autre part, par l'incidence statistique pratique des points que j'aborde.

Chapitre 1

L'ÉDUCATION COMMENCE AU BERCEAU

Il n'est jamais trop tôt pour commencer

LE RETOUR À LA MAISON

Si on se laisse prendre aux recommandations de toutes sortes et aux messages alarmants que sèment guides, livres, revues et professionnels, le retour à la maison est une véritable épreuve, sinon un cauchemar. On ne sait plus où donner de la tête entre la table à langer, la crème pour les fesses, le coton, le savon spécial, les produits pour le nombril, le thermomètre, les couches, l'éventuelle batterie de biberons et de tétines, le stérilisateur, le chauffe-biberon, le pèse-bébé, les poudres à laver spéciales pour le linge de bébé, etc.

C'est la première et la meilleure occasion de prendre le bon cap, *en pensant sans la moindre honte, et bien au contraire, d'abord à soi, ensuite à soi, après encore à soi et enfin à son confort personnel*. Parce que c'est de loin la meilleure façon de commencer cette longue aventure. Le simple bon sens suffit alors comme guide et la plupart des consignes alarmantes qu'on dispense aujourd'hui apparaissent comme elles le devraient quand on en a reconnu les atours marketing, c'est-à-dire non justifiées et seulement destinées à entretenir la peur qui rend nos semblables plus faciles à… manipuler et surtout à gouverner.

On peut déjà se débarrasser du pèse-bébé qui ne sert strictement à rien, sauf à angoisser, même en cas d'allaitement au sein.

Des seins qu'il vaut mieux, soit dit en passant, ne jamais laver avant la tétée comme on le recommande – la douche quotidienne suffit à assurer un minimum de propreté –, sauf à vouloir en dégoûter durablement le bébé et obérer la conduite de l'allaitement. Lui préfère de loin leur délicieuse odeur naturelle, celle qu'il a humée pendant tout le temps où il a baigné dans le liquide amniotique, à celle abominable de l'alcool qui n'a d'ailleurs jamais tué le moindre microbe. Si on lui présente un mamelon odorant, il tétera vigoureusement et accroîtra d'autant la sécrétion lactée !

On peut se débarrasser aussi bien du stérilisateur. Le lave-vaisselle suffit à laver correctement les biberons dont il suffit d'ailleurs d'avoir deux ou trois. Si on n'a pas de lave-vaisselle, il suffit de laver les biberons comme on le fait des assiettes ou des verres, en procédant à un double rinçage à l'eau chaude d'abord et à l'eau froide ensuite. Les prescriptions hyperhygiénistes n'ont plus cours aujourd'hui qu'on a pris de saines et banales habitudes de propreté. Les microbes dont on a si peur se combattent entre eux et ceux, sans danger, de l'environnement sont si jaloux de leur territoire qu'ils le défendent admirablement contre les dangereux envahisseurs.

Si on n'est pas soi-même addicte à l'eau minérale, on peut tout à fait préparer les biberons à l'eau du robinet et, si tant est qu'on y tienne parce qu'on peut les donner à température ambiante, les chauffer simplement au micro-ondes – *exit* le chauffe-biberon !

Idem du thermomètre qu'il vaut mieux ne pas utiliser à tout bout de champ. Le bébé n'est pas un malade, c'est un être sain et singulièrement solide de surcroît. La fièvre, si tant est qu'elle doive survenir, se perçoit dès le toucher et mérite seulement alors d'être mesurée.

Quant aux soins de l'ombilic, ils ne se justifient plus quand la cicatrisation est obtenue, et ils ne nécessitent jusque-là qu'un badigeonnage à l'éosine sans l'apposition du moindre pansement. Les fesses, lavées à l'eau savonneuse, rincées et bien séchées, ne nécessitent pas d'autre soin avec les couches modernes.

Le linge du bébé ne mérite pas plus d'attention que celui du reste de la maisonnée et peut être lavé au lave-linge.

Il faut que tout cela soit le plus léger possible, ne coûte pas une trop grande dépense d'énergie et de temps et puisse être, d'un bout à l'autre des tâches, une source inépuisable de plaisir.

LE RANG DE L'ENFANT

C'est un premier, c'est la découverte. Et une foule insoupçonnée de sentiments qui assaillent, plus violents et plus confus les uns que les autres. Avec, à leur sommet une question banale : comment avait-on pu être comme on a été avant ? Parce que ce qui apparaît tout de suite, c'est qu'il y a eu une vie avant, et la vie maintenant. Et que la vie maintenant, toute neuve qu'elle soit, semble si accomplie et surtout si pleine, qu'on en arrive à se demander comment on a pu vivre autre chose avant, « autre chose » qui paraît soudain si irréel, si lointain, qu'on se demande si on l'a véritablement vécu ! C'est le délicieux miracle que produit cet amour d'une sorte si nouvelle qu'on n'aurait jamais pu même l'imaginer. Il faut s'y adonner sans réserve à cet amour, il faut le vivre pleinement et ne jamais perdre de vue ses perspectives lointaines. C'est comme le plaisir qu'on prend à partir en voiture pour un long et merveilleux voyage : il sera d'autant plus grand qu'on pensera à tout ce qu'on va voir et vivre et qu'on ne garde pas le nez fixé sur le capot.

Ce n'est pas le premier, c'est le deuxième, le troisième, le... énième. C'est encore une découverte, celle inattendue et si étonnante, que l'amour ne se divise pas, qu'il ne se partage pas, mais qu'il se multiplie. Il est très important d'en prendre immédiatement conscience parce que cela permet d'éviter une erreur fréquente : penser que l'aîné va souffrir de cette nouvelle présence et en être jaloux. Il ne le sera pas si cette erreur n'est pas commise et qu'on lui fait partager sans réserve le bonheur qu'on vit. Le comble de la maladresse, j'allais dire de la maltraitance à son endroit, survient quand on croit devoir et pouvoir gagner sa sympathie en lui offrant un camion ou une poupée dès le retour à la maison et en lui disant que c'est un cadeau du bébé. Comme il est tout ce qu'on voudra sauf dupe, il se dira que tout cela est bien louche, qu'on le manipule, qu'on lui cache des choses et que c'est le bébé qui est certainement responsable de cet état de fait. C'est la porte ouverte à la jalousie et à la haine.

La règle à laquelle on ne doit pas déroger, c'est que la venue du nouvel enfant ne doit strictement rien changer aux attitudes qu'on avait avec le ou les précédent(s). Il n'est pas question de permettre à cette occasion à l'aîné la moindre régression et surtout pas, comme j'ai pu l'entendre parfois conseiller, lui permettre de revenir de temps à autre au sein ou au biberon !

LE RYTHME DES REPAS

Il faut environ six semaines de vie à un bébé pour maîtriser les mécanismes biologiques de l'alimentation et de leur régulation dans le temps. L'alimentation à la demande devrait laisser place, dès le début du troisième mois, à une alimentation relativement réglée. Que cette alimentation soit délivrée au sein ou au biberon.

J'ai fait[1] l'historique et la critique argumentée de la mode de l'alimentation à la demande dont j'ai été moi-même un adepte. Ce qu'on doit savoir, c'est qu'une ali-

---

1. Voir *Les Pères et les Mères*, *op. cit.*

mentation réglée ne présente strictement aucun inconvénient ni pour le développement du bébé ni pour la conduite d'une alimentation au sein. Elle a, en revanche, un avantage énorme : elle permet à l'enfant, qui peut avoir faim et même réclamer, d'attendre, ce qui est fort désagréable pour lui, je n'en disconviens pas. Mais, outre que ce désagrément n'est pas très grave et ne laisse aucune trace dans son vécu, il s'y accoutume assez vite. C'est une façon économique et très efficace de commencer à distiller le message central de toute l'entreprise éducative à savoir que : « Dans la vie, on ne peut pas tout avoir. » Le bébé parvient par ce moyen à faire l'expérience de l'attente, c'est-à-dire d'un temps vide qui passe et qui s'écoule sans qu'un plaisir y soit associé. La réitération de l'expérience est une des plus simples et des plus efficaces manières de l'aguerrir et de lui conférer le premier brin de conscience de sa condition de vivant. Et ce d'autant que ce temps, auquel était même associé un désagrément, n'a porté en aucune façon atteinte à son état. Cette manière de procéder présente un autre avantage, encore plus important que le précédent, celui d'être partagée répétitivement par la mère : elle finit tôt ou tard par se convaincre de la solidité de son bébé et de la capacité qu'il a de supporter une épreuve, eût-elle pu lui paraître difficile à accepter et encore plus à mettre en place.

Cette alimentation réglée ne doit cependant pas l'être à la minute près ! Son horaire est fixé avec une tolérance d'environ un quart d'heure. Mais elle doit absolument tourner le dos aux règles de l'alimentation à la demande. Quand il m'arrivait de voir au cours d'une consultation un bébé de quatorze ou seize mois, se hisser toutes les cinq minutes sur les genoux de sa mère qui relevait aussitôt son pull-over pour lui offrir sans rien dire sa goulée de lait, je me disais que, jouissant égoïstement de sa place, elle ne pouvait pas imaginer le désordre qu'elle allait semer dans la vie future de ce bébé et... dans celle de sa descendance !

Intercurrences

Sous cet intitre, je regrouperai des manifestations du bébé qui posent suffisamment question à ses parents pour les amener parfois à consulter. Il m'a paru important d'en faire saisir la logique pour aider les parents à les comprendre et à ne pas y réagir sur un mode contre-productif.

LA PEUR

Il en a beaucoup été question dans les chapitres précédents. Et j'en ai pratiquement toujours fait la manifestation de la peur de la mort, en insistant sur son caractère contagieux et sur l'infernal cercle vicieux qui risque de se mettre en place si le parent ne résiste pas à cette contagion. Il est vrai que ce que je lui demande de faire – résister à la peur que réveille en lui la peur de son enfant – requiert de sa part un effort certain : la peur que manifeste cet enfant, c'est la peur qui vient du fin fond des âges et qui n'a jamais épargné personne, si bien qu'il la sent remonter en lui, aussi vivace qu'il l'avait éprouvée dans sa propre toute petite enfance. Je l'invite simplement à essayer de faire la différence entre son enfant, si dépendant, si petit face à l'immensité des grandes personnes et du décor adapté à leur stature, et lui, adulte autonome et maître de ses décisions. S'il ajoute à cette évidence le fait que, plus qu'en toute autre personne, son enfant a en lui une immense confiance, il comprendra qu'il détient tous les moyens pour le rassurer et l'inciter au nom de sa présence à chasser sa peur. Combien souvent, dans ce registre, l'action du père est décisive et combien elle constitue une chance pour lui de voir son enfant l'investir davantage ! Combien de fois ne voit-on pas hélas des parents céder paresseusement aux demandes de leurs enfants et leur concéder les moyens dont ils prétendent qu'ils les rassurent. Cela peut aller du « dormir entre ses deux parents » à « garder la lumière allumée toute la nuit ». Outre les inconvénients spécifiques à chacune des nombreuses solutions qui sont adoptées, ce que l'enfant enregistre pour de nombreuses années, sinon pour sa vie entière, c'est qu'on aura légitimé les raisons qu'il alléguait, aussi mystérieuses soient-elles, pour justifier sa peur. Ainsi peut-on entendre des parents, qui laissent leur enfant dormir entre eux ou garder la lumière allumée toute la nuit, qu'on l'a fait pour eux quand ils avaient cet âge.

LES RITUELS

Notre époque et nos sociétés, en mettant l'enfant au sommet de la pyramide familiale et en le bourrant d'amour jusqu'à l'indigestion, lui ont conféré une structure que les psychanalystes désignent sous l'étiquette d'« obsessionnelle ». Nos enfants sont désormais, dans l'écrasante majorité des cas, de parfaits petits obsessionnels. Quelle est la caractéristique majeure de cette structure ? La peur obsédante de la mort et une dépense considérable d'énergie pour construire contre elle, fussent-elles illusoires, le plus de parades possible. Les rituels font partie de cette stratégie de parade. Ils ne sont pas seulement monnaie courante, ils sont inscrits dans le cadre beaucoup plus vaste de ces autres nombreux rituels qui scandent notre vie en société : c'est le départ en vacances, les bouchons sur les routes, c'est la rentrée, puis la rentrée littéraire, le règlement du solde des impôts, le beaujolais nouveau, la période des fêtes de fin d'année, les vœux avant le premier tiers provisionnel, les sports d'hiver et encore les bouchons, le printemps et enfin le deuxième tiers provisionnel avant le retour des vacances qui enclenche un nouveau cycle strictement identique au précédent. C'est du papier musique : tout est répertorié et réglé d'avance. On est à l'abri de toute surprise et peu importe que cela fasse crever la créativité. C'est tellement plus facile à gérer ! Comment imaginer que l'enfant puisse ne pas en être colonisé ? Puisqu'on le lui offre : laver les dents, se mettre en pyjama, puis au lit pour avoir droit à une chanson, à un conte, à un bisou ! Encore une manière de le conforter dans sa peur de la mort ! Quand on pense à Jean-Jacques Rousseau qui professait que « Émile n'aura pas d'habitudes », on mesure mieux la manière dont nous sommes programmés pour figer les choses. On aura compris combien je regrette que les rituels aient gagné la chambre des enfants. Ils figent l'enfant au lieu de le rendre au temps en lui permettant de le vivre et de s'y déployer. Je propose qu'on les remplace par un ordre ferme et simple qui consiste à dire à l'enfant d'aller dans sa chambre parce que c'est l'heure de dormir. À partir de cela, il fera ce qu'il voudra : traîner, jouer, se mettre au lit et regarder un livre, peu importe la manière dont il organise son coucher qui est le sien, quitte d'ailleurs à ce qu'il le retarde : il faut absolument se débarrasser de l'obsession du nombre d'heures de sommeil prétendument nécessaires à sa santé. On pourra éventuellement aller vérifier, avant de se coucher soi-même, s'il a éteint la lumière et le faire d'autorité s'il ne l'a pas fait.

LE SPASME DU SANGLOT

Certains petits enfants ont une tendance à pleurer si fort qu'il leur arrive de perdre le souffle et de s'évanouir en cessant de respirer. Il s'agit d'un spasme du sanglot, dont il existe deux formes, la forme bleue (l'enfant devient tout bleu) et la forme blanche dans laquelle les choses se passent de la même manière mais la perte de connaissance survient plus tôt. Cette forme d'expression de la « colère » du bébé met, comme on peut l'imaginer, les parents dans tous leurs états. Ils imaginent immédiatement leur enfant mort. Or il n'en est rien. Car, quoi qu'on fasse, il revient à lui, simplement sous l'effet de l'accumulation sanguine de gaz carbonique, lequel a la propriété de stimuler fortement la reprise de la respiration.

Cette expression de la colère n'est cependant pas sans conséquence car le bébé, qui se rend compte du trouble dans lequel il met ses parents, va récidiver quand bon lui semblera et devenir ainsi un véritable tyran. C'est une pente qu'on ne doit pas le laisser prendre parce que sa manière d'exercer, sans rencontrer de limite, sa toute-puissance va constituer pour lui une source d'angoisse considérable. Face donc à une manifestation comme le spasme du sanglot qui signifierait de la part de l'enfant son désir de rester sur place, le mieux encore n'est pas seulement de ne pas s'en émouvoir – c'est le moins que l'on ait à faire ! – mais de signifier à l'enfant qu'on ne se laissera pas prendre à ce jeu et que la prochaine fois qu'on le verra débuter une telle manifestation on quittera la pièce – ce qu'il faudra faire sans la moindre crainte, au demeurant, puisque c'est la voie de la guérison assurée.

LA TOUTE-PUISSANCE INFANTILE

C'est de loin la question la plus importante dont cet ouvrage entend traiter.

Amener un enfant à renoncer à l'exercice de sa toute-puissance, ce n'est pas seulement être assuré d'avoir réussi à mener à bien la partie la plus essentielle de son éducation, c'est pouvoir envisager sur un mode relativement serein sa grande enfance, son adolescence, son accès à l'âge adulte et même le sort de sa descendance. On imagine bien qu'à en énoncer les enjeux et les avantages, l'entreprise ne doit pas être simple à mener ! Elle ne l'est effectivement pas. Surtout si on s'est mis d'emblée au service de son enfant. J'ajouterai que la tournure qu'elle prend sous l'effet de la quantité de paramètres qui y interviennent, ou qui l'accompagnent, contribue, plus que toute autre étape de la vie, à conférer à l'enfant la plupart des caractéristiques de la personnalité qui sera plus tard la sienne. L'adulte qu'il sera un jour est pratiquement fabriqué, autrement dit, à cette période de sa vie.

Je n'ai pas cessé de faire référence à cette étape dans l'exposé d'un certain nombre de cas dont j'ai été amené à parler, comme j'ai montré assez tôt qu'elle était un passage obligé dans le développement du petit enfant.

Il est absolument impératif, sous peine de compromettre toute la suite de l'aventure de vie de cet enfant, que le parent ne l'y laisse pas se déployer à son gré sans réagir. Car plus il tarde à intervenir, plus il l'ancre dans une croyance erronée et dans la vision du monde qui en découle. Et, à partir d'un certain moment, lever l'ancre devient difficile, sinon impossible sans le recours au psychanalyste – auquel il ne faut pas hésiter à éventuellement demander de l'aide dès cet âge. Un enfant peut encaisser que le père Noël, ça n'existe pas, il peut finir par admettre que ses parents aussi ont des relations sexuelles, il peut même en arriver à sourire ou à rire d'avoir été à ce point naïf à propos de ces fausses croyances auxquelles il avait cru devoir s'accrocher. Il n'est en revanche jamais prêt, quels que soient les arguments qu'on lui apporte, les enjeux dont on lui montre l'importance, les récompenses qu'on lui promet en échange, de renoncer même un court instant à l'usage de cet instrument sans consistance qu'il s'est bricolé dans son petit âge et dont il est absolument persuadé que sans lui et sans la protection qu'il lui assure, il va mourir sur-le-champ. Un tel effort est encore plus difficile pour lui que celui qu'on demanderait à un superstitieux de faire en se passant d'amulettes. Rien en la matière n'est pour lui négociable. Qu'on se souvienne du cas de Jacques-Henri et de la manière dont, tout intelligent qu'il eût été, cet accrochage l'a conduit à compromettre gravement sa scolarité. Qu'on se souvienne de ces deux femmes atteintes du sida et qui n'en ont fait qu'à leur tête, en n'hésitant pas à ruiner des vies au passage, ou encore de ces deux hommes qui se sont emparés de leurs garçons en les privant de leurs mères ! Chacun de nous, sur fond de ce qui vient d'être décrit, peut d'ailleurs se trouver amené à évoquer des personnes de son entourage dont la conduite lui semble du coup plus lisible sous cet éclairage.

L'enfant qui n'a pas été détrompé va en effet traîner toute sa vie une angoisse considérable dont il sera impossible à quiconque[2] de lui faire reconnaître le contenu ou l'origine et encore moins de le débarrasser. Il ne parviendra jamais à gagner l'étape adulte de l'existence, cette étape au sein de laquelle l'altérité se vit sur un mode relativement serein dans la mesure où l'autre est perçu, comme soi-même, comme devant mourir un jour.

Caresserais-je l'espoir que cet ensemble d'explications puisse amener tous les parents, et en particulier toutes les mères, à se promettre de suivre à la lettre les recommandations que je vais leur donner ? Bien sûr que non ! Je ne suis pas assez naïf pour cela. Il y a beaucoup trop d'aveuglement, mais surtout de jouissance, à la clef ! La majorité des mères, devant les comportements de leurs enfants, sont en effet persuadées d'assister à la manifestation de leur « forte personnalité », ce dont elles sont ravies et qu'elles n'entendent brider d'aucune façon. Il est d'ailleurs pratiquement impossible de les détromper. Non pas qu'elles soient rationnellement inaccessibles aux explications que je donne, mais elles ne veulent en aucune façon remettre en cause leurs propres convictions en la matière. Des convictions qui leur auront été transmises comme une tradition parée de toutes les vertus. Leurs mères auront certainement été avec elles-mêmes comme elles le sont avec leurs enfants : elles avaient rempli leur

---

2. La formule semble excessive dans la mesure où on imagine qu'au moins un psychanalyste parviendrait à produire un tel résultat. Peut-être – encore que ce ne soit pas sûr ! – mais au bout de vingt, vingt-cinq ou trente ans de divan sinon plus ! C'est pour cela que je n'ai pas hésité, quelques lignes plus haut, à préconiser un travail psychanalytique précoce pour les enfants qui répondent à ce profil.

tâche avec patience, dévouement, amour sans borne et sens suraigu du sacrifice ! Tirant de ces dispositions d'essence masochique, donc des plus féminines qui soient, le sentiment si méritoire et si noble de s'être comportées en toute occasion comme des « mères contre la mort ».

Que trouve-t-on derrière cette façade émouvante d'exemplarité ? Rien moins que la pérennisation de la relation qui s'est instaurée entre la mère et le produit de sa grossesse, autrement dit ce que j'ai imagé sous forme d'un utérus virtuel extensible à l'infini.

Et quoi d'autre face à cela ? L'intérêt que présente pour le devenir de l'enfant l'existence d'un père tel qu'il doit être. C'est-à-dire non pas redoublant, en tant que mère-*bis*, l'action réputée protectrice de la mère, mais en se déployant sans réserve dans la dimension menaçante et mortifère qui est la sienne quand, sous l'effet de l'incertitude de son statut, il évolue dans ses dispositions spontanément égoïstes.

Énoncé sur un mode aussi lapidaire, le propos peut ne pas sembler clair. Il l'est pourtant mais, pour le faire encore mieux comprendre, je vais le dire différemment.

La mère s'accroche à sa manière d'être, de penser et d'agir sur la certitude que lui confère le fait d'avoir porté son enfant et de lui avoir « donné la vie ». Elle reste en somme fidèle à sa manière d'être et de faire parce qu'elle ne peut pas imaginer qu'il puisse devoir un jour en aller autrement. Le père, qui ne dispose en aucune façon d'éléments susceptibles de lui conférer la moindre certitude de son statut, entretient avec son enfant un rapport foncièrement différent de celui de la mère et qui se tissera peu à peu sur une modalité qui lui sera propre. Ce qu'en revanche la grossesse et l'accouchement ne changent pas pour lui, c'est l'investissement sexuel de la femme qu'a été et que ne cesse pas d'être, malgré son nouveau statut, la mère de l'enfant. Quand, obéissant à sa pulsion sexuelle, il tracte répétitivement cette mère vers sa féminité et qu'il parvient à lui faire investir leur échange, il la distrait tout aussi répétitivement de la préoccupation de leur enfant. C'est comme si, dans ces moments-là, il parvenait à la convaincre d'interrompre la forme de transfusion continuelle de vie qu'elle avait mise en place. C'est dans ce sens, à cause de cette interruption, que son action s'inscrit dans le « mortifère ». Elle lui confère un potentiel menaçant : il pourrait en effet poursuivre son action aussi longtemps qu'il le déciderait, voire la radicaliser. Il en va là comme dans une partition musicale : l'accompagnement, qu'il s'oppose ou qu'il souligne la ligne mélodique, ne la rend que plus audible et plus facile à mémoriser. Celle du père, qui chanterait le destin commun de tout mortel, y compris celui de cet enfant nouveau venu, à condition de ne pas s'en laisser submerger, peut tirer le plus grand bénéfice de l'accompagnement maternel. Quand un tel résultat est obtenu, on rend grâce à ce qu'on appelle, dans le langage musical, l'harmonie. Un bien joli mot ! Dont on ne sait pas assez qu'à l'origine, en grec, il désignait l'état parfait de la jonction des deux parties de la coque du bateau. Une jonction dont la perfection, permettant au bateau de ne pas prendre l'eau, promet une navigation ininterrompue et sans histoire.

Mais tout cela, c'est une description théorique, la façon dont les choses devraient en principe se passer. On sait qu'en réalité, elles ne se passent jamais ainsi. Elles se passent sur un mode tellement variable qu'il n'y a pas deux personnes au monde, fussent-elles jumelles, dont on puisse dire qu'elles ont connu des conditions identiques. C'est ce qui fait qu'aucune histoire n'est superposable à aucune autre. On peut néanmoins établir une certaine distinction, fût-elle grossière, entre les destins individuels, en fonction de la manière dont les conditions qui les ont produits ont été plus ou moins proches, ou plus ou moins éloignées, des conditions théoriques.

Les bouleversements qui sont récemment intervenus dans nos sociétés et qui ont en particulier fait passer le message implicite délivré à l'enfant de : « Dans la vie on ne peut pas tout avoir » à : « Tu peux tout avoir et tu as droit à tout », ont rendu les deux dernières générations foncièrement différentes des précédentes et rendront sans doute les prochaines encore plus différentes de celles qui sont en place.

On peut se contenter d'enregistrer le fait et le verser au compte de l'évolution des sociétés, en décidant qu'on n'y peut pas grand-chose. Enseigné en revanche par les effets de cette évolution sur le statut de l'enfant, sur la manière dont il est pensé, voire sur son inscription au sein de l'univers scolaire, on peut décider d'une autre attitude, ne serait-ce que celle qui consisterait à intervenir individuellement dans l'éducation de son enfant. C'est alors, et quel que soit le sort actuellement fait au père et en conséquence au couple, à cette phase cruciale où l'enfant s'essaie à la toute-puissance qu'il faut s'intéresser.

Cette phase, comme je l'ai expliqué dans le chapitre consacré à l'enfant, commence tôt. Dès la fin de la première année. Et elle se poursuit pendant pratiquement les deux années suivantes pour finir par déboucher sur la phase œdipienne. C'est une phase pénible et d'autant plus difficile à vivre pour les parents surinformés d'aujourd'hui qu'ils n'en sont pas avertis et qu'elle met à mal les dispositions serviles dans lesquelles ils croyaient avoir dû et pu se mettre pour mener à bien leur tâche. Et rien ne les étonne autant – et ne les révolte souvent encore plus – que la recommandation qui leur est alors faite de réagir fermement et de répondre à ce qu'ils doivent absolument vivre comme un comportement agressif. Dans l'image que j'ai utilisée du pont avec ses parapets, l'enfant ne secoue pas seulement le parapet, il le malmène. Comme il en va de la confiance dont il compte l'investir, il ne faut pas que ce parapet se laisse plier ou cède. C'est donc lui rendre le plus grand service, à terme et à long terme, que d'être le plus ferme possible. C'est annuler en lui le fameux « ça », c'est-à-dire la pression insupportable des pulsions, et installer en lui ce qu'on appelle le « surmoi » qui l'aidera tout au long de sa vie. C'est interposer entre la peur brute qu'il a de la mort et lui une autre peur, celle de contrevenir à l'autorité de ses parents, qui pourraient somme toute le tuer sur-le-champ. Quand j'étais adolescent, nous jouions de la trace de cette étape, lorsque nous ânonnions notre crainte devant une épreuve (traverser un bras de rivière malgré le courant, courir sur le faîte des toits, descendre une pente abrupte à vélo, etc.) en disant : « Si je fais ça, je meurs. Et si je meurs, ma mère, elle me tue ! »

Ce sera donc, pendant des mois et des mois, une vigilance de tous les instants qui devra se déployer.

Ramasser dix ou quinze fois de suite la cuiller que l'adorable bambin de onze ou treize mois a jetée chaque fois au sol, ce n'est pas faire preuve d'amour ou d'attendrissement ou de servilité, c'est faire preuve d'une inconséquence dont on ne tardera pas à faire les frais plus vite qu'on ne l'aura imaginé. Ne pas permettre à cet enfant de jeter la cuiller n'est évidemment pas non plus une solution. Car cela le priverait de la vérification de la solidité des parapets. On peut donc le laisser faire deux ou trois fois, puis ne plus le lui permettre en lui disant qu'il ne doit plus le faire et qu'on n'est pas à son service. Une de mes patientes avait trouvé sur ce point une solution originale et efficace : elle posait à portée de main de son bébé, quantité de petits objets anodins que ce dernier s'évertuait évidemment à jeter et qu'elle ne ramassait pas. Ce qui l'amusait dans la situation, c'était de constater la régularité avec laquelle il l'interpellait chaque fois qu'il jetait un des objets, finissant devant son indifférence par jeter le suivant puis le suivant encore jusqu'à se lasser. L'un et l'autre se seront ainsi exprimés en leur nom propre. Le bébé aura pu lui dire qu'il ne la craignait pas tant il savait pouvoir la soumettre à lui et elle, pour sa part, lui aura répondu qu'elle lui avait permis de s'exprimer, de « jouer les terreurs », mais qu'elle ne l'en aimait pas moins et qu'elle espérait qu'il n'aurait plus besoin un jour de cette stupide illusion. On peut saisir, à cette occasion et une fois de plus, l'importance conférée par la mère à la place du père de son enfant. Il ne faut pas oublier que c'est contre elle, que ce dernier pense effrayante parce que dispensatrice de mort, qu'il dresse son illusoire toute-puissance. Qu'elle paraisse intéressée sinon impressionnée par le père lui fait quelque peu relativiser son trouble. C'est ce qui permet d'ailleurs au bébé fille d'évoluer plus vite que son frère et de pouvoir organiser un peu plus tard sa phase œdipienne.

Les mois qui suivront verront les manifestations varier, se multiplier et s'accroître en intensité. Ce seront les épisodes de pleurs injustifiés, des caprices sans nombre, des refus réitérés de toutes sortes. Ils devront toujours donner lieu à la même attitude : une réaction ferme dénuée de toute compréhension, mais jamais dénuée d'amour et éventuellement assortie des commentaires qu'on voudra (des commentaires et pas des explications et encore moins des justifications), à condition cependant qu'ils ne soient jamais humiliants. La moquerie et l'humiliation sont en effet des expressions meurtrières ; en user avec un être qui se bat contre la peur de sa mort, c'est l'enfoncer encore plus dans son malaise. L'usage de l'humour s'avère en revanche souverain. Et il s'offre à peu de frais à chacun au moment où le bébé, qui cherche à faire passer son entreprise du registre de l'action à celui du langage, traverse ce qu'on désigne communément par le terme de « phase d'opposition » parce qu'il s'est soudain mis à dire obstinément « non » à tout : non au bain, non à l'habillement, non à la mise des chaussures, non au coucher, etc. Dans le domaine de la maturation de sa pensée, le maniement et la maîtrise de ce « non » ont autant d'effets que ceux qu'a produits en mathématiques l'invention du zéro. On le laissera donc le dire, mieux encore, on ira dans son sens et on renchérira sur ses propos : « Non, je ne te mets pas tes chaussures, non, je ne t'emmène pas au lit, non, je ne te donnerai pas ton bain, etc. », lui dira-t-on, tout en lui mettant ses chaussures, en l'emmenant dans la salle de bains ou au lit. Ce qui revient à lui dire implicitement : « D'accord, j'ai entendu que tu étais capable de dire "non". C'est bien. Mais on va quand même faire ce que j'ai décidé. »

Je ne donnerai pas, ici, plus de détails de tout ce qui peut survenir dans la traversée de cet âge. La plupart des points dont je traiterai plus avant en font partie. Ce qui devra être retenu, c'est que l'enfant met du temps à se laisser convaincre de l'inanité de la croyance qu'il s'est forgée et qui le conduit à opter pour ses conduites. L'enjeu en est beaucoup trop grave et trop important pour qu'il puisse renoncer à fouiller le moindre recoin du champ qui s'offre à son exploration. Opposer à son obstination une attitude aussi déterminée que la sienne est un devoir à son endroit auquel, en tant que parent, on ne doit pas se soustraire. Et remplir ce devoir n'est pas seulement souverain pour lui, c'est s'assurer pour la suite de la vie d'une relation aussi riche, affectueuse et fiable qu'on le souhaitait. En raison de cela, il m'est arrivé d'écrire qu'il fallait élever ses enfants sur un mode dictatorial, « fasciste » en quelque sorte, pour en faire plus tard des démocrates, parce qu'on est assuré d'en faire plus tard les pires fascistes qui soient si on les élève, comme on s'est mis à le faire depuis deux générations, sur le mode démocratique. Car qu'est-ce, somme toute, qu'un fasciste, sinon un individu baignant, tout adulte qu'il soit, dans sa toute-puissance infantile ? J'espère avoir démontré la pertinence de l'attitude à laquelle renvoie la formule, pour choquante qu'elle ait pu paraître.

C'est en effet la violence qui habite le comportement de l'enfant qui justifie la coercition qui doit y répondre. La peur ne se combat pas avec des arguments rationnels, elle se combat, comme je l'ai déjà signalé, par une peur autre. La peur que l'enfant a de la mort se combat par la peur qu'il se met à avoir, en raison de leur attitude et non pas parce qu'ils l'en ont menacé, de perdre l'amour de ses parents. Quand cette peur aura atténué – en y mettant une sourdine – la précédente, et qu'il ne donnera plus à ses parents motif de réagir, il la verra disparaître.

Il reste à savoir si, en adoptant cette attitude coercitive, on ne fait pas de l'enfant le « mouton » dont il avait été convenu qu'il ne constituait pas un objectif de qualité. On ne court ce risque que si on ne laisse pas à l'enfant la possibilité de s'exprimer avant de réagir. Si, en revanche, on réagit à ses actes, on lui permettra d'en reconnaître plus tard la trace chez ceux qui n'auront pas bénéficié de l'avantage qu'il a eu. Il saura alors faire le pas de côté pour ne pas s'en laisser impressionner.

C'est ce que raconte Jérôme, onze ans, élève de sixième : « Nicolas et moi, on s'est trouvés coincés dans un coin du parc, sur le chemin du collège, par trois grands qui nous ont menacés avec un couteau et qui nous ont demandé de leur donner ce que nous avions dans les poches. Moi, j'avais un euro et Nicolas vingt centimes. On leur a donné et on a pu partir. Ils ont recommencé deux jours après. Mais nous, on avait compris qu'ils ne pourraient rien nous prendre si on n'avait rien sur nous. Ils nous ont fouillés. Ils n'ont rien trouvé. Au bout de deux ou trois fois, ils ne nous ont plus embêtés. Ils ont fait de nous des potes, surtout parce qu'on n'était pas allés les dénoncer. »

Chapitre 2

LUI ENSEIGNER L'AUTRE

Enseigner l'autre à cet enfant autocentré dont l'univers se résume à l'immense place qu'occupe sa mère dans son environnement immédiat, serait une entreprise harassante si elle ne résultait pas directement et automatiquement de la lutte qu'on mène contre les manifestations de son illusoire toute-puissance. Mais, pour mener cette lutte à bien, il importe d'abord et avant tout, même si on doit passer son temps à brider son propre comportement, de respecter absolument cet enfant. On ne peut pas lui enseigner l'autre, la prise en considération de l'autre, le respect de l'autre si on ne lui donne pas conscience qu'il est lui-même autre pour l'autre, si, autrement dit, on ne le prend pas lui-même en considération et si on ne le respecte pas. Une telle attitude n'a strictement rien à voir avec celle que prône l'infantolâtrie et qui se résume à un asservissement à sa personne. Ce qui revient à renoncer à sa propre position d'autre pour lui. L'attitude infantolâtre est une attitude démissionnaire, irresponsable et vectrice autant d'irrespect que de haine ! Une attitude respectueuse, et en conséquence aimante, implique qu'on doive réagir de la façon la plus adéquate et la plus proportionnée à ses actes, qu'on lui en fasse prendre une forme de mesure et de conscience et qu'on ne se transforme jamais, autrement dit, en une serpillière qui ne lui servira à rien, sauf à imaginer qu'il a tous les droits.

Quand, ce faisant, on sera parvenu à lui conférer une idée de sa place dans l'espace et dans le temps, on pourra considérer qu'il aura reçu l'essentiel de cet enseignement dont il est évident qu'il restera à parachever.

Le respecter

LES TROUBLES DE L'APPÉTIT

Les troubles de l'appétit du premier âge relèvent pratiquement toujours d'un problème organique (intolérance aux protéines du lait de vache, allergie, maladie digestive ou autre, etc.), pour lesquels il importe de consulter. Quand ils surviennent plus tard, ils peuvent encore relever d'un problème organique, mais avoir aussi une autre cause (*cf.* rubrique suivante). Ceux dont les mères se plaignent se traduisent le plus souvent par un appétit capricieux, insuffisant, voire absent.

Il est exceptionnel qu'une mère demande comment freiner le trop grand appétit de son petit enfant. Quand il lui arrive d'en parler, c'est plutôt pour signifier combien cette caractéristique la ravit intérieurement. Ce qui se comprend dans la logique de son comportement puisqu'elle veut que son enfant ne « manque » de rien. Si bien que cet enfant qui dévore comme il le fait lui signifie qu'il la laisse le « combler » et qu'avec lui, elle a atteint le but qu'elle s'était fixé : poursuivre le travail que son corps a assuré pendant la grossesse. On imagine, immédiatement, à la lumière de cette explication ce que peut ressentir, par-delà l'inquiétude d'une possible maladie, la mère d'un enfant qui s'alimente mal ou qui refuse de s'alimenter.

La baisse de l'appétit qui accompagne toutes les maladies du petit âge n'est pas un signe de gravité ; c'est une mesure intelligente d'adaptation du corps à l'état de santé : un bébé ne peut pas en effet se permettre de distraire de la somme d'énergie dont il a besoin pour lutter contre la maladie, la quantité absorbée par la digestion de son alimentation. Il série ses problèmes et, pour subsister, il se sert sur des réserves qu'il reconstituera dès qu'il sera en meilleur état. Si la mère n'est attentive qu'à sa seule propre entreprise et qu'elle enregistre cette adaptation comme lui infligeant une blessure personnelle, elle va forcer l'enfant à manger. Si on tente de l'en dissuader, elle parviendra toujours à trouver un prétexte pour justifier son attitude et elle arguera par exemple de sa crainte de voir son bébé s'affaiblir en se faisant évidemment sourde à tous les arguments qu'on pourrait lui faire valoir (« il lui faut manger pour lutter contre la maladie... », « si ça continue comme ça, il va s'affaiblir... », « déjà qu'il est malade, s'il ne mange rien, ça va être pire... », « mais où va-t-il trouver ce qu'il lui faut pour résister ?... »). L'enfant, qui est dans sa dynamique propre, ne comprend pas toujours ce qui se passe et qui lui vaut la véritable torture à laquelle il se trouve ainsi soumis. Il n'a malheureusement aucun moyen de se soustraire au forçage et il le reçoit comme la manifestation exprimée par sa mère de la crainte de le voir mourir. Il se met du coup à avoir sérieusement peur pour sa vie et il déprime, ce qui n'est pas fait pour améliorer son état ou le mettre ou le remettre en appétit. Le cercle vicieux s'installe insidieusement et l'anorexie, dont le ressort est cette fois psychologique, se met en place, créant des problèmes particulièrement ardus à résoudre. Il m'est arrivé, dans mon jeune âge, d'essayer de raisonner des mères en telle situation pour leur faire imaginer ce que serait leur réaction si elles étaient régulièrement violées – ce qui n'a rien d'exagéré car, en l'occurrence, c'est d'un véritable viol qu'il s'agit. Je n'ai jamais obtenu le moindre succès. Tous les pédiatres du monde ont eu beau s'échiner à ânonner à longueur de traités qu'« un enfant ne se laisse jamais mourir de faim » et qu'« il ne faut jamais, en aucune circonstance, le forcer à manger », cela n'a jamais fait changer d'un iota le comportement de certaines mères devant lesquelles les médecins se trouvent parfois acculés à prescrire des fortifiants en espérant que cette concession permettra de baisser la tension d'un cran. Je connais un collègue qui dit parvenir à de sérieux succès de cette manière parce qu'il avertit la mère que le fortifiant fort efficace, et d'« action durable », ajoute-t-il, ne peut avoir d'effet que si on ne force pas du tout l'enfant à manger. Sa supercherie fonctionne, paraît-il, admirablement. Le recours à un spécialiste psychothérapeute est en tout cas toujours délicat dans ce genre de circonstance, compte tenu de la bonne conscience aveugle qui ne permet pas même que se dégage une demande de ce type. C'est peut-être une des raisons qui ont vu depuis quelques lustres fleurir une nouvelle spécialité, celle des psychothérapeutes de nourrissons qui espèrent, en mettant le bébé au centre du dispositif, masquer l'essentiel de leur entreprise et contourner la formidable résistance qu'ils savent rencontrer en la matière.

LES REFUS ET LES PRÉFÉRENCES ALIMENTAIRES

S'il y a quelque chose, disais-je, que, pendant toute ma carrière, je n'ai jamais réussi à faire entendre à une mère, c'est qu'il ne faut, en aucune façon, en aucune circonstance et d'aucune manière, forcer un enfant à manger.

La surdité que toute mère manifeste sur ce point témoigne de la manière dont, obéissant plus à ses pulsions qu'à sa raison, elle se déploie dans une toute-puissance aveugle et n'entend en aucune façon entrer dans la négociation de ce qu'elle estime être son droit. Un droit qu'elle ramènerait au fait qu'ayant porté cet enfant et l'ayant de ce fait nourri de son propre corps pendant neuf mois, elle met ce nourrissage au centre névralgique de sa fonction. Le refus de la nourriture lui apparaît alors comme une dénégation de cette fonction et elle n'aura de cesse, en invoquant tous les arguments, y compris la mauvaise foi, que de rappeler qu'elle est là ! Ce qui l'autorise, lui semble-t-il, de construire cet utérus virtuel extensible à l'infini d'où elle n'a pas l'intention de laisser sortir son enfant. Ce dernier, qui cherche à prendre conscience de sa place, n'a souvent pas d'autre moyen que celui dont il use pour lui faire savoir combien son entreprise et son entêtement lui sont nocifs.

Je le répète ici, et peu importe ce qu'on en fait ou ce que cela devient : *il ne faut jamais forcer un enfant à manger*.

C'est dans un tout autre registre que s'inscrivent les refus ou les préférences alimentaires que manifestent nombre d'enfants.

Si on ramène le fait à la simple nécessité alimentaire, il est flagrant qu'on ne verrait jamais un tel symptôme éclore chez les enfants des populations nécessiteuses. On a le choix alors entre deux attitudes : soit on respecte les goûts de l'enfant, quitte à lui servir tous les jours et indéfiniment du poulet et des pâtes ou des nuggets et de la purée, soit on entre avec lui dans la vaine épreuve de force. Si on veut éviter cette dernière qui finit toujours en impasse et qui compromet gravement le reste de l'entreprise, on peut se rabattre sans état d'âme et avec une certaine sérénité sur l'uniformité du menu : elle n'aura qu'un temps et finira par céder à la curiosité alimentaire qui viendra tôt ou tard, la cantine ou les copains aidant. Au cas, fort improbable, où on décide d'engager l'épreuve de force, cela ne doit en aucun cas virer au sadisme : on ne doit pas laisser l'enfant devant son plat plus de dix minutes et on ne doit pas plus compenser ce qu'il a refusé par une double ration de fromage ou de dessert, et encore moins le laisser combattre sa faim à d'autres moments par des aliments qu'il prise.

LES TROUBLES DU SOMMEIL

C'est un motif de consultation devenu beaucoup plus fréquent ces deux dernières décennies qu'il ne l'a jamais été auparavant. La cause en revient, pour l'essentiel, à tout ce dont j'ai parlé autour du statut de l'enfant et de la place qui lui est conférée dans la cellule familiale. Non pas directement sous la forme d'un trouble de nature purement psychique, mais par la production d'une affection organique des plus authentique. L'angoisse des mères, suscitée par le fait que, désireuses de bien faire, elles savent qu'elles ne parviendront pas cependant à ne pas commettre d'erreur, contamine l'enfant dès son tout petit âge et génère chez lui une pathologie à manifestation précoce, le reflux gastro-œsophagien[1]. Cette pathologie a éclaté comme une épidémie et est allée en croissant. Au début de ma carrière, quand on en rencontrait un cas, ce qui survenait une fois par an ou tous les deux ans, on le présentait au staff de l'hôpital pour en tirer enseignement. À la fin de ma carrière, 9,5 bébés sur 10 en étaient porteurs ! Ce reflux, comme son nom l'indique, fait remonter dans l'œsophage, qui le supporte mal, le contenu très acide de l'estomac, entraînant des brûlures intolérables qui réveillent le bébé. Comme cela peut survenir à plusieurs reprises dans la nuit, on imagine aisément l'état dans lequel finit par se retrouver chaque membre de la famille. Cette maladie a un traitement médical rapidement efficace. Aussi, je n'hésite pas à soutenir que les troubles du sommeil du nourrisson et du petit enfant ont neuf fois sur dix une base organique qui mérite d'être reconnue et traitée. J'en ai tant vus qui avaient épuisé sans succès une théorie de psy de toutes sortes et qui cessaient le soir même où le traitement était instauré !

Il arrive bien évidemment qu'un bébé indemne de tels troubles puisse cependant manifester quelque difficulté à s'endormir, ou se réveiller plusieurs fois la nuit, en cas de déménagement ou de changement de cadre de vie. Mais cela ne dure généralement pas et rentre rapidement dans

---

1. J'en ai traité abondamment dans *Les Pères et les Mères*, *op. cit.*

l'ordre avec les quelques explications qui lui sont rapidement fournies par des parents attentifs qui auront supputé la raison de son trouble passager.

La maman de Virginie, seize mois, m'appelle, sérieusement inquiète par les réveils nombreux de sa fille qui sont apparus depuis une dizaine de jours et qui résistent aux potions et suppositoires qu'elle est allée prendre chez le pharmacien. Les nuits sont difficiles et le manque de sommeil retentit considérablement sur l'humeur et les échanges pendant la journée. Ce que je sais de la famille et des antécédents de santé de l'enfant ne me permet pas d'évoquer le moindre facteur inquiétant et je suppose que seul un changement survenu dans l'atmosphère habituelle de vie est à la source du trouble. Je demande à la maman de Virginie si elle est enceinte. Elle me répond qu'elle l'est en fait, mais seulement de six semaines. Elle n'en a pas parlé à sa fille. Je lui conseille de la mettre au courant. Ce qui fut fait. Le soir même Virginie dormait d'une traite.

Cette enfant avait simplement perçu dans l'attitude de sa mère un changement dont elle ne comprenait pas la nature, qui troublait l'ordre habituel de sa perception et qui l'inquiétait suffisamment pour la poursuivre jusque dans son sommeil.

Qu'on n'aille cependant pas en conclure qu'il faut mettre rapidement tous les enfants au courant d'une grossesse en cours. Il n'y a pas de règle en la matière : c'est toujours un cas d'espèce.

Les troubles durables d'origine psychologique ne se manifestent de fait que lorsque le bébé sera parvenu à prendre conscience et aura accepté qu'il est lui-même, c'est-à-dire coupé et indépendant de ses deux parents et en particulier de sa mère, autrement dit à partir de la fin de la première année. Sa relation précédente d'essence quelque peu fusionnelle n'aura cependant pas été inutile ou passive. Il y aura pris appui pour forger le système de sécurité qui lui permettra d'affronter le monde et qui est totalement indépendant de la relation alimentaire dont on a vu plus haut les impasses possibles. Des éthologues ont remarquablement démontré le fait en élevant un singe nouveau-né en présence de deux mères-leurres, l'une faite de grillage nu et porteuse d'un biberon, l'autre recouverte d'une enveloppe de feutre mais n'ayant pas de biberon. Le bébé singe a rapidement appris à se mettre dans les bras de la maman-grillage-biberon pour s'alimenter et à gagner rapidement les bras de la maman-feutre dès qu'il avait la moindre crainte ou qu'il ressentait une violente émotion, en particulier quand on le mettait face à un nounours qui battait du tambour. Quand on retirait la maman-feutre de la cage et qu'on mettait le nounours en marche, le bébé s'affolait, courait de tous côtés, en ignorant complètement la présence de la maman-grillage-biberon, qu'il jugeait incapable de le rassurer, en manifestant une série de troubles divers. Il ne parvenait à se calmer que lorsqu'on remettait la maman-feutre à sa place. Muni de son leurre réassurant, il est même parvenu, au bout de quelques expériences, à le quitter et à s'approcher du nounours qu'il a touché et malmené jusqu'à finir par le démonter.

Préoccupé qu'il est par son repérage des éléments qui assurent sa sécurité, le bébé humain, avant la fin de la première année, n'est en règle générale pas encore sensible aux autres dimensions de la relation qui le lie aux parents et qui lie les parents entre eux. C'est comme si, dans un premier temps, il était trop occupé à faire l'inventaire du contenu de l'enveloppe pour se soucier de la qualité même de cette enveloppe. C'est quand son recueil lui aura permis d'accumuler suffisamment d'éléments de sécurité qu'il découvrira son individualité et qu'il marquera quelque exigence à l'endroit de sa cellule parentale. Il sera alors sensible à tout ce qui pourra, à partir de là, venir troubler son sommeil. Sans compter que ce sommeil devenu plus léger à cause de l'intense travail de mise en ordre de ce qui a été recueilli dans la journée n'est pas sans évoquer pour lui quelque chose d'irrésistible qui ressemble à la mort. Il ne peut donc s'y livrer qu'en étant assuré de pouvoir l'affronter avec pour bagage la tendresse et l'amour de ses parents. S'il doute un tant soit peu de cet amour, il en demandera la preuve sous la forme de ces rituels d'endormissement sans nombre qui, du bisou au verre d'eau en passant par le pipi de dernier moment, la berceuse ou le conte, n'ont pas une autre fonction.

À un stade plus important des troubles, ce seront des réveils répétés tout au long de la nuit. L'expérience démontre alors que la question qui préoccupe l'enfant au point de « troubler son sommeil », c'est celle du repérage précis de la fonction de chacun de ses deux parents. Il ne fait rien d'autre que se demander qui est sa maman, qui est son papa et qu'est-ce qu'une maman, qu'est-ce qu'un papa. Il est probable que la confusion actuelle des rôles, des places et des fonctions parentales est à l'origine de la plus grande fréquence de troubles constatée dans ce registre. La preuve en est que de tels troubles peuvent mettre des semaines et des mois, voire des années, à s'amender et qu'ils résistent farouchement aux différentes drogues que l'on peut toujours essayer de prescrire. Les tranquillisants et les somnifères utilisés aux doses habituelles ne sont en effet pratiquement d'aucune efficacité chez le tout-petit. S'ils sont utilisés à plus forte dose, on obtient un résultat non satisfaisant dans la mesure où les journées sont alors plus fréquemment agitées que d'habitude. Comme si l'enfant n'avait pas d'autre choix que ce symptôme pour continuer de poser ses questions. Cette lecture du déroulement des événements peut paraître excessive, elle trouve cependant une preuve de sa validité dans le fait que l'enfant insomniaque confié à ses grands-parents ou à des amis, par exemple, dormira la nuit entière d'une seule traite. Et combien de succès immédiats n'ai-je pas obtenus en demandant à la mère de dire à son enfant en le couchant : « La nuit, tu peux dormir, je n'ai pas besoin de toi. » Comme elle suivait scrupuleusement la prescription, elle ne se rendait pas compte qu'elle se disait en même temps à elle-même : « La nuit, je n'ai pas besoin de mon bébé », recouvrant sans le savoir une disposition à réinvestir sa féminité.

Il ne faut pas croire qu'un tel trouble se manifeste en pure perte. C'est le privilège de cet âge de pouvoir tenir le coup très longtemps sans cesser de malmener des parents qui n'en peuvent plus et qui seront amenés souvent à de telles extrémités qu'ils finiront par s'affronter sur un mode violent, en sortant en quelque sorte de la passivité et de la collusion et en étant conduits, parfois au prix de révisions déchirantes de leurs positions, à redéfinir à leur insu, leurs rôles respectifs.

Le travail thérapeutique qui cherche à parvenir à un résultat dans ce domaine ne procède d'ailleurs pas autrement. Il permet seulement de faire faire l'économie de la phase douloureuse de la remise en question en confrontant chacun des deux parents à ce qu'il imagine être son rôle face aux rôles qu'il a lui-même connus dans le couple de ses parents, en le confrontant, autrement dit, aux déterminants d'une histoire à laquelle il croyait pouvoir échapper et qui le rejoint toujours quoi qu'il fasse.

LES SOINS DES ORGANES GÉNITAUX

Voilà une rubrique qui n'aurait certainement pas mérité de figurer au milieu des autres, si la région génitale du bébé et du petit enfant était traitée comme une autre partie de son corps. De fait, il n'en est rien et, même au sein de la communauté médicale, les avis demeurent passionnés et passionnellement opposés.

Pas tant du côté du destin de la vulve de la fillette, dont les replis sont pourtant si difficiles à nettoyer. Un peu comme si la mère savait assez de quoi il s'agit en la matière pour que toute confiance lui soit accordée. Il y a bien eu, il y a une vingtaine d'années, une psychanalyste qui a voulu convertir les mamans à la caresse régulière du clitoris de leurs fillettes, mais cela n'eut pas de répercussion tant il est vite apparu que ses propos s'inscrivaient dans la quantité d'inepties qu'ont proférées les féministes quérulentes de son espèce.

En revanche et seulement en France (!), on continue de prescrire le décalottage régulier du pénis du petit garçon dès la naissance, au motif de lui éviter un phimosis. Cette pratique est strictement inutile et barbare de surcroît parce que très douloureuse pour le bébé et angoissante pour le parent qui l'exécute. Quantité de travaux très sérieux font non seulement la preuve de sa stupidité, mais aussi celle de sa dangerosité, dans la mesure où elle constitue le meilleur moyen de créer de toutes pièces un phimosis sur un organe qui se serait développé naturellement sans poser le moindre problème : le pénis est un organe qui poursuit son développement tout au long de l'enfance et de la préadolescence. Le prépuce, naturellement long et serré à la naissance, se raccourcit et devient spontanément perméable entre dix et douze ans au plus tard. C'est donc un point sur lequel il est inutile de s'attarder, sauf à rappeler qu'il ne faut jamais décalotter le pénis d'un bébé ou d'un enfant.

LE BIBERON, LE SEIN, LA SUCETTE, LE DOUDOU

J'ai déjà traité incidemment de ce problème quand j'ai rapporté et analysé le cas du petit Jack. J'ai insisté alors sur la nécessité qu'il y a d'accompagner l'enfant dans son évolution, voire de l'y encourager. Le biberon est d'un usage commode, mais son utilisation ne doit pas durer indéfiniment sauf à vouloir freiner l'évolution de l'enfant. Aussi peut-on et doit-on lui substituer le verre ou le bol, dès que la physiologie de la déglutition s'est modifiée pour acquérir ses caractéristiques adultes, c'est-à-dire autour de dix-huit à vingt mois. On ne saurait en tout cas continuer de le donner au-delà de deux ans, même si sa suppression devait entraîner la prise d'une moindre quantité de lait – c'est l'argument mis en avant par les mamans. Il vaut mieux que l'enfant ne prenne pas sa prétendue quantité théorique de lait, voire pas de lait du tout, que de continuer à boire au biberon. Le déficit en calcium qu'on dit craindre se comble spontanément tôt ou tard. La non-acquisition de la déglutition adulte exigera, elle, une longue rééducation pour ne pas entraîner plus tard de gros troubles dentaires (déchaussements, parodontopathie). Il en va de même pour l'argument du temps que dure la prise du biberon par rapport à la prise d'un petit déjeuner au bol : il y a des mères qui usent de ce prétexte pour servir encore le biberon à leurs enfants de six, sept, voire huit ans ! Je prends mes responsabilités de médecin pour dire qu'il vaut mieux qu'un enfant ne prenne rien le matin plutôt que de prendre quoi que ce soit par le biberon. On opposera certainement à mon avis celui d'autres pédiatres, sinon de la plupart des pédiatres. Cela ne changera rien à mes propos dans la mesure où je sais combien la formation de mes confrères ne leur a pas permis de s'intéresser à l'aspect des choses tel que je l'aborde en nouant le physiologique au psychologique. On trouvera cependant confirmation de mes propos, au moins sur le plan organique, auprès des orthophonistes, des orthodontistes et des dentistes eux-mêmes.

Il est regrettable que l'allaitement au sein connaisse, chez nous, une si grande désaffection. C'est un mode d'alimentation si parfait qu'on ne saurait jamais assez en vanter les innombrables mérites. C'est peut-être pour cette raison que se sont multipliées les associations qui se donnent comme but de le promouvoir et qui y parviennent. Mais, comme toujours dans ces cas-là, il arrive qu'on passe de la promotion au militantisme, quitte à produire certains excès. Il est indubitable que les seins d'une mère peuvent nourrir un enfant pendant deux, trois, quatre ans, voire plus. Mais ce qui est prévu par la nature pour combattre une éventuelle disette, n'a pas lieu de s'appliquer dans nos sociétés d'abondance. Aussi me semble-t-il raisonnable de sevrer un bébé aux alentours de neuf mois (l'âge auquel il sait en conscience qu'il peut laisser choir quelque chose, l'abandonner) et, pour une mère, de ne pas se répandre dans la manifestation narcissique toxique de sa propre toute-puissance (résurgence de sa toute-puissance infantile !) en se faisant « station-service » pour son enfant, parfois de deux ou trois ans, qui vient prendre une goulée comme on s'arrête dans un bistrot pour siroter un blanc sec !

Je tiendrai encore le même discours autour de la sucette et du grand débat qu'elle soulève. Car on prétend d'abord qu'il y a des bébés suceurs, des bébés moins suceurs, voire des bébés non suceurs, et ensuite qu'on donne à l'enfant une sucette pour ne pas qu'à défaut il se mette à sucer son pouce. Que les bébés puissent avoir plus ou moins besoin de sucer ne tient pas à une prétendue nature mais à leur confort digestif : ceux qui ont un reflux éprouvent ce besoin, satisfait par la sucette ou le pouce, parce que la succion leur permet d'avaler plus activement leur salive et de produire des contractions de leur œsophage qui luttent ainsi contre le reflux. Comme j'ai indiqué que l'incidence du reflux est devenue quasi générale, les bébés sont donc pratiquement tous logés à la même enseigne. Mais les inconvénients digestifs s'amendent quand l'enfant se tient debout la plus grande partie de la journée. Aussi, comme pour le biberon, la sucette doit être supprimée au plus tard vers la fin de la deuxième année.

Idem, ajouterai-je, pour le « doudou » qui a connu une grande fortune depuis que Winnicott l'a paré de l'étiquette d'« objet transitionnel » en expliquant qu'il permettait au tout-petit d'halluciner sa mère en son absence. Il n'est pas alors de mère qui, flattée de voir dans cet usage un insigne de son importance, n'encourage son utilisation. On peut se demander comment se sont débrouillés les bébés des générations passées ! Ça donne évidemment lieu à des excès qu'ont essayé de corriger des caricatures parfois désopilantes (Charlie Brown et le personnage du comptable dans le film *Les Producteurs* de Mel Brooks[2] !). Là encore, pas question de laisser un doudou au-delà de la fin de la deuxième année.

On estimera sans doute que les analyses que je produis et les attitudes que je préconise sont excessives. Je les maintiens cependant en affirmant que les bébés supportent admirablement la suppression radicale des habitudes comme les limites qu'on leur donne, dès lors que tout cela est porté par la détermination des parents et en particulier de la mère.

LE PARTAGE DES SOINS

Les soins dispensés au bébé peuvent être, et sont souvent aujourd'hui, l'objet d'un partage entre les parents. Ce sera leur affaire et ils l'organiseront comme ils l'entendent. Ce qu'il importe de savoir en l'occurrence, c'est que le bébé vit la personne qui s'occupe de lui, que ce soit le père, la grand-mère, la nounou, la tante ou qui que ce soit d'autre, comme autant de substituts de sa mère avec laquelle il ne confond jamais personne.

Ce partage des soins entre parents peut donner lieu à des tensions, dans la mesure où il arrive parfois que le père finisse par s'en lasser ou rechigner à en accomplir la part qui lui revenait jusque-là, en eût-il convenu. Cela ne doit pas choquer et doit faire reprendre le débat à une autre échelle : le père peut par exemple échanger la part de soins du bébé qui lui revenait contre des tâches ménagères qui étaient jusque-là dévolues à la mère ; faire en sorte que la répartition de la charge totale de travail continue d'être distribuée selon le quota qui avait été fixé.

---

2. Mel Brooks, *Les Producteurs*, 1971.

Une telle modification du contrat de départ ne doit cependant pas faire conclure que le père se révélerait être moins attaché que la mère à son enfant. La seule chose qu'on peut dire, sans risque de se tromper, c'est qu'il ne retire pas grand plaisir de ces tâches qui en sont toujours une source pour la mère. C'est un effet de la différence des sexes. Même si cela paraît choquant, il faut savoir que l'être masculin est un être profondément égoïste qui n'investit un registre que dans la mesure où il peut en espérer... une satisfaction sexuelle ! Car c'est l'activité sexuelle qui sert de stimulus à sa posthypophyse pour sécréter l'ocytocine, l'hormone de l'attachement et du bien-être. L'être féminin, en revanche, tire toujours un plaisir propre de la satisfaction qu'il apporte aux besoins d'un tiers. La femme dispose à cet égard de deux stimuli pour la sécrétion d'ocytocine : l'activité sexuelle, comme son partenaire, et l'enfant, auquel son partenaire est plus indifférent. Je dirais, pour imager le fait, que le moteur de l'homme fonctionne avec seulement une batterie qu'il doit recharger de temps à autre au secteur, et que le moteur féminin fonctionne avec une batterie, également rechargeable sur secteur, mais avec aussi une dynamo qui, déjà à elle seule, la recharge en grande partie.

L'ATMOSPHÈRE DE LA MALADIE

La première règle à observer devant une maladie de son enfant, quels qu'en soient la nature, le développement, les circonstances, le lieu où elle se déroule et quel que soit l'âge de cet enfant, c'est de rester calme. D'abord, parce qu'on a toutes les raisons de l'être, compte tenu des progrès considérables de la médecine, et ensuite pour parvenir à être rassurant.

Il est évident que c'est le genre de chose qu'on ne peut pas toujours contrôler. Mais on peut tout de même essayer de maîtriser son impulsion, comprendre comment les choses se passent et tenter de gérer raisonnablement la manière dont on se sent affecté par les événements qui surviennent. D'autant que les enfants ont cette extraordinaire propension à tomber malades au moment même où on a besoin qu'ils ne le soient pas ! J'ai par exemple observé, au cours de mon exercice, la singulière fréquence des fièvres du vendredi soir chez les créchons. Je me suis longtemps demandé comment ça pouvait s'expliquer. Voilà en effet des enfants qui passent leur semaine à côtoyer des miasmes sans cesser d'y résister et qui y cèdent juste au moment où la confrontation prend fin. On les soigne pendant le week-end et le lundi matin ils « retournent au charbon » comme s'il ne s'était rien passé ! Les faits, examinés sous cet angle, ont le mérite d'en dire plus que le recours à des explications prenant en compte des phénomènes d'incubation et de dynamique de la réplication virale ou microbienne (explications au demeurant exactes mais qui n'ont pas le caractère précis et immuable qu'on leur suppose). Il m'est souvent arrivé de dire, à des parents aussi étonnés que moi, que leurs enfants étaient somme toute assez « sympas » : ils se retenaient tout le temps qu'ils les savaient dans l'impossibilité de se consacrer à eux et ils se laissaient aller, ils s'affalaient, ils « se répandaient », dès qu'ils pensaient pouvoir le faire sans leur poser des problèmes trop insurmontables. Sans compter que le genre de problème qu'ils posent est pratiquement toujours de nature assez bénigne et destiné à trouver assez rapidement sa solution.

Parce que voici la dimension nouvelle de la médecine d'enfants : elle a réussi, depuis quelque temps déjà, à vraiment débarrasser la pathologie courante du risque de survenue de certaines maladies effroyables. Cela ne veut pas dire qu'elle ait réussi à mettre totalement l'enfant à l'abri – heureusement, d'ailleurs. Dans ces conditions, il n'y a donc vraiment pas de raison objective de s'affoler ! Et la sérénité que l'on développe en l'occurrence constitue alors à elle seule la moitié, voire les trois quarts du traitement. Parce que l'état dans lequel on se met est perçu de manière particulièrement aiguë par l'enfant, spontanément et naturellement inquiet de ce qui lui arrive. Il intervient directement, autrement dit, sur son système de sécurité – la fameuse contagion de la peur ! Si on s'affole ou qu'on développe une trop grande inquiétude, on lui délivre un message qui renforce la sienne propre. Ce qui reviendrait à implicitement lui signifier qu'il a en quelque sorte raison de craindre de mourir. Si, à l'inverse, on garde son calme, on lui permet de se débarrasser de cette crainte, on l'encourage et on l'autorise à aller puiser dans ses réserves de quoi affronter l'épreuve qu'il traverse. C'est toute la raison de ce plaidoyer.

Sa place dans l'espace

PARLER À L'ENFANT

Les parents ont toujours parlé à leurs enfants. Et je n'ai jamais compris la manière dont le message de Françoise Dolto a été dévoyé au point que nombre de parents se sentent contraints, en toutes circonstances et en tous lieux, de ne pas cesser de parler à leurs enfants.

Une mère, scandalisée que je n'observe pas ce genre de commandement, entreprend de pallier ma carence : « Le docteur te tient par-dessous les bras, il t'allonge sur la table d'examens, il défait ton Babygro, là il enlève la jambe droite, maintenant il passe à la gauche, il te retourne sur le ventre, il défait les pressions du haut... » Ça a continué ainsi, sans la moindre interruption, pendant les vingt minutes de la consultation ! Insupportable. Je l'ai d'ailleurs dit à la mère en essayant de lui expliquer le sens profond de la recommandation. Je ne l'ai bien sûr plus jamais revue. À mon grand soulagement, j'avoue.

Le conseil de parler à l'enfant ne vise pas les échanges quotidiens pour lesquels nul n'a heureusement besoin de quiconque pour s'autoriser à le faire comme il l'entend – à condition de ne pas le saouler de verbiage. Cela engage à mettre en mots les émotions fortes, les conflits, les situations graves. Quel que soit son âge, l'enfant, même très petit, se révèle étonnamment sensible à cette manière de procéder. Il est en effet sensible à la voix, au langage parlé, à l'intonation et à la musique des phrases. Ce qui le rend attentif au message qui lui est délivré et dont longtemps il comprend le sens, même s'il n'en comprend pas les mots avant d'être parvenu à la parfaite maîtrise de la langue. Il n'y a là absolument rien de miraculeux. Cela tient, je le répète, au fait que le message passe par d'autres voies que par les mots qui le véhiculent. Lorsque je parle avec une maman qui a sur les genoux son bébé de trois, six, seize ou vingt-six mois, ce bébé « comprend », d'une certaine façon, tout ce que nous disons par le seul contact de son corps avec celui de sa mère. Notre échange aura en effet affecté peu ou prou cette mère et modifié à son insu son tonus musculaire en différents endroits de son corps. Ce sont ces modifications du tonus auquel le bébé est particulièrement sensible. Ce phénomène que nous conservons pour une grande part même à l'âge adulte (il suffit de se référer à tout ce qu'on peut se dire sans mot quand on se trouve en contact pendant une danse ou pendant l'amour) faisait dire à Jean-Jacques Rousseau qu'avant d'avoir inventé le langage articulé, les humains avaient dû communiquer entre eux en se collant l'un à l'autre.

C'est pourquoi je conseille toujours aux parents des enfants, jusqu'à trois ans, de les mettre sur les genoux de la maman pour leur parler, que le locuteur soit la mère elle-même, le père ou toute autre personne.

MAMAN, PAPA :
OBJECTIVATION ET SUBJECTIVATION

Voilà une question qui aurait pu être traitée avec le biberon, la sucette et le doudou, ces insignes du petit âge qui doivent être mis à temps au rancart. Combien de fois n'ai-je pas eu à reprendre des parents qui, s'adressant à leurs enfants de trois, cinq, huit, dix ans et plus, parlent d'eux à la troisième personne, autrement dit comme objets et non comme sujets. Ça donne : « Répète au docteur ce que tu as dit hier à maman... Tu comprends maintenant ce que te disait papa dans la voiture... » Des phrases assurément correctes si la première n'était dite par la mère et la seconde par le père ! La première aurait dû être formulée « ... ce que tu m'as dit hier », la seconde « ... ce que je te disais dans la voiture ». On dira que c'est couper les cheveux en quatre que de s'arrêter à de telles nuances. Mais comment amener l'enfant à se penser « je », si on ne se présente pas soi-même à lui comme « je » ? Alors même que le travail d'éducation vise à faire en sorte que le « je » advienne là où était le « ça », s'exprimer en évitant de se désigner soi-même en tant que « je » consiste à remettre indéfiniment l'accès de l'enfant à ce « je » et à ne pas l'inciter à résister à la force du « ça » pulsionnel. Si un certain confort dans le langage de la tendresse permet sans danger au parent de s'objectiver comme il le fait, cette objectivation doit totalement disparaître de son parler avant la fin de la première année. Il vaut d'ailleurs mieux, et de loin, s'en passer tout à fait et s'assumer comme soi-même dès le tout petit âge. Le « je » ne freine en aucune façon la tendresse, il manifeste le respect (dont j'ai dit l'importance) que le locuteur a de celui auquel il s'adresse.

LA POLITESSE

J'ai dit un jour à Tom, un de mes petits-enfants, délicieux garçon de douze ans, élève de cinquième au collège du quartier bourgeois qu'il habite :

— Je vais te confier un secret, celui qui permet d'escompter les meilleures relations avec tout le monde et la réussite de tout ce que tu entreprendras. Ce secret, c'est la politesse.

Il m'a regardé d'une façon qui m'a immédiatement ému. Il y avait dans ses yeux tellement d'amusement attendri auquel se mêlait beaucoup d'étonnement que, pour poursuivre notre échange, je lui ai demandé :

— Tu ne me crois pas ? Tu trouves ça trop simple ?

Il m'a immédiatement répondu :

— Mais tu débarques, Pépé. Ou bien tu plaisantes, comme d'habitude ! La politesse, c'est considéré par tout le monde comme la chose la plus ringarde qui soit. Ce qui est top, c'est le contraire, c'est la grossièreté ! Et plus tu es grossier, plus tu es populaire.

— Chez les filles aussi ? lui demandai-je, en ayant compris l'amusement attendri que j'avais vu dans son regard.

— Oui. Elles arrivent parfois à être même plus grossières que les garçons. Alors, tu vois ton secret, ce n'est peut-être pas pour tout de suite. Parce que moi, quand je vois mes parents avec leurs amis, j'ai plutôt tendance à être un peu comme eux. Ce qui fait que, même si j'en ai envie, je n'arrive pas à battre des records de grossièreté. Et, du coup, je ne suis pas populaire.

Ça m'a laissé rêveur.

Cet échange témoignait pour moi de la dérive dans laquelle se sont trouvés les enfants de cette génération, qui concourent somme toute à qui se montrera le mieux paré des oripeaux de son illusoire toute-puissance infantile et de son refus de donner statut à l'autre.

La politesse, comme j'en ai longuement parlé avec mon petit-fils, tout inadapté qu'il eût pu se sentir, doit être une priorité dans l'entreprise d'éducation. Elle est la meilleure manière d'enseigner l'existence de l'autre parce qu'elle est la clef des échanges qu'on ne pourra pas manquer d'avoir tôt ou tard avec lui. Ce n'est pas sans raison qu'elle obéit à des règles précises et qui varient en fonction des cultures. Le terme français de « salamalecs », à connotation péjorative, désigne par exemple une manière de faire et de s'exprimer suspecte et frisant l'obséquiosité. Le mot dérive de l'arabe *salam alek* qui signifie « paix sur toi » que dit un individu en rencontrant un autre, lequel répond *oualek essalam* « et que sur toi soit la paix ». On entend bien dans un tel échange le recours au mot « paix », lequel laisse entendre un accord destiné à éviter le contraire de la paix, c'est-à-dire l'« affrontement ». Mais l'invocation consensuelle de la paix ne suffit pas, si bien que chacun des interlocuteurs va se lancer dans une vérification de la bonne disposition de l'autre en lui demandant : « Tu vas bien ? » « Oui, merci, et toi-même ? » « Merci, et tes parents, vont-ils bien ? », etc. Passeront ainsi parents, enfants, alliés, travail, etc. Le mode de faire est celui de la langue des nomades livrés à l'incertitude du désert et se défiant *a priori* des dispositions de l'inconnu rencontré aux abords d'un point d'eau. S'il laisse poindre de la défiance, il n'en invoque pas moins l'idée d'une possible entente. Ce qui n'a rien à voir avec ce qu'a sécrété l'individualisme avec le fameux *it's your problem* et toutes les variantes dans lesquelles il se décline.

On s'y prendra comme on voudra – invitation à imiter, encouragements, explications, injonctions, ordres répétés, punitions –, mais il faut absolument apprendre au plus tôt à un enfant à dire « bonjour », et « au revoir » aux personnes proches ou étrangères qu'on rencontre en sa présence, comme « s'il te plaît » ou « s'il vous plaît » quand il demande quelque chose et « merci » à qui lui donne quelque chose ou lui fait un compliment. C'est une manière de l'extraire de son autocentrement et de lui faire prendre conscience de l'existence de l'autre pour qui il est lui-même autre. Et qu'on ne vienne pas lui trouver l'excuse de la timidité. La timidité n'est pas une excuse, elle est un symptôme. Qui traduit, à quelque âge qu'on le considère, l'état de frilosité dans lequel se trouve un individu qui a l'impression que l'autre va le forcer à sortir du ventre de sa mère où il continue de se terrer !

EXPLICATIONS ET JUSTIFICATIONS

Un ordre est un ordre. Point. C'est un propos qui émane de la volonté de celui qui l'émet à l'intention de celui à qui il est adressé et qui doit y obéir. Il met de ce fait en place une hiérarchie dont j'ai longuement expliqué l'importance et la valeur.

Un ordre n'a pas à être expliqué, il a à être exécuté.

Si tant est qu'on estime en certaines circonstances qu'il faille l'expliquer, ce ne sera qu'après son exécution. On demande à David de mettre la table. Il demande la raison de cet ordre parce que d'habitude, c'est sa sœur Sophie qui met la table alors que lui la débarrasse. On lui demande de faire d'abord ce qu'on lui a demandé – ce qui préserve la hiérarchie –, après quoi on lui expliquera. Une fois que l'ordre aura été exécuté, on pourra expliquer que Sophie dormira chez sa grand-mère ou... L'explication qui est donnée en même temps que l'ordre efface la hiérarchie et procède toujours peu ou prou de la séduction. Un de ses équivalents réside dans l'assentiment qu'on attend quand on ne le demande pas : « Tu ne fouilles pas mon sac, d'accord ? Tu restes assis, OK ? Redonne-moi mon portable, tu veux bien ? » Ce ne sont pas seulement des tics de langage qui se manifestent en l'occurrence, mais un état d'esprit terriblement contre-productif et surtout nocif : le désir d'être sympa, la crainte de ne pas être aimé, la croyance aux vertus d'une pseudo-démocratie qui ferait fi de la différence des générations et des responsabilités. Qu'on se reporte au cas de ce père âgé qui expliquait tout !

Un ordre est un ordre, donc. Point.

D'autant qu'il ne faut pas compter sur l'enfant pour se contenter de l'explication. Lui, dont j'ai signalé qu'il avait besoin de tester la solidité des parapets, ira plus loin encore, avec l'espoir, malgré son attitude rétive, de se trouver remis à sa place. Il radicalisera l'attitude qui lui a valu l'explication, amenant souvent son parent à se justifier, dans le même esprit, de son attitude. Les dégâts n'en seront que plus conséquents encore. Car le parent qui se justifie fait de l'enfant son juge, inversant du coup la hiérarchie des rapports. Or cette hiérarchie a pour l'enfant un effet rassurant : son parent étant au-dessus de lui devra mourir avant lui ; tant qu'il reste vivant, il n'a pas à craindre de mourir ; quand la hiérarchie est inversée, c'est comme si le parent lui retirait la protection qu'il constituait contre la mort et le remettait directement face à elle.

En quelque circonstance que ce soit, un parent n'a donc jamais, au grand jamais, à se justifier face son enfant. J'ai expliqué cela à un homme, le père d'un enfant de ma clientèle, furieux d'avoir entendu son père dire à sa fratrie et à lui-même, venus lui demander des comptes à propos du fait qu'il avait quitté leur mère : « Je n'ai pas l'intention de comparaître au tribunal de mes enfants. » Je l'ai invité à plutôt s'inspirer de ce comportement pour occuper sa propre place au sein de sa famille.

LES CAPRICES

Il n'est pas de bébé qui ne soit pas capricieux au sens étroit de ce mot. Rien n'est plus naturel. Le bébé est un explorateur qui, avec une absence totale d'ordre ou de but défini, fait l'expérience du monde dans lequel il se trouve et dont il pense qu'il a la faculté de le régir à sa guise avec le sentiment de la toute-puissance qu'il imagine avoir. Tout ne lui a-t-il pas été ainsi signifié à partir de sa naissance ? Il lui a suffi d'éprouver une sensation de faim pour voir le repas lui être apporté. Il lui a suffi de ressentir le besoin de dormir ou d'être changé pour voir se créer les conditions de satisfaction de son désir.

Comment peut-il, sur fond d'un tel vécu, imaginer la moindre limite à son pouvoir ou la moindre nécessité d'ordonner son action ? Les prétendus « caprices » n'en sont donc pas pour lui. Il n'en fait d'ailleurs pas au sens étroit de ce terme. Ce sont les adultes qui vivent ainsi son comportement désordonné et qui risquent de l'y figer. Pendant un voyage en avion, j'ai regardé pendant des heures avec un immense plaisir, une mère agir avec son bébé d'environ treize ou quatorze mois. On imagine combien la situation pouvait susciter d'impatience et d'agitation. Cette mère avait l'art de contenir sans angoisse et sans violence les « caprices » de son enfant : quand il tendait la main en criant vers quelque chose qu'elle ne voulait pas lui donner, elle le laissait en approcher et lui mettait subrepticement dans la main, au tout dernier moment, un autre objet en masquant à sa vue le précédent. Je me suis dit que cette attitude douce, ferme et intelligente était exemplaire dans la mesure où elle mettait en place un certain ordre, sans brider la curiosité de l'enfant, tout en l'empêchant de s'adonner à l'expression et à l'exercice de sa toute-puissance. Je me suis dit également que si cette mère parvenait à procéder de la sorte, ce n'était certainement pas par hasard. Le plus souvent, en effet, une mère qui réagit différemment prend de plein fouet la manière de faire de son enfant qui la renvoie à son insu à un stade qu'elle a elle-même nécessairement connu et qu'elle a dû probablement mal vivre. Il lui revient alors, malgré elle, la somme de ressentiments qu'elle a pu accumuler devant la quantité de frustrations minimes qui lui ont jadis été imposées. Elle estimera normal de procéder de la même manière avec son enfant et de vouloir lui imposer d'un coup ce qu'elle pense être la norme du monde environnant. Elle sadisera à son tour son enfant tout comme elle avait été elle-même sadisée en son temps. C'est hélas une loi qui ne permet jamais, quand on élève un enfant, de faire tout à fait l'économie des erreurs dont on a été soi-même victime. C'est peut-être aussi la raison pour laquelle on n'est pas trop de deux pour élever un enfant, ne serait-ce que pour lui éviter ce genre d'embûche.

S'ils procèdent parfois de la même curiosité naturelle que celle du bébé, les caprices de l'enfant plus grand sont à traiter avec la fermeté et l'esprit de dissuasion qu'ils requièrent. Dans la mesure où y céder revient encore une fois à renforcer le sentiment de toute-puissance dont il a déjà été dit combien il importe de le débarrasser.

LA PHASE D'OPPOSITION, LES INTERDITS ET LE « NON »

Voilà une rubrique qui n'aurait pas lieu d'être dans la mesure où chacune des notions dont elle annonce l'abord a été traitée en détail à d'autres endroits de cet ouvrage.

La phase d'opposition est celle au cours de laquelle, dans la tentative d'exercice de sa toute-puissance, le petit enfant plus ou moins habile à user du langage s'évertue à dire « non » à tous les ordres qui lui sont donnés et à tenter de braver tous les « non » que portent jusqu'à lui les interdits qui lui sont formulés.

J'ai expliqué le statut du « non » qu'il énonce comme j'ai indiqué l'importance de celui qui est émis par les parents et en particulier par la mère. Là encore, c'est la détermination qui s'avère souveraine. Il vaut mieux en effet, si on n'est pas déterminé à le faire respecter, ne pas poser un interdit. Car le poser sans conviction est susceptible de compromettre l'autorité : « Mon père, il crie, mais ça ne va pas plus loin… », entend-on parfois les enfants dire ! Quand c'est le contraire qui se passe, un regard ou une présence suffisent. Et il ne faut pas croire que l'auteur du regard ou de la présence soit terrorisant : il est simplement doté d'une autorité qui émane de toute sa personne et qui lui vaut, aussi paradoxal que cela puisse paraître, plus de respect que d'hostilité ou de crainte.

J'ai reçu, à propos d'autorité alors que j'étais encore un jeune pédiatre, une magnifique leçon que m'a dispensée une jeune maman, dans une rencontre où nos échanges verbaux ont pris à notre double insu une allure surréaliste.

Je ne la connaissais pas et elle m'avait appelé en visite. J'ai sonné et elle a ouvert la porte de l'appartement qui donnait directement sur un grand salon dont j'ai immédiatement remarqué que les murs étaient sales et crayonnés à hauteur d'enfant – il y en avait quatre ou cinq derrière elle, dont le dernier traînait à quatre pattes. Je me suis présenté et au lieu de répondre à mon bonjour, elle m'a demandé : « Comment fait-on, docteur, pour se faire obéir ? » Ce qui m'a fait comprendre qu'elle avait perçu ce que mon regard avait enregistré. Si bien que, lui désignant une bibliothèque qui, allant du sol au plafond, trônait au milieu de la pièce, je lui ai rétorqué sans autre commentaire : « Mais, là, c'est propre. » Ce à quoi, elle m'a répondu : « Là, docteur, ils savent que c'est interdit. »

Elle avait dit cela en appuyant sur le mot « savent ». Qu'est-ce que cela veut dire, sinon que les enfants ont depuis toujours compris, sans qu'elle ait eu besoin de leur faire un grand discours, que sur la préservation de cette bibliothèque, elle ne leur ferait pas la moindre concession. Qu'elle était déterminée.

Il arrive parfois que les parents, chacun avec une argumentation qu'il est susceptible de défendre, ne soient pas d'accord entre eux, voire s'opposent, à propos d'une mesure à prendre, d'un ordre à donner ou d'un interdit à poser. La solution qui devra toujours prévaloir – et peu importe qui en est l'agent – est celle qui se situe du côté de l'éducation, donc de la frustration, et non pas celle qui va dans le sens de la séduction.

LES PUNITIONS

Voilà un mot susceptible à lui seul de poser problème. On a en effet le sentiment, dès qu'on l'écrit ou qu'on le prononce, de vouloir revenir à une éducation coercitive de type victorien qui ignore la spécificité de l'enfant et le respect qu'il mérite.

Il est évident qu'il vaut mieux n'avoir pas à punir parce que cela témoigne du conflit qui a entraîné la punition. Et que les conflits sont toujours désagréables. Il n'est pas du tout impossible d'éduquer sans avoir à punir : il suffit pour cela d'avoir une claire conscience de l'importance de la hiérarchie des rapports et une détermination qui arme les interdits comme les ordres.

Mais au cas où on demeure dans l'hésitation ou qu'on ait à corriger une ligne de conduite qui avait été laxiste jusque-là, on ne doit pas hésiter à punir. D'abord parce que la punition, par le désagrément qu'elle apporte à l'enfant, lui permet de corriger le comportement qui l'a engendrée. Et ensuite, parce que le conduisant à payer en quelque sorte le prix de son erreur, elle lui fait faire l'économie d'une culpabilité dont il ne saurait pas autrement comment se débarrasser.

La punition ne doit en aucun cas être différée. Quelle qu'elle soit et, proportionnée autant que possible à sa cause, elle doit être mise en œuvre sur-le-champ. Elle n'aurait plus le même effet ni le même sens si elle était appliquée à un autre moment : parce qu'il aura été recouvert par sa bonne conduite, l'incident aura été presque oublié par l'enfant qui ne peut pas comprendre avant un certain âge le lien qu'il y a entre la sanction qu'on lui impose et ce qu'il a fait quelque temps auparavant. Le parent court alors le risque d'être vécu au mieux comme méchant et au pire comme injuste.

Compte tenu de l'énorme plaisir que le petit enfant retire de la compagnie de ses parents, la punition qui est chez lui la plus efficace consiste à le priver de cette compagnie, en l'isolant dans sa chambre ou dans un endroit dont on est sûr qu'il ne pourra pas en être effrayé ou s'y faire mal, ce qui exclut – faut-il le préciser ? – tous les lieux obscurs et autres placards ! On l'isole donc, en lui disant que ça lui permettra de réfléchir et qu'on viendra le chercher quand on jugera, soi, le moment venu. Ce qui permet, s'il lui arrive de protester en tambourinant la porte, de le menacer de retarder le moment de son retour. On ne lèvera la punition que lorsqu'on se sera soi-même calmé et qu'on se sentira prêt à reprendre un dialogue structuré avec l'enfant.

La première erreur à ne pas commettre, une fois la punition levée, c'est d'en commenter le désagrément qu'elle a produit : l'enfant a « purgé sa peine », il n'est pas question d'y revenir et de la prolonger par son évocation.

La deuxième erreur, c'est de vivre les retrouvailles sur un mode trop affectueux : une certaine gravité leur sied mieux.

La troisième et la pire, c'est de s'excuser d'une manière ou d'une autre d'avoir dû en arriver là : on ruine tout ce qui vient d'être fait et on se répand dans une séduction qui pénalise en premier lieu l'enfant qui, outre qu'il aura somme toute subi l'épreuve pour rien, ne saura plus comment se repérer dans ses actes – c'est un bon moyen de le rendre fou !

LES CHÂTIMENTS PHYSIQUES

Il est regrettable de ne pas pouvoir passer sous silence cette question : les châtiments physiques ne mériteraient, tout au plus et seulement à titre historique, qu'une brève mention destinée à montrer ce qu'était le côté barbare de l'éducation quand les adultes n'avaient pas encore compris la complexité du monde intérieur dans lequel se débat un petit enfant. Ils persistent cependant, même au sein de nos sociétés infantolâtriques puisqu'on y débat autour de l'utilité ou de la nocivité de la fessée, en passant sous silence d'autres formes plus violentes de maltraitance. Les châtiments physiques ne se justifient en aucune façon. Il faut les condamner sans nuance. Ce sont des procédés de brutes et de lâches qui feraient mieux de s'interroger sur leur propre santé mentale plutôt que régler à bon compte leurs problèmes en se vengeant sur un enfant sans défense. Ils constituent en effet la solution qu'empruntent les individus qui, hésitant entre éducation et séduction, souffrent d'une absence totale de détermination. Leur attitude est si peu claire et si peu lisible que leur enfant ne peut jamais rien y comprendre. Il évolue naturellement, lui, dans la dimension de curiosité qui est la sienne. Si bien qu'à ce qui passe chez lui pour un caprice méritant tout au plus un commentaire ou un interdit clairement formulé, répond le caprice brutalisant de son parent : la raclée, car c'en est souvent une, le cueille dans la plus grande surprise. Et le pire survient lorsque le parent, remué par ses pleurs comme c'est souvent le cas, le prend aussitôt dans les bras et se met à le câliner et à le consoler – juste de quoi le rendre fou et lui donner le motif de le conduire chez le psy !

On trouve toutes sortes d'excuses au parent qui bat et en particulier celle qu'il se comporte ainsi parce qu'il aurait été lui-même battu. Si la gravité d'une faute ou un sentiment d'urgence et d'impuissance amènent parfois le parent d'un grand enfant ou d'un adolescent à une telle extrémité, aucune excuse n'est recevable quand il s'agit d'un petit enfant qu'on peut, à la limite et parce qu'on se sentirait dépassé par la rage et la colère, prendre à bras-le-corps et isoler.

Comment imaginer pouvoir introduire cet enfant à une relation structurée à l'autre, quand le premier autre qu'on est pour lui en tant que parent abuse à ce point de la confiance qu'il était prêt à lui faire ?

Ce n'est donc pas seulement la menée de l'éducation de cet enfant que les châtiments corporels compromettent, c'est une part de son avenir. Et j'entends le dire avec force, en n'exonérant de la condamnation de ce processus ni la tape sur la main ni la fessée !

ENCOURAGER. FÉLICITER

Voilà des manifestations moins faciles à manier qu'on ne l'imagine. Car, autant les encouragements peuvent être dispensés à tout bout de champ et sans crainte de tomber dans l'excès, autant les félicitations doivent être distribuées à bon escient et d'une façon parcimonieuse.

Encourager, c'est, au moyen de sa parole fortement investie par l'enfant, l'engager à vaincre ses craintes et ses inhibitions en l'assurant qu'on est là pour se porter à son secours en cas de difficultés. C'est l'engager à quitter une position et sacrifier éventuellement un petit plaisir pour en acquérir un plus grand en gagnant une position nouvelle. Il ne faut pas oublier qu'il adore apprendre et progresser en même temps qu'il craint de le faire, en particulier par loyauté pour sa mère dont il imagine – et il ne se trompe pas toujours ! – qu'elle veut le garder dans l'état où il est. Le fait a été admirablement démontré dans un film du chercheur Hubert Montagner[3] tourné dans une crèche : deux équipes d'enfants et de leurs parents, habillés les uns en bleu, les autres en rouge, sont filmées séparément ; en présence des parents vêtus de rouge, on voit les enfants vêtus de rouge s'occuper d'activités les plus banales, alors que ceux qui sont vêtus de bleu s'aventurent sur les toboggans, les escaliers et dans la piscine à boules ; il suffit de remplacer les parents vêtus de rouge par les parents vêtus de bleu pour voir les activités s'inverser ; quand tous les parents sont là, les enfants ne s'aventurent plus nulle part.

---

3. Auteur de *L'Arbre enfant*, Paris, Odile Jacob, 2006.

Féliciter s'inscrit tout autrement pour l'enfant. Cela le flatte, renforce son narcissisme et plus encore son autocentrement. Il n'y a donc pas à le faire pour la réalisation d'activités s'inscrivant dans le cours normal de la vie, même si pour l'enfant c'est une grande première : s'extasier devant un « beau caca » dans le pot n'a pas seulement strictement aucun sens, mais c'est conférer à ce caca une valeur qu'il n'a en aucune façon ; le fait-on devant son propre caca ? On peut en revanche dire à l'enfant que c'est comme ça qu'il doit faire dorénavant, sans parler pour autant de « bien » ou de « mal ». Les félicitations ne doivent intervenir qu'en cas d'initiative de l'enfant ou de circonstances exceptionnelles : s'il se porte spontanément par exemple au secours d'un plus petit que lui qui est tombé, ou s'il ramasse son jouet perdu pour le lui rendre, s'il dit merci sans que ça lui ait été demandé. En un mot, pour tout ce qui a trait au nouage d'une relation positive et constructive à l'autre.

LE REFUS DU BAIN

Les petits enfants adorent l'eau. Le milieu aqueux n'est pas sans solliciter la trace qu'ils gardent sur eux de leur séjour dans le liquide amniotique. Ils adorent en général le bain. C'est un moment important de leur journée. Ils aiment le prolonger, s'arrosant ou jouant avec les objets qu'on leur aura permis de prendre. Ils en font volontiers une sorte de rituel qui les détend et les prépare à leur coucher. C'est pourquoi le refus qu'ils y marquent parfois n'est jamais à prendre comme un caprice ou comme un effet de l'exercice de leur toute-puissance. Ce refus peut avoir toutes sortes de causes qui ne sont pas toujours faciles à identifier. Cela peut aller du désagrément perçu en raison d'une eau trop chaude ou trop froide la fois d'avant, à des picotements produits par le shampooing, en passant par la perception d'un état de tension inaccoutumé chez la mère. Dans la mesure où le bain concerne le corps de l'enfant et les sensations qu'il y accumule, il n'est en tout cas pas question de le forcer à le prendre s'il le refuse. Et on ne doit pas s'inquiéter si ce refus dure plusieurs jours de suite. Même les fanatiques de la propreté doivent savoir que la peau d'un petit ne fonctionne pas comme celle d'un adulte et qu'elle ne fait pas courir le risque de voir s'installer une odeur nauséabonde. D'autant que l'enfant qui refuse son bain ne rechigne en aucune façon à se laisser laver au gant de toilette.

On peut accélérer le retour à l'habitude en proposant à l'enfant de jouer avec de l'eau, ce qu'il apprécie à un point tel qu'il peut y trouver plaisir même s'il refuse le bain. On l'installera alors dans la baignoire vide – on lui montrera qu'elle l'est bien et on l'assurera qu'on n'y fera pas couler l'eau – puis on mettra devant lui ou entre ses jambes une bassine pleine d'eau et les jouets qu'il aime bien avoir habituellement dans son bain.

LE REFUS DU COUCHER

Voilà ce qui est devenu une cause fréquente de consultation sans prévalence d'un âge quelconque. Le petit de onze mois, comme l'enfant de deux ou trois ans peuvent, chacun avec son style, refuser d'aller dormir. Cela va des pleurs qui fusent dès qu'il est question du lit, à ceux qui s'accompagnent de stratégie de fuite ou de retour dans le séjour ou la chambre des parents après qu'on est tout de même parvenu à les mettre au lit. Ce trouble peut lui aussi avoir diverses causes toujours aussi difficiles à identifier. Mais, alors que pour ce qui concernait le refus du bain, je conseille de le respecter jusqu'à ce qu'il disparaisse de lui-même, j'insiste pour dire que, du côté du coucher, il faut être intraitable et, quels que soient les propos tenus par l'enfant, ne laisser place à aucune possibilité de négociation. Ce n'est pas de sensations de son corps qu'il est question en l'occurrence, c'est de son humeur du moment et de son univers relationnel. Si bien que toute sympathie qui se marquerait à l'endroit du marchandage dans lequel il se lance équivaudrait, d'une part, à lui donner acte de sa toute-puissance et, d'autre part, à créditer le motif de peur qu'il alléguerait. Si on comprend les choses de cette manière, on sera plus déterminé à lui donner l'ordre de rester dans sa chambre en lui disant qu'il peut, s'il le veut, y jouer, y feuilleter des livres ou chanter, mais qu'il n'est pas question qu'il en sorte. S'il n'obtempère pas et qu'il revient dans le séjour, on le reconduira fermement en le menaçant, en cas de récidive, de fermer la porte à clef – il ne faudra d'ailleurs pas hésiter à le faire.

Ce qui fait souvent échec à la ligne de conduite que je décris, ce sont comme d'habitude les divergences d'avis des parents. C'est l'un ou l'autre, indifféremment, qui rechigne à user d'une telle méthode parce qu'il sent remonter en lui les relents de ses vieilles peurs quand il n'a pas le sentiment qu'il tirerait un plus grand plaisir de la compagnie de son enfant que de celle de son partenaire. C'est sur cette réticence partielle que l'enfant joue sa partition. Là encore, c'est la position la plus sévère et la plus frustrante pour l'enfant, qu'elle soit celle de la mère ou celle du père, qui doit prévaloir. Ce qui permettrait d'ailleurs à l'un et l'autre de se parler de l'état dans lequel les met ce conflit et d'avancer un peu plus encore dans la fabrication, jamais achevée, de leur couple.

Sa place dans le temps

LE TEMPS

Voilà une des notions les plus difficiles qui soient à appréhender et, plus encore, à comprendre. Parce que le temps n'est pas seulement celui de la montre, et que si on le réduit à cette seule dimension on l'ampute de sa partie la plus importante, celle qu'on appelle le « temps vécu ».

Pour comprendre ce dont il s'agit, il suffirait de se reporter à l'exergue du chapitre « C'est quoi un enfant ? » et de méditer les propos de l'enfant qui s'exprime. Mais pour le cas où cela ne serait pas suffisant, il est possible d'aller un peu plus loin. La durée des vacances d'été qui semble par exemple longue pour un enfant d'âge scolaire, paraît l'être beaucoup moins pour un étudiant ; un vieillard valide dirait qu'elle est passée à une vitesse incroyable alors qu'il l'aurait perçue comme s'étirant à n'en plus finir s'il avait été seul, souffrant et attendant le retour de ses proches.

En règle générale, le temps chronologique qui est toujours le même semble durer de moins en moins au fur et à mesure qu'on avance en âge, et, paradoxalement, durer beaucoup plus, à quelque âge que l'on soit, dès lors qu'on change de cadre et surtout d'environnement linguistique : deux jours à Blois sembleront durer plus longtemps que deux jours chez soi, mais moins longtemps que deux jours à Londres et encore moins que deux jours à Copenhague ou à Moscou. L'exotisme et le changement de cadre, parce qu'ils produisent un recueil d'impressions jusque-là inconnues, sont responsables de ce phénomène. On peut comprendre, à partir de là, la manière dont se vit le temps du tout petit enfant qui découvre chaque jour une quantité considérable de choses du monde si composite qui l'entoure. Le temps lui paraît en toute logique s'écouler sur un mode très long et avoir en conséquence une durée très étendue. On pourrait dire que, loin d'être labile, l'instant a toujours pour lui une certaine durée. Le présent ne serait pas réduit à ce simple passage entre le passé immédiat et l'à-venir, il aurait une véritable consistance. Et cela, en raison du fait qu'il est venu au monde sans autre mémoire que celle des afférences sensorielles venues du corps de sa mère et qu'il est en train de se fabriquer une mémoire de ce monde nouveau. Il lui faut donc déchiffrer chacun de ses recueils, en analyser le contenu, l'assortir de différentes entrées comme de mots clefs, le passer par le crible plaisir-déplaisir qui y serait associé, avant de le classer, voire de l'archiver. Tout cela passe par l'établissement de cette multitude de circuits neurologiques qu'il fabrique (pour mémoire : trois milliards de synapses établies à chaque seconde de sa vie entre zéro et douze mois) et qui tricoteront une quantité infinie de connexions entre eux.

On conçoit, dans la mesure où il s'agit d'un véritable travail de construction, que ce travail puisse prendre du temps, chronologique cette fois, et que la construction ne puisse être opérationnelle que sur un mode progressif. La banque de données ainsi constituée, avec son stock d'éléments étalonnés et repérables, sera enrichie jusqu'à la fin de la vie et servira de base d'appréciation de ce qui est ou va être vécu. On lit son présent et on anticipe d'autant plus facilement son futur qu'on a accumulé quantité d'expériences dans son passé.

Il est facile de comprendre que si l'intégration de nouvelles données s'accélère avec l'âge, elle est lente au début de la vie. Rien n'est plus simple que de glisser une nouvelle information dans le dossier idoine qu'on a déjà constitué à cet effet. Mais il a bien fallu commencer par ouvrir des dossiers, leur donner des titres et les classer selon des critères efficaces. On peut du coup concevoir qu'une stimulation incessante du bébé puisse à la fois lui apporter une trop grande quantité d'informations simultanées et ne pas lui permettre de prendre suffisamment de temps pour les classer et les archiver au point de le rendre parfois irritable. C'est pourquoi il importe de lui faire faire l'expérience de ce que j'appelle un « temps vide » qui lui servirait à vivre ce que les psychanalystes nomment des périodes de « pare-excitation ».

Ainsi le vécu du temps d'un petit bébé est-il habituellement d'abord rythmé par la succession des périodes de sommeil et de veille et par les moments des repas. Il s'élargira par la suite aux sorties. Et ce n'est que sur un mode très, très lent que sera saisie la succession des jours, celle de leur identification n'intervenant qu'après qu'aura été intégrée la fréquentation scolaire : il y aura pendant des mois seulement les jours avec et les jours sans école, avant que dimanche et mercredi ne soient identifiés comme tels, ouvrant la voie au repérage progressif des autres jours.

Il ne faut cependant pas croire que temps chronologique et temps vécu soient totalement disjoints. J'ai expliqué en détail la manière dont à la fin de la première année survient une conscience brumeuse de la vectorisation du temps en même temps qu'éclôt l'angoisse de mort. La proximité de ces affects explique que les sujets vieillissants aient le sentiment que le temps passe trop vite : c'est leur manière de traduire le fait que, sentant s'épuiser le temps qui leur est imparti, ils voudraient bien pouvoir en freiner le cours. C'est la manière dont la présence de l'idée angoissante de la mort accompagne l'humain tout au long de son existence. C'est ce qui fait sa spécificité, les animaux n'ayant aucune conscience de leur destin de mortel. Cette conscience de notre sort mortel est d'autant mieux et d'autant plus supportable qu'elle s'accompagne d'une conscience similaire du fait que nous sommes trempés dans la vie, autrement dit de la conscience du temps pendant lequel nous sommes pleinement vivants. La proximité et l'équilibre entre ces deux consciences nous incitent à occuper sans réserve notre temps de vie et à nous propulser sans relâche dans cette vie. Encore aura-t-il fallu que nous eussions pu faire l'expérience de notre « sur-vie », c'est-à-dire que nous eussions pu tout à fait sentir le temps s'écouler sans qu'il y ait eu la moindre interposition de quoi que ce soit entre cet écoulement et la perception que nous en avons eue.

C'est en ce point exact que se situent aussi bien le temps vide – les pare-excitations – que la frustration. Si, au lieu d'avoir bénéficié d'une telle expérience, nous n'avons pas cessé d'être comblés de cadeaux de toutes sortes comme d'élans de sollicitude, nous ne pourrons établir l'équilibre dont nous avons besoin et nous passerons chaque seconde de notre vie à craindre de mourir à la seconde suivante. Et nous n'aurons pas d'autre solution pour combattre notre crainte que de mettre en place des rituels compliqués et exténuants ou d'exploiter toutes les sources possibles de plaisir.

C'est en tenant compte de cet effet de l'indispensable perception de l'écoulement du temps, que je plaide pour que les processus éducationnels puissent rendre l'enfant au temps qui intervient dans son devenir au point de le faire tel qu'il sera.

Ces processus éducationnels ont existé. Ils ont été découverts de manière empirique et ils ont fait usage de différents moyens pour produire les effets patents et dignes d'éloge qu'on doit leur reconnaître. Comment expliquer par exemple le génie d'un Pascal, pour ne citer que lui dans ce XVIIe siècle qui en a vu d'autres ? Tout ce qu'il fait, dit et écrit se situe sous le signe de la raison. Et on peut éplucher dans tous les sens son œuvre sans jamais y trouver la trace du moindre parasitage par un résidu de toute-puissance infantile. Si la raison a pu être investie de la sorte, c'est que l'équilibre, dont j'ai souligné la nécessité, entre les consciences de vie et de destin mortel de l'humain avait été parfaitement réalisé, en particulier par le recours et le rapport à la foi chrétienne.

Mais si on s'essaie à une extrapolation à partir d'un tel constat, force est d'y voir le problème que notre espèce tout entière a tenté de résoudre depuis les centaines de milliers d'années de son accession au langage et à la pensée. Comment donc vivre en sachant très vite dans l'existence que la vie de chacun est bornée par sa mort ? C'est ce problème qui se pose très exactement à tout enfant dès son plus jeune âge. Et il lui est demandé, dans un laps de temps, après tout extrêmement bref à l'échelle paléontologique, de le résoudre. Que peut-il faire, lui ? Il n'a pas de choix : il est le dos au mur et il s'agrippe de manière forcenée au seul instrument dont il dispose et dont il ne sait pas l'inanité : l'illusion de sa toute-puissance. Soit, comme je l'ai dit, à coups de compréhension, d'explication, de sollicitude et de surprotection, on le laisse dans cette illusion et il la traînera toute sa vie, compromettant son inscription dans la vie. Soit on l'amène à s'en débarrasser en plaidant pour la vérité et on ne peut le faire qu'avec une détermination et une force proportionnées à la violence dans laquelle le met son désarroi.

LES DÉLAIS

En quoi cette notion est-elle importante ? En ce qu'elle est souvent utilisée, mais sans tenir compte de la perception spécifique que l'enfant a de l'écoulement du temps. Dire à un enfant de trois ans que son anniversaire est dans une semaine ne signifie rien pour lui. Il ne sera pas étonnant qu'il passe le reste de la semaine à demander à tout bout de champ quand sera son anniversaire. Lui dire qu'on partira après-demain et qu'on le laissera à la garde de bonne-maman ne sera en aucune façon enregistré comme cela a voulu être dit. Il n'a pas un grand pouvoir d'anticipation. Il met longtemps à l'acquérir. Il ne commencera à en approcher que lorsqu'il aura appris à lire l'heure. Il ne faut pas s'étonner s'il demande toutes les dix minutes si c'est dans longtemps qu'on va arriver chez tante Germaine alors qu'on lui a expliqué longuement que le voyage va durer cinq heures et qu'on s'arrêtera même pour déjeuner en route.

C'est mû par d'excellents sentiments qu'on procède en général ainsi : on ne veut pas le mettre au dernier moment devant le fait accompli. On aurait en effet le sentiment de ne l'avoir pas pris en considération en tant que personne. On peut prendre comme règle que jusqu'à dix-huit à vingt mois on ne l'avertira qu'au dernier moment de ce qu'il doit vivre (sortie ou absence des parents, dodo chez les grands-parents, etc.), puis on allongera très progressivement ces délais en partant d'un « tout à l'heure » jusqu'à en faire une paire d'heures, mais pas plus, à la fin de la troisième année. Si vers cet âge-là on doit l'avertir plus longtemps à l'avance (par exemple changement de domicile en cas de garde alternée), on le lui dira en termes de « dodos » : « Tu vas faire dodo ici, puis on se réveillera, puis tu feras un autre dodo, puis on se réveillera encore une fois et le soir, papa (ou maman) viendra te chercher. »

LES MENACES

Si on fait preuve de détermination, elles ont rarement lieu d'être émises. Elles ne le sont que pour annoncer à l'enfant la punition qu'il encourt s'il n'obtempère pas à ce qu'on lui a dit. Aussi parviennent-elles souvent à éviter le passage au cran du dessus. Là encore, il importe de prendre en considération le rapport de l'enfant au temps : c'est dans le temps du conflit que le conflit doit se régler, aussi la menace ne doit-elle pas annoncer une punition qui devra être différée. Elle n'a aucune portée et elle déstabilise même l'enfant. Pas question, si on est en voiture, de le menacer de ne pas le laisser jouer avec la petite cousine qui l'attend, il vaut mieux le menacer de lui retirer le jouet qu'il a en main !

L'ABSENCE DES PARENTS

L'enfant apprécie et aime beaucoup être en présence de ses parents. Ces derniers, heureusement, le privent parfois de cette présence. Parce qu'ils ont leur vie – qu'ils ont, je le rappelle, le devoir de privilégier –, qu'ils ont envie de sortir pour aller au théâtre ou au cinéma, dîner en tête à tête ou chez des amis, ou bien partir une semaine ensemble au soleil ou au ski. Comme il a été dit, à propos des délais, l'enfant ne sera mis au courant de leurs dispositions qu'au dernier moment. Cela respectera, d'une part, sa relation au temps et permettra de lui signifier, d'autre part, qu'ils ont leur vie propre, indépendante de lui et dont ils n'ont pas à lui rendre de comptes. Il devra cependant impérativement en être averti. Quand il s'agit d'une simple sortie, on lui en fera part en le prenant dans les bras (la mère de préférence), en l'assurant de l'importance de la personne à qui on le confie et on lui dit que lorsqu'il se réveillera on sera là. Il ne faut, autant que possible, jamais l'endormir avant de s'absenter ou de profiter de son sommeil pour s'éclipser : il sera en effet troublé, en cas de réveil inopiné, de ne pas voir ses parents accourir à ses cris et de rencontrer un visage étranger. Si on doit s'absenter plus longtemps, à un moment toujours proche du départ, on lui dira qu'on le laisse pendant plusieurs dodos et réveils de suite – le nombre lui importe peu, il n'en a pas la connaissance –, et jusqu'à dix-huit ou vingt mois, sa mère lui remettra un tee-shirt, si possible de couleur vive, avec lequel il l'aura vue le jour ou la veille et qui portera son odeur, en lui disant qu'elle le lui laisse et qu'elle le reprendra à son retour – ce qu'elle devra faire. Tout cela a pris une dimension nouvelle aujourd'hui qu'on a les mobiles et les webcams. On peut appeler, parler au téléphone, voir et se montrer. Ce n'est pas que le bébé en ait besoin : lui, digérera toujours sans grande difficulté l'absence, mais cela rassurera peut-être les parents eux-mêmes et la personne à qui ils ont confié leur enfant.

LA CRÈCHE, LES NOUNOUS[4], LES BABY-SITTERS

Voilà des circonstances et des personnages dont l'intervention, de plus en plus fréquente dans la vie des enfants, participe à leur repérage dans le temps. Ils scandent en

---

4. Je devrais désigner ces personnes par le nom officiel d'« assistantes maternelles » qui est désormais le leur. Mais j'éprouve quelque difficulté à leur retirer l'appellation proche de l'onomatopée dont j'ai entendu si longtemps les petits les affubler. Elle recèle tant de tendresse ! Alors, à mon âge, j'assume.

effet leur quotidien au point que leurs rencontres s'organisent parfois en de véritables rituels : quelquefois c'est maman, d'autres fois c'est papa, qui accompagne à la crèche ou chez « Tati » ; et puis le soir, là encore, il y a des retrouvailles quelquefois quand il fait nuit et d'autres quand il fait jour. Après on retrouve la maison, les bisous, le bain, les bonnes choses à manger, puis le dodo. Et ça recommence. C'est un élargissement de l'horizon familier.

Il est extrêmement important que les parents manifestent devant leur enfant la confiance qu'ils ont dans ces personnes à qui ils les confient. S'il arrive, lorsque les enfants ont appris à parler, qu'ils se plaignent de la nounou personnelle ou de celle de la crèche en disant qu'elle a été « méchante », il faut systématiquement, sauf cas exceptionnel, prendre le parti de la nounou et pas celui de l'enfant, quitte à entreprendre de le consoler. C'est une manière de le maintenir dans la hiérarchie des rapports. Il n'est pas question, parce qu'on les paie pour leur travail, de retirer à ces personnes leurs prérogatives éducatives. Ce serait trahir la confiance dont on les investit et rendre un très mauvais service à l'enfant.

On doit observer la même attitude vis-à-vis de la ou du baby-sitter, même si sa présence n'est pas aussi régulière et même si, par la force des choses, il y en a beaucoup et des différent(e)s qui interviennent. Une fois les présentations faites, il est important de dire comme on le voudra à l'enfant, quel que soit son âge, qu'on délègue son pouvoir de protection et son autorité à la personne en question.

EN VOYAGE

Le changement de cadre inhérent à tout voyage, fût-il de quelques kilomètres, va entraîner comme je l'ai expliqué plus haut, surtout chez le tout-petit, un accroissement du recueil d'impressions et une plus grande dépense énergétique destinée à les intégrer. Il ne faut donc pas s'étonner que puissent s'ensuivre quelques manifestations d'irritation ou d'inconfort. Il importe, là, de le rassurer et de l'inviter à investir les objets familiers qu'on aura pris pour lui. Quand il est plus grand, il lui arrivera de manifester tantôt de l'enthousiasme, tantôt de l'impatience. Dans ce dernier cas qui seul pose problème parce qu'on est en général content de la manifestation de son plaisir, on l'entendra demander à plusieurs reprises : « Quand est-ce qu'on arrive ? » ou bien : « C'est dans longtemps qu'on arrive ? » Il est inutile d'essayer de le raisonner. Le mieux, dans ce genre de circonstance, c'est de lui montrer, en fonction de la durée du voyage, la grande ou la petite aiguille de l'horloge de la voiture ou d'une montre et de lui dire que lorsque cette grande ou cette petite aiguille sera à tel endroit, on sera arrivé. Cette manière de procéder concourt à l'introduire à l'asservissement dans lequel chacun se trouve par rapport à l'écoulement du temps. Il est heureux d'ailleurs que souvent le bercement du moyen de transport l'endorme.

À l'arrivée sur les lieux, il a droit comme chacun à une visite pour se familiariser avec le cadre dans lequel il va passer un certain temps et repérer le coin dans lequel il se sentira le mieux. De même devra-t-on le présenter aux personnes qu'on rencontre si le voyage a conduit chez des parents ou des amis. Bonne occasion, quand on la lui aura apprise, de l'entraîner à la politesse.

La vie quotidienne

LE REPAS EN FAMILLE

Voilà un moment d'une importance considérable dans la vie des enfants en général, et ce, dès qu'ils entrent dans l'échange. Parce que rien ne peut mieux leur donner une idée de leur place dans la hiérarchie, dans l'espace, dans la société et dans le temps. Aussi faut-il, quand on en a la possibilité, faire participer au plus tôt l'enfant à la réunion du repas. Même s'il a déjà mangé, on peut, quand il est petit, lui trouver une place à table – les chaises hautes et les chaises de table se prêtent désormais admirablement à cette opération. Outre qu'il assiste à la réunion de ses parents, voire de sa fratrie, il s'imbibe de l'esprit de ce qui s'appelle la « convivialité ». Le partage de la nourriture est un rite universel des plus ancien et des plus civilisateur. Qu'est-ce que le partage du pain et du sel retrouvé depuis des temps immémoriaux dans toutes les cultures ? N'est-ce pas le partage du pain qui a donné le mot « copain » ? Et quelle est la signification des invitations à dîner qu'on lance ou de celles au restaurant qui ponctuent les relations de toutes sortes, y compris d'affaires ? Quelle que soit la qualité du repas auquel il a été convié, l'invité aurait eu le moyen de se l'offrir lui-même. Ce n'est donc pas le fait que l'invitant le lui offre qui intervient dans la relation, c'est le partage de la nourriture qui désarme automatiquement l'agressivité et met en place une forme de complicité élémentaire. Même sans mots, l'affectivité circule en effet considérablement à cette occasion où chacun, se retrouvant dans les conditions du besoin alimentaire qu'il a éprouvé dès sa venue au monde, atteste de l'importance que l'autre a eue, et continue d'avoir, à partir de la satisfaction de ce besoin élémentaire. À ceci près qu'au tout premier autre peut et doit se substituer n'importe quel autre. C'est ce que produit par ailleurs l'enseignement des manières de table dont l'enjeu éducatif est de première importance : l'assiette, la fourchette, le couteau, la cuiller ont en effet pour fonction dans nos sociétés d'être des médiateurs entre soi et la nourriture qu'on absorbe, laquelle se trouve ainsi nettement différenciée de la nourriture issue du corps de la mère dont on s'est repu dès l'aube de la vie. La participation au petit déjeuner est, par un effet d'imitation et par le plaisir à picorer dans la nourriture des autres, une excellente incitation à l'abandon du biberon.

L'importance du repas en famille implique-t-elle que les parents doivent renoncer à toute vie personnelle ? Certainement pas. Ils doivent néanmoins, quand leur vie personnelle ou mondaine leur en laisse le loisir, investir ce rituel, le repas fût-il cuisiné amoureusement ou se réduire au partage d'un plat congelé ou d'une boîte de sardines.

LES VÊTEMENTS

Les vêtements de bébés et d'enfants ont désormais leurs stylistes, leurs lignes de mode, leurs boutiques. C'est un marché d'autant plus florissant que, outre qu'il se salit et use son linge, l'enfant grandit et a donc besoin de changements épisodiques de garde-robe. Au fil de ma carrière, j'ai vu ces vêtements se modifier sur un mode d'autant plus agréable que la richesse des matériaux nouveaux et l'invention stylistique ont contribué à forger une esthétique qui, ayant même gagné les produits à bon marché, rend justice à la beauté de cet âge. Je déplore cependant que des fillettes d'à peine plus d'un an à dix-huit mois – pour ne rien dire des plus grandes – portent si souvent des petites culottes à volants et dentelles, comme si on devait, dès cet âge tendre, les préparer à être sexy ! Tout comme il me paraît regrettable de voir des petits garçons déguisés en pseudo-adultes. Si cette manière de faire est destinée à produire un certain effet, elle y parvient. Mais on ne peut pas non plus, alors même qu'on se réclame du respect de l'enfant, brouiller à ce point-là les repères que constituent pour lui ses vêtements. Lesquels n'ont besoin que d'être confortables et faciles à mettre et à enlever. Le prix Nobel de littérature Elias Canetti raconte dans ses mémoires[5] avoir vécu enfant un épisode d'incontinence

---

5. Elias Canetti, *La Langue sauvée. Histoire d'une jeunesse*, Paris, Le Livre de poche, 1984.

qui lui avait valu de la part de sa mère la menace de le rhabiller en barboteuse alors qu'il venait d'avoir sa première culotte courte. La menace a suffi à elle seule à lui faire retrouver le contrôle de ses sphincters.

J'ajouterai enfin, pour clore ce sujet, que même si cela procède d'un noble sentiment, il vaut mieux, pendant plusieurs années, décider des vêtements que doit porter un enfant et ne pas lui demander ce qu'il veut mettre. On s'exposerait à des déconvenues et des malentendus qui risquent plus de troubler l'enfant lui-même que la relation qu'il a à ses parents. Que faire, en effet, s'il choisit de mettre un vêtement d'été alors que le froid est vif ? On pourra toujours lui expliquer ce qu'il en est. Il pourra peut-être le comprendre, mais ce qu'il ne comprendra pas, c'est qu'on l'aura autorisé à choisir pour immédiatement lui interdire de le faire. Cela s'appelle une « injonction paradoxale » et ça a la propriété de déséquilibrer. C'est considéré par les psys comme un excellent moyen de « rendre fou ».

LES CADEAUX

Il s'en échange en toutes occasions. Et c'est aussi agréable d'en offrir que d'en recevoir. Cela participe d'un langage subtil où chacun est censé dire à l'autre l'importance qu'il a pour lui, l'ambiguïté de cette énonciation illustrant le caractère interactif du geste et son intervention dans la subjectivité des sujets en présence. Il n'est pas mauvais qu'il en soit ainsi. Car tenter de jeter quelque lumière sur ce que véhicule ce type d'échange expose à en découvrir la logique, moins gratifiante qu'on ne l'imagine, comme le montre Marcel Mauss[6] dans sa si fine étude du *potlatch*. À l'inverse de ce qu'on imagine, offrir un cadeau n'est jamais un geste innocent ou anodin pour celui qui offre

---

6. Marcel Mauss, « Essai sur le don. Forme et raison de l'échange dans les sociétés archaïques », *in* M. Mauss, *Sociologie et Anthropologie*, Paris, PUF, « Quadrige », 2007, p. 145-279.

comme pour celui qui reçoit. Celui qui offre, achète en réalité. Il achète quoi ? – j'entends déjà les protestations. Peu importe : il achète. Si bien que celui qui reçoit, s'il ne veut pas être acheté, se doit d'offrir l'équivalent de ce qu'il a reçu, histoire d'« apurer la dette » – ce que le premier peut très bien avoir fait pour toutes sortes de raisons, y compris symboliques ! Comme s'il devait impérativement y avoir une comptabilité qui se soucierait de l'équilibre entre les protagonistes. L'expérience le démontre dans le fait que ceux qui donnent beaucoup finissent souvent par recueillir de la haine en retour de leur générosité.

L'enfant est situé à cet égard dans une situation singulière. Il ne sait pas, lui, que le cadeau qu'il reçoit constitue une forme de message à l'intention de ses parents. Et que ces derniers puissent plus tard s'en acquitter par un geste équivalent à l'endroit de l'enfant de l'auteur de ce premier cadeau, n'entre pas pour lui en compte. Il demeure « acheté ». Le cadeau aura été pour lui un geste de séduction qui le renforcera dans l'idée de sa toute-puissance. « J'aime beaucoup Bonne-Maman, lui arrivera-t-il de dire, elle me fait plein de cadeaux, c'est pas comme Grand-Mère qui ne m'en fait qu'à mon anniversaire ! » Il sera d'ailleurs difficile de comprendre laquelle des deux grands-mères est la plus aimante et la plus soucieuse de l'avenir de cet enfant, quand l'une privilégie l'instant à son propre bénéfice et que l'autre, derrière sa sécheresse relative, travaille dans le long terme.

Aussi peut-il paraître désagréable d'en conclure qu'il ne faut pas, quelque motif qu'on ait, inonder les enfants de gâteries et de cadeaux, et qu'il faut réserver les unes et les autres aux circonstances – anniversaires et fêtes – dans lesquelles ils peuvent s'inscrire et se fondre.

LA TÉLÉVISION

C'est l'instrument au plus grand potentiel éducateur dont disposent nos sociétés. Mais il exploite si peu ce potentiel qu'il est devenu l'instrument le plus abrutissant et le plus pernicieux qui eût pu s'imaginer.

Pourquoi lui conférer cette place et stigmatiser à ce point l'usage qui en est fait ?

Parce qu'à l'inverse de ce qui se passe pour d'autres médias, comme la radio ou la lecture qui nécessitent l'une comme l'autre un brin d'attention qui sollicite l'activité du sujet, la télévision peut envahir un sujet parfaitement passif et le coloniser à son insu par des images qu'elle imprime en lui, même sur un mode infraliminaire. Le cynisme d'un président d'une chaîne privée déclarant, en substance, ne pas poursuivre d'autre but que de vider la tête du téléspectateur pour lui faire acheter les produits dont il assure la publicité, n'a pas ému grand monde et n'a pas entraîné de réprobation. Cet homme n'apprenait rien à personne dans la mesure où ce qu'il disait tombait sous un sens qui avait admis le dévoiement dont il se prévalait. L'initiative, lancée par le nouveau président de la République, de supprimer la publicité des chaînes publiques est une grande avancée. Même si, relativement suspecte dans la finalité réelle qu'elle poursuivrait[7], elle reste à saluer. Elle vient hélas beaucoup trop tard : des générations d'enfants ont pâti de cet état de choses et la multiplication des chaînes privées ne permettra pas que la mesure ait l'efficacité qu'on aurait espérée il y a quelques années. Et on ne parle pas des chaînes pour enfants accumulant pubs et jeux téléphoniques payants ! La télévision est et restera un instrument pernicieux[8].

Pernicieux, dans la mesure où la télévision se déploie dans la dimension de la séduction en privilégiant le seul plaisir – une chaîne comme Arte, qui a une tout autre

---

7. Il suffit de voir l'envolée des titres boursiers des chaînes privées qui se trouvent ainsi débarrassées d'une concurrence et qui vont pouvoir majorer leurs prix. Or les liens du Président et des P-DG de ces chaînes ne font mystère pour personne.
8. J'en ai fait une critique très fouillée dans *Parier sur l'enfant*, Paris, Odile Jacob, « Poches Odile Jacob », 2001.

ambition, a l'une des audiences les plus faibles du PAF ! – auquel tout le monde est plus ou moins prêt à succomber, et les enfants les premiers.

Pernicieux, dans la mesure où elle sacrifie à cette orientation le formidable potentiel pédagogique dont elle pourrait faire usage pour entreprendre une éducation de masse.

Pernicieux, dans la mesure où les enfants, qui la regardent souvent en compagnie de leurs parents, ne disposent pas des filtres que possèdent ces derniers pour ne pas se laisser impressionner par les images qu'ils emmagasinent. Quand on mesure la violence que charrient ces images[9] et quand on prend acte qu'il n'y a pratiquement plus le moindre téléfilm qui ne sacrifie à la scène érotique censée lui assurer un brin d'originalité, on doit convenir qu'elle ne peut pas être autrement que nocive pour les enfants. On aura beau rôle de rétorquer qu'il incombe aux parents d'en assurer le contrôle et de ne laisser voir à leurs enfants que les dessins animés et les programmes qui leur sont destinés. On avancera également qu'il y a désormais des indications sur les limitations d'âge des programmes. La belle affaire ! Cela revient tout simplement à n'avoir aucune idée de ce qu'est la vie familiale et la centralité de la place prise dans cette vie par ce média !

Évidemment, et je le dis moi-même ici, il est absolument fondamental d'exercer un contrôle sévère sur l'accès des enfants, surtout les petits[10], à la télévision. Cela n'équivaut pas seulement à la mise en place d'un peu plus de frustration, c'est une mesure de protection absolument

---

9. En France, dans la tranche quatre à quatorze ans, un enfant passe 850 heures par an en classe, 52 heures de conversation avec ses parents et 1 400 heures devant les écrans ! Aux États-Unis, à l'âge de seize ans, il aura assisté à 20 000 homicides ! (Source : Jacques Henno, *Les Enfants face aux écrans. Pornographie, la vraie violence ?*, Paris, SW-Télémaque, 2004.)

10. Pour lesquels, comble de la maltraitance, ont été pensées des chaînes destinées à la tranche six-douze mois !

indispensable. Mais j'avertis en même temps de l'extrême difficulté à laquelle on va se heurter.

Pourquoi cette difficulté ?

Parce qu'il s'agit d'images. Et que l'enfant est friand d'images. Friand autant que nous le sommes tous et que nous le restons tout au long de notre vie ! Souvenons-nous que la vue, dès la naissance, alors même qu'elle n'a jamais été sollicitée avant la venue au monde, a reçu les informations venues de l'ensemble des autres aires sensorielles et s'est révélé être le sens intégrateur par excellence. Non seulement cela donne une équation implicite sous la forme de « la vue, c'est la vie », mais une autre équation tout aussi importante : « Je crois en ce que je vois », d'où dérive par exemple un propos tel que « il faut le voir pour le croire ». Notre quête de la vérité, en particulier sur ce qu'il en est de notre destin de mortel, croit pouvoir trouver là de quoi s'alimenter. Et ce, même si nous savons qu'« il ne faut pas se fier aux apparences ». Les publicitaires ont su tirer la leçon de cette propension quand ils ajoutent sur les étiquettes de leurs produits : « Vu à la télé. »

Notre société est devenue la société de l'image au point que chacun devient soucieux de la sienne. Je ne crois pas utile d'aller plus loin dans ce sens, car chacun sait très bien ce qu'il en est, enseigné qu'il a été malgré lui par la teneur des émissions qui scandent régulièrement les campagnes politiques. Je voudrais seulement insister sur un dernier point, celui de l'extrême toxicité des images dont la profusion nécessite de la part de l'enfant une dépense énergétique considérable destinée à les classer et à les archiver. À force d'insister sur le tabagisme passif, on est parvenu à interdire de fumer dans tous les lieux publics. Pourquoi n'y aurait-il pas un bref message rappelant aux parents avant chaque émission que la télévision n'est pas bonne pour les enfants ? Cela leur éviterait d'ingurgiter passivement des images dont la toxicité n'est absolument pas une vue de l'esprit.

LES AMIS

Matthieu était triste à la perspective de changer de collège, à son entrée en cinquième, en raison du déménagement de la famille. Il allait sinon perdre ses copains, dont sa mère lui a dit qu'il pourrait continuer de les voir, du moins être moins souvent avec eux. Mais quand je l'ai revu le mois suivant, il s'était parfaitement adapté à sa nouvelle classe :

— C'qui a été chouette, me dit-il, c'est la surprise que j'ai eue. J'ai r'trouvé un copain qu'j'avais pas vu d'puis longtemps.

— Ah, lui ai-je répondu, depuis le primaire ou depuis la maternelle ?

— Non, un copain de crèche !

Les amitiés, ça se noue très tôt. Et les liens qui se nouent sont aussi subtils et aussi forts qu'aux autres âges, émaillés de regards, d'attitudes, de gestes émouvants mais aussi de malentendus, de frictions, de drames et de chagrins. Plus que s'en attendrir, il faut être attentif à la manière dont l'enfant tente maladroitement de les mettre en mots et l'encourager à le faire. Ce qu'il tisse en l'occurrence, c'est l'expérience cruciale d'un autre semblable à lui, constitué comme référence et censé lui donner un plus grand accès à l'autre plus étranger et aux autres en général dans leur variété.

Sans doute en raison de la trace de leur expérience propre, pratiquement tous les parents entretiennent et favorisent ce genre d'échanges qui leur vaut parfois d'élargir eux-mêmes le cercle de leurs relations. Ce seront donc les rencontres, les sorties, les promenades, quelquefois même des vacances, en commun. Il y a, dans tout cela, un brin précieux du lien social en train de se construire.

LES PROCHES

Voilà une catégorie différente d'« autres » qui, quoique dits « proches », sont bien plus éloignés que le copain ou l'ami qu'on s'est choisi. D'abord, ils sont nombreux et on les voit beaucoup moins souvent. Et puis ils ont de drôles d'allures et de drôles de manières de parler et de réagir. Il y en a qui chuchotent et d'autres qui crient. Il y en a qui ont une odeur et d'autres un parfum. Il y en a qui soulèvent et qui font plein de bisous, il y en a qui piquent et d'autres qui pincent la joue ou qui tendent la main. Il y en a avec lesquels maman est comme ci et d'autres avec lesquels elle est comme ça. Il y en a qu'on me dit d'appeler grand-mère, papy, pépé, mamy, grand-père, oncle, tantine, ou tati, comme tati de la crèche, et d'autres Jacquot, Isabelle, Guillaume, Fred, Virginie...

Il en mettra du temps à repérer qui est qui et la nature du lien que ses parents entretiennent à ces différents personnages, tout comme il mettra du temps à comprendre pourquoi il y en a qui viennent à la maison et d'autres chez qui on va. Il ne comprendra pas toujours la complexité des échanges affectifs dont il est témoin et dont il ne parvient à saisir un tant soit peu la nature qu'en regardant ces êtres avec les yeux de sa mère.

Sa palette d'expériences des autres s'enrichit en effet et se structure, quelle que soit l'attitude de ces autres, sur la relation de sa mère à ces autres. Il sera détendu et liant si elle l'est, mais tout aussi hésitant, réservé ou timide qu'elle peut éventuellement l'être. C'est précisément à masquer ces différences parfois blessantes que sert l'enseignement de la politesse : elle assurera à elle seule l'octroi d'une considération de base qui préservera les susceptibilités. Cela désarme l'agressivité de certains membres de la famille qui se sentiraient moins appréciés que d'autres.

Et puis, c'est par le contact avec ces familiers que le petit enfant en arrivera à prendre une conscience plus claire de sa place dans son histoire : si mamy est la maman de ma maman et que grand-mère est celle de mon papa, c'est que maman et papa ont été petits un jour – les albums de photos compléteront les impressions –, et moi aussi, un jour, je serai grand ; si papa connaît Gustave, son copain de foot, depuis l'école, moi aussi plus tard j'aurai des copains...

LES ANIMAUX DE COMPAGNIE

Ils étaient parfois déjà là avant sa naissance : un chat, un chien, un mainate, un poisson rouge, deux colibris. Ils font partie de la maison. Il faut s'occuper d'eux, veiller sur leur sécurité, les nourrir, assurer l'entretien de leur habitacle. Ils sont parfois malades. Ils sont conduits chez le vétérinaire. On leur parle, on les voit évoluer, on les caresse. Il y en a, les chats, les chiens, avec lesquels s'établissent des échanges véritables, très forts et singuliers. Ce sont des êtres vivants, plus évidemment vivants que ne le sont les plantes. Ce sont des points d'attache. On grandit au milieu d'eux, parfois avec eux. Ils sont constitués comme témoins du quotidien, laissant leur trace dans le souvenir, sur les photos de famille.

Il arrive parfois qu'ils meurent. Et c'est le drame, l'énorme chagrin qu'il faut respecter, dont il importe de prendre la juste mesure et dont il faut accompagner le cours en n'hésitant pas à se laisser émouvoir et à partager la tristesse sans masquer la larme qui viendrait au coin de l'œil. Quelles que soient les paroles qu'on dira, elles devront être une manière de partage de cette confrontation à la réalité de la mort. Il ne faudra pas s'étonner que l'enfant n'accepte pas la consolation que serait censée lui procurer la promesse de lui donner un animal de remplacement : il sait, lui, que chaque être vivant est unique et ne se remplace pas, sinon il lui faudrait accepter l'idée qu'il serait lui-même remplacé s'il venait à mourir. Inutile, donc, de se lancer sur une telle piste. Ce qui ne signifie pas qu'il ne faille pas se procurer un autre animal. On ne le fera pas avant quelques jours ou quelques semaines, une fois qu'on aura vu l'enfant recouvrer son humeur habituelle. On peut indifféremment évoquer avec lui le projet ou lui faire la surprise. On le verra investir rapidement le nouvel animal ; tout comme sitôt sorti de la phase aiguë de sa maladie il récupère une santé merveilleuse, il réinvestira la joie dès la fin de son chagrin.

LES ANNIVERSAIRES

Les anniversaires ne sont pas fêtés dans toutes les cultures. On n'imagine évidemment pas comment cela serait possible dans les sociétés sans état civil, même si elles sont devenues plus rares. Ils restent tout aussi ignorés dans certaines sociétés à état civil qui, en raison de la crainte du « mauvais œil », ne disent jamais l'âge des individus et encore moins celui des enfants. Il est amusant de savoir qu'ils n'ont pris force de rituels dans les pays latins catholiques, où prévalait la fête des saints, qu'autour des années 1960-1970. Jusque-là, ils n'étaient fêtés que dans les pays anglo-saxons où ils ont été réintroduits par la Réforme. Et c'est au milieu du XIXe siècle que la tradition de la fête et du gâteau va être exportée depuis l'Angleterre où le rituel était réservé aux nobles, aux notables et aux enfants. Le monde marchand, le cinéma américain et la quête de l'événementiel, en particulier médiatique, suffiront à en élargir l'usage.

Ce sont des occasions de fêtes familiales qui permettent à l'enfant d'acquérir la conscience de la géographie de sa famille et celle de sa place dans son environnement. Car ils sont parfois fêtés à plusieurs reprises, dans les cercles différents des familles recomposées par exemple, chez la nounou, à la crèche, voire parfois à l'école.

S'ils participent incontestablement à l'édification de la conscience identitaire de l'enfant, ils lui font également parfois courir le risque d'un ancrage dans un narcissisme hypertrophié. Un anniversaire réunissant quantité d'invités – et autant de cadeaux ! – et rehaussé d'interventions de clown, de musiciens et de tir de feux d'artifice ressemble plus à un sacre sans fondement qu'à une manière de compter l'heureux temps de vie ! Ce qui ne sera pas sans intervenir sur la relativisation, sinon la liquidation du sentiment de toute-puissance. Aussi semble-t-il préférable, sauf pour ce qu'il en sera de certaines dates symboliques qui n'interviendront que beaucoup plus tard, de préserver l'enfant de ce type de dérive.

Une autre erreur, fréquemment commise et qui est à éviter à tout prix, réside dans le fait d'offrir à cette occasion des cadeaux également aux frères et sœurs du héros. En prenant pour prétexte qu'on voudrait ne pas les frustrer et les rendre jaloux, on obtient le résultat exactement inverse. Car les cadeaux qui leur sont alors offerts seront nécessairement moins importants que ceux qui l'auront été au héros de la fête ; et si on leur en offre des équivalents, il n'y aura plus de héros ! D'une part, la frustration qu'ils pourraient ressentir en l'absence de cadeaux pour eux, si tant est qu'ils la ressentent, est comme toujours la bienvenue, et ils savent, d'autre part, qu'ils seront fêtés un jour de la même façon, ce qui participe à leur apprentissage de l'écoulement du temps et de la patience.

LA PUDEUR

Si on prend comme grands axes de l'éducation le fait d'aider un enfant à trouver sa place dans son histoire et dans l'espace comme à appréhender sans terreur l'écoulement du temps – toutes choses destinées à le débarrasser de l'illusoire sentiment de sa toute-puissance –, on comprendra alors l'importance de la pudeur, injustement attaquée parce que confondue le plus souvent avec la pruderie ou la pudibonderie qui sont des caractéristiques insupportables, en général réactionnelles, de certains adultes.

La pudeur n'est pas innée chez le petit enfant dont il a été montré que, soumis à la violence de ses pulsions, il n'avait pas la moindre idée d'une quelconque limite. Il l'intègre et la fait sienne par imitation et par la place que lui confèrent les adultes qui l'entourent.

Je me souviens avoir un jour soulevé l'indignation de toute une famille en soutenant un tel point de vue. J'étais arrivé, pour voir l'enfant malade, à l'heure du déjeuner. Introduit par le grand-père, j'ai été conduit dans la salle à manger où toute la famille était réunie autour de la table. Et ce qui m'a immédiatement frappé, c'est qu'au beau milieu de la table, entre le plat, le panier à pain et la bouteille de vin, l'enfant que je devais examiner trônait, assis sur son pot ! Quand j'ai demandé à ces personnes si elles étaient capables de s'imaginer dans une situation identique, elles m'ont rétorqué que l'enfant n'était qu'un enfant. Et elles m'ont fait la même réponse quand je leur ai demandé si elles ne pensaient pas qu'il avait droit, au même titre que chacun, au respect de son intimité en allant sur le pot dans les W.-C. dont on aurait repoussé la porte. Ce qui traduisait somme toute dans leur esprit qu'il y aurait une coupure radicale entre l'enfant et l'adulte qu'il sera plus tard. De quoi réveiller en elles la nostalgie de leur propre enfance et encourager celui qu'elles avaient en charge à y rester rivé et à surtout ne se débarrasser en aucune façon de la toute-puissance qu'elles lui reconnaissent !

C'est une erreur de ne pas enseigner au plus tôt à l'enfant la pudeur que requièrent certaines situations.

Tout comme le fait de mettre le pot dans les W.-C., lui conférera une juste idée de la destination de ce lieu et de la banale physiologie des fonctions excrétoires auxquelles nul ne peut se soustraire, il importe de lui manifester le respect qu'on a de son intimité et de lui offrir un nouveau repérage dans l'espace avec l'usage de la salle de bains. Il est certes lui-même lavé, mais il n'y sera pas plus admis lorsque ses parents y font leur toilette qu'il n'est admis avec eux quand ils occupent les W.-C. Il lui sera d'ailleurs signifié, à cette occasion et comme un encouragement à s'autonomiser, qu'il pourra lui-même prendre sa douche ou son bain seul, dès qu'il saura le faire.

Ce qui découle de ces considérations introduit la question de la nudité des parents. Et voilà encore une question dont la discussion prend des accents passionnels. Il ne devrait y avoir aucune discussion ! Plaquer sur les relations de cet âge les arguments autour de la nudité en général, c'est refuser obstinément de respecter et faire respecter la différence générationnelle qui intervient au premier chef dans la saisie de la notion de temps. Aucun des deux parents, et quel que soit le sexe de l'enfant, ne doit se montrer nu à lui. J'entends déjà les objections : mais dans ce cas-là, ne va-t-il pas se poser des tas de questions ? Oui, il s'en posera, et c'est tant mieux, et plus il s'en posera, mieux ça vaudra ! Mais ne va-t-il pas en conclure que la nudité est honteuse, être plus tard « complexé » (encore un mot savant entré dans le langage courant !) et vouloir lui-même ne plus se montrer nu ? De toutes les façons, il en viendra tôt ou tard à ne pas vouloir exposer sa nudité, et pour ce qu'il en est du caractère supposé honteux de la nudité, il faut tout de même prendre acte du fait qu'il est entouré de gens habillés : être couvert est la condition commune, et voir ses parents nus, parce que leur corps d'adultes est impressionnant, ne le fait que s'en sentir écrasé au point de l'amener à s'y attacher d'une façon insupportable !

Il a fallu quinze ans d'analyse à cet homme pour ramener à la surface la source du malaise qui lui a empoisonné l'existence : sa mère lui faisait prendre son bain avec elle et, se piquant de psychologie, écartait ses cuisses et, en lui montrant son sexe, lui disait : « C'est de là que tu es sorti, mais sache que, même s'il t'arrive d'avoir envie d'y revenir, tu n'y reviendras plus jamais, ça t'est interdit ! »

Il en a fallu presque autant à cette femme à laquelle son père, jusqu'à l'âge de huit ans, tenait à faire prendre lui-même son bain : « C'était un véritable rituel qui commençait par le fait qu'il me faisait écarter les cuisses et qu'il approchait son nez pour vérifier si ça sentait ou non mauvais. Après quoi, il me savonnait longuement le sexe avant de me rincer et de rentrer lui-même dans la baignoire pour ne pas perdre l'eau de rinçage. Comme je ne savais pas comment me soustraire à ça, je lui ai dit un jour que le savon me piquait. Il n'a pas voulu me croire et pour me prouver que j'avais tort, il a décalotté son gland et il a versé du savon dessus en se frottant et en me disant que ça ne le piquait pas et que ça ne devait pas plus me piquer parce que son gland était aussi sensible que mon sexe. »

LE BAIN ENTRE ENFANTS

C'est un gain de temps que de faire prendre aux enfants leur bain en même temps, qu'ils soient ou non du même sexe. C'est aussi un plaisir pour eux et un moment qu'ils apprécient particulièrement en raison de tous les jeux d'eau qu'ils s'inventent. Mais c'est une commodité et un plaisir que, par souci d'enseigner la pudeur, il faut savoir sacrifier dès que possible et qu'il ne faut pas prolonger au-delà de la quatrième année de l'enfant le plus âgé. Là encore, on aura beau jeu de se demander si ça ne va pas soulever des questions. Outre, et je le répète, que ce serait tant mieux, il faut savoir, là encore, que la chose sera intégrée sans problème dès lors que la décision aura été communiquée sans hésitation, explication ou autre état d'âme.

LE SEXE

Vaste sujet ! Lorsque Freud s'est mis à parler de sexualité infantile, il a soulevé un véritable tollé. Tout ce qui touchait le sexe à cette époque était tellement réprimé que d'en parler, et de surcroît à propos d'enfants, ne pouvait que paraître intolérable. Mais aujourd'hui que le sexe, hissé au rang d'insigne de liberté, de maturité et de largesse d'esprit, est mis à toutes les sauces, que la moindre publicité en fait usage, que la pornographie n'a pas envahi les seuls écrans d'ordinateur, qu'on ne peut plus voir un film quelconque sans qu'y figure une scène d'accouplement, parfois même homosexuel, que l'exposition sur l'Enfer de la Bibliothèque nationale a battu des records d'entrées, l'enfant lui-même est devenu un objet sexuel. Au point qu'en 2006, il s'est constitué, en Hollande, en toute légalité et sans plus émouvoir Bruxelles que l'Unicef, le premier parti politique pédophile[11]. Et je ne mentionne pas le fait pour faire allusion au déplorable procès d'Outreau. J'entends seulement attirer l'attention sur un état d'esprit qui s'est généralisé et qui, pour être diamétralement opposé à celui qui régnait à l'époque de Freud, n'est guère plus sympathique ou moins générateur de catastrophes !

Ce que Freud a décrit a existé de tout temps. Même tout petits, les enfants ont depuis toujours regardé et tripoté leur propre sexe, comme ils ont cherché à voir le sexe de l'autre et à savoir ce qui pouvait donc se passer entre papa et maman quand ils s'enfermaient dans leur chambre. Cette curiosité, éternelle et universelle, n'a strictement rien à voir avec le sens que lui donnent les pervers et encore moins avec l'usage qu'ils entendent en faire. Et quand je parle de pervers, je n'exclus pas certains parents

---

11. *Le Figaro Magazine*, 24 juin 2006, p. 24.

qui assortissent leurs manœuvres séductrices de cet inqualifiable ingrédient !

La curiosité de l'enfant est saine, fondamentalement saine. Elle témoigne de la vivacité et de la souplesse d'un processus de pensée en train de se construire et qui cherche à comprendre les phénomènes de vie qui le traversent. Pour l'imager, je me référerais volontiers à ce qui se passe, exactement en sens inverse, entre la foudre et le paratonnerre. Cette formidable décharge énergétique que constitue la foudre tombe sur la pointe du paratonnerre qui la conduit jusqu'au sol qui l'absorbe et la neutralise. La vie qui bouillonne dans l'enfant, et qui lui donne l'énergie phénoménale qu'on lui connaît, traverse et affecte son corps de multiples manières et se concentre dans les organes génitaux qui sont déjà conformés pour pouvoir la transmettre ultérieurement. Sage précaution, inscrite par la nature dans le souci de la perpétuation de l'espèce, ajouterai-je dans l'esprit d'un anatomiste anglais dont j'ai oublié le nom et qui disait en substance que si la nature pouvait parfois commettre des erreurs sur des organes aussi peu importants que sont le cerveau, le foie, le cœur ou les reins, elle ne commet pratiquement pas d'erreur du côté de l'essentiel, c'est-à-dire du côté du sexe !

Les sensations sexuelles, déjà présentes pendant la vie intra-utérine, intriguent l'enfant qui a l'immense mérite de les enregistrer et de tenter de comprendre leur finalité.

Mais qu'il s'y intéresse sur un mode aigu et assidu ne signifie pas qu'il puisse de quelque façon en faire usage. Pour ce qui le concerne, non sans une certaine angoisse et l'espérant, il en attendra la maturation. C'est en cela que le sexe et le temps sont intimement liés[12]. Ce qu'illustre une délicieuse blague : un pédagogue se trouve en présence de trois enfants dont l'un joue avec une petite voi-

---

12. J'ai donné à ce sujet une conférence que j'ai intitulée : « Les abus sexuels sur enfants ou la mise à mal du sextant » et dont j'ai mis le texte sur mon site www.aldonaouri.com.

ture et l'autre avec un avion pendant que le troisième est perdu dans la contemplation d'une page arrachée à *Playboy*. Il demande au premier ce qu'il voudra faire plus tard dans la vie. Il s'entend répondre : « Coureur automobile. » La même question posée au second lui vaut : « Aviateur. » Il est obligé de poser deux fois la question au troisième, qui tiré de sa contemplation lui répond : « Être grand, seulement ça, être grand ! »

C'est par cette approche et par l'enregistrement de ce qui se passe dans l'interaction avec ses parents que l'enfant va prendre progressivement acte de son identité sexuelle et savoir pour lui-même et par lui-même qu'il est un garçon – qui sera plus tard un homme comme papa – ou une fille – qui sera plus tard une femme comme maman. Une identité sexuelle qui ne sera d'ailleurs pas sans lui poser, dès cet âge-là, une série de problèmes complexes qu'il pourra passer sa vie entière à tenter, parfois en vain, de résoudre.

Ils sont venus tous les deux avec Thierry, trois ans, jumeau de Blandine, parce qu'ils sont inquiets au sujet, précisément, de son identité sexuelle. Thierry n'aime rien tant en effet, m'apprennent-ils en sa présence, que de jouer à la poupée – il en a une dizaine, différentes de celles de sa sœur, et qu'il s'est lui-même choisies –, enfiler les chaussures de sa mère, mettre les robes qu'elle laisse éventuellement sur un siège, lui chiper son tube de rouge à lèvres pour se maquiller, etc. La reprise patiente de l'histoire de chacun des deux parents ramène la haine que la maman a très tôt nourrie, et qui ne s'est toujours pas amendée, à l'endroit des deux frères entre lesquels elle était coincée ; et du côté du père, le regret d'avoir été un garçon avec quatre sœurs plus jeunes. Tout cela ayant été fouillé assez méticuleusement, j'ai invité les parents à revenir ensemble et sans Thierry.

À la consultation suivante, la mère entre la première et me déclare sur un mode enthousiaste qu'on lui avait dit le plus grand bien de moi, mais qu'on lui avait caché que je faisais de véritables miracles. Puis, s'asseyant, elle me raconte : « À peine monté dans la voiture en sortant de chez vous, Thierry m'a dit : "Maman, j'veux que tu m'achètes un camion." J'étais tellement, mais tellement surprise, que je lui ai demandé : "De quelle couleur ?" Revivant intégralement l'entretien qu'elle me rapportait, elle a mis dans sa phrase prononcée d'une voix rêche une note de réprobation qui m'aurait moi-même impressionné. Il m'a répondu : "Rooose" » – et là encore, ne pouvant s'empêcher d'imiter, elle a restitué le tremblement de la voix et le ton littéralement effrayé de la réponse de son garçon !

LE TOUCHE-PIPI

C'est la chose la plus banale qui soit et qu'aucune mesure ni aucune précaution ne peuvent prévenir. Il est important de le dire aujourd'hui que les parents sont obnubilés par des fantasmes de pédophilie et d'autres déviances sexuelles.

L'intérêt que l'enfant porte à son sexe, comme au sexe de l'autre, fût-il le même ou différent, fait partie intégrante de son développement. Chez les petits, cela se produit à l'occasion du bain, chez les plus grands, cela est masqué derrière le jeu du docteur. Qu'il en soit ainsi ne signifie pas pour autant que cela doive être encouragé ou organisé par les parents qui ne doivent pas plus se comporter en voyeurs passifs. Quand il leur arrive de surprendre ce type d'activité, ils doivent intervenir pour les faire cesser. Non pas en grondant ou en portant un jugement moral de type « c'est honteux » ou « c'est pas bien », mais en exigeant simplement que cela cesse immédiatement. Un « arrêtez-vous, rhabillez-vous et trouvez-vous un autre jeu » pose la limite, évite le questionnement, renforce l'idée du respect de l'intimité et participe à la promotion de la pudeur. Ce que l'enfant comprend sans la moindre difficulté et conçoit comme relevant de l'ordre des choses puisqu'il ne lui est pas donné de voir ou de toucher le sexe de ses parents, pas plus qu'il ne voit ses parents procéder entre eux à de tels attouchements.

LA MASTURBATION

Autant le touche-pipi ne doit pas plus inquiéter qu'émouvoir, comme cela se passe en général, autant l'activité masturbatoire régulière ou compulsive du petit âge conduit les parents à se poser des questions. Au lieu de les encourager à aller jusqu'au bout du questionnement légitime qu'ils manifestent, on les a souvent engagés à y réagir sur un mode discret et avant tout non culpabilisant. Pour ce faire, on a banalisé sa survenue en expliquant que l'enfant explorerait ainsi son corps, qui lui appartient, après tout. Et on leur a laissé entendre que la réaction spontanée qu'ils seraient portés à avoir serait néfaste pour son innocence et malencontreuse pour l'épanouissement futur de sa sexualité.

Non seulement on parvient ainsi à les faire taire, mais en laissant poindre une subtile menace, on les culpabilise et on ne leur permet pas d'aider leur enfant à s'affranchir du symptôme qu'il manifeste ainsi.

La masturbation compulsive des petits enfants est-elle une activité banale ? Certainement pas. Et qu'on ne vienne pas arguer pour le soutenir que le tout-petit, se tripotant le sexe, y découvrirait soudain des sensations agréables qu'il serait du coup porté à renouveler à volonté. Il n'est pas de tout-petit qui ne se tripote le sexe. Et il n'est pas de tout-petit qui, ce faisant, n'y perçoit pas de sensations agréables. Puisqu'il n'y a pas d'exception à la règle, pourquoi certains petits se masturbent-ils, à tout bout de champ et n'importe où, et d'autres pas ?

Voilà qui ne verse donc pas cette activité au rang du banal.

Qu'en est-il ensuite de la menace que l'on brandit autour de l'exercice ultérieur de la sexualité ? Elle se fonde sur l'illusion que la sexualité connaîtrait une forme de norme fondée sur la pulsion pure et qu'elle serait compromise par le moindre jugement ou par la moindre répression. Ce qui est une pure contrevérité. Car le quotidien de chacun démontre que, même si le sexe est mis à toutes les sauces, la sexualité est l'objet de la répression la plus puissante qui soit et sans laquelle la vie sociale serait simplement impossible. Voit-on nos semblables obéir aveuglément à leur pulsion sexuelle, sauter les uns sur les autres dans la rue ou le métro et copuler joyeusement sans considération pour leur entourage ? Les facteurs qui compromettent l'exercice de la sexualité ne se situent pas du tout en ce point. Ils concernent le statut conféré à l'autre de la relation sexuelle. Ce en quoi on peut dire que, parce qu'elle enseigne les modalités de la relation à l'autre, une éducation bien conduite prépare à une sexualité adulte épanouie.

C'est ce point-là qu'interrogent en général et sur un mode obscur les réactions spontanées des parents. Une fois informés et revenus de l'étonnement dans lequel les a mis l'intérêt de leur enfant pour le sexe, ils n'osent pas aller ouvertement plus loin. Ils ont l'impression de devoir mettre en cause leurs comportements sexuels. Ils se demandent souvent en effet si leur enfant n'a pas hérité de ce qu'ils croient être leur propre trop grand intérêt pour le sexe. Ils sont rassurés d'apprendre qu'un tel intérêt n'est jamais trop grand. Ils mettent beaucoup plus de temps, parce qu'ils ne l'osent pas, pour évoquer leur propre activité masturbatoire. Mais il suffit qu'ils y parviennent pour commencer à comprendre obscurément ce qui pousse leur enfant à ce comportement. L'activité masturbatoire, de quelque façon qu'elle s'exerce, exclut l'autre de la relation sexuelle : elle peut en effet être une activité solitaire tout autant qu'une activité exercée avec l'autre de la relation mais assigné au seul statut d'un instrument sans consistance propre. Le sujet qui s'y adonne, quand il s'y adonne, se livre à un acte incestueux, dans la mesure où aucune place n'y est faite au différent, à l'autre. Mais il cherche, en même temps et sans le savoir, à renouveler la perception de son corps propre, comme si cette perception lui manquait habituellement.

Le petit enfant qui se masturbe cherche pareillement à se donner des sensations susceptibles de le conforter dans la perception de l'existence de son corps. Les tics de balancement (les enfants qui se balancent assis ou qui ne peuvent s'endormir qu'en se cognant la tête contre le montant de leur lit) sont une autre voie empruntée dans le même but par d'autres enfants. Cette manière qu'ont les enfants de se donner des sensations se retrouve même chez les petits très malvoyants ou aveugles qui en obtiennent en se frottant très fort les yeux. Si le petit enfant éprouve à un tel point le besoin de se masturber et de sentir ainsi la réalité de son corps, c'est qu'il n'a pas l'impression d'être détaché comme il devrait l'être du corps de sa mère. Et si tel est son vécu, c'est que sa mère elle-même n'est pas parvenue dans sa psyché à accepter qu'il soit détaché d'elle.

On aura, je l'espère, compris que les conseils classiques qui consistent, devant un tel tableau, à inviter le petit enfant à se soustraire au regard des autres quand il se masturbe, ne résolvent rien. Il continuera d'attendre que sa mère accepte de le voir se détacher d'elle, ce à quoi, moyennant cette étrange activité, elle peut continuer de ne pas consentir.

Ce qu'il faut, c'est que l'enfant s'entende interdire fermement et répétitivement cette activité jusqu'à ce qu'elle cesse.

Le mieux, c'est que l'interdit, qui ne doit bien sûr pas s'accompagner de la moindre explication, soit formulé par le père. Son intervention, s'adressant directement à l'enfant, le pose auprès de ce dernier comme le garant de la séparation d'avec la mère, à qui elle signifie indirectement que cet enfant n'est pas seulement le sien !

L'ÉDUCATION SEXUELLE

On s'attend peut-être à trouver, avec un tel titre et dans cet ouvrage consacré à l'éducation, quelques conseils sur la manière de mener correctement l'éducation sexuelle des enfants.

Il n'y en aura pas.

Et pour la simple raison que le sexe, ça ne s'éduque pas, ça se conquiert.

Et que ce qu'on entend habituellement par éducation sexuelle ne doit en aucun cas s'inscrire dans la verticalité d'une relation parents-enfants ou adultes-enfants. Dût-elle donner lieu à des informations erronées – qui seront corrigées tôt ou tard –, elle ne doit pas s'inscrire autrement que dans l'horizontalité de la communication des enfants entre eux.

Je pourrais m'arrêter là puisque ce que je dis de cette prétendue éducation concerne encore moins les enfants petits que les plus grands. Mais ce serait perdre l'occasion de dire tout ce qu'il y a de nuisible dans une telle entreprise. Je déplore infiniment que les programmes scolaires aient inclus une éducation sexuelle à laquelle nombre de mes petits patients me confiaient, fort heureusement, se faire généralement sourds. Les générations précédentes s'en sont passées sans qu'il ait été prouvé qu'elle leur ait fait défaut ou que son absence ait entraîné plus de troubles qu'il ne s'en constate aujourd'hui. Son instauration participe à l'illusion qu'une information en la matière peut avoir les mêmes effets que dans d'autres registres. Elle ignore délibérément la complexité de ce registre dans lequel interviennent tant de paramètres que ceux que prétend régler une éducation sont simplement négligeables. Une adolescente de troisième m'a raconté la gêne et le malaise dans lesquels se sont trouvés ses camarades et elle, face à une enseignante infirmière venue leur faire un cours sur la manière d'enfiler un préservatif... avec la bouche. Tout cela était mû par un bon sentiment, puisque c'était dans le cadre d'une communication destinée à la lutte préventive conte le sida.

À la rentrée 2007, la plupart des médecins, des pharmaciens et des officines fréquentées par des adolescents ont reçu, pour les distribuer aux adolescents de quinze à dix-huit ans, des opuscules[13] destinés à leur dire tout sur le sexe. La plupart des adolescents qui les ont eus en main en ont été dégoûtés et nombre de mes confrères partagent mon indignation devant une telle entreprise élaborée sous le signe du principe de précaution et destinée en principe à enseigner l'usage du préservatif pour lutter contre le sida et autres MST, et celui de la contraception pour tenter d'éradiquer les 200 000 IVG qui, dans notre pays, accompagnent chaque année les 800 000 naissances. Poursuivre un tel but, c'est vouloir tout ignorer de l'existence de l'inconscient qui, dictant à chacun ses actes, est imperméable au langage de la raison. Les campagnes menées à coups de pub et d'affiches pour inciter, en particulier la communauté homosexuelle, à ne pas baisser la garde contre le sida, n'empêchent pas une frange de cette communauté, pourtant parfaitement informée, de refuser l'usage du préservatif.

La curiosité que les enfants cultivent à l'endroit du sexe est considérable. Elle aiguise leur intelligence et l'acuité de leurs facultés intellectuelles. La psychanalyse démontre que la « pulsion épistémophilique », autrement dit le désir qui pousse à en savoir le plus possible, est régie essentiellement par le désir de savoir sur le sexe. Satisfaire ce désir et le saturer en comblant le savoir en la matière, revient ni plus ni moins qu'à suspendre l'action de cette pulsion et démobiliser le désir de savoir de l'indi-

---

13. *Questions d'ados*, document élaboré avec la participation du Crips Île-de-France, de la Direction générale de la santé, de l'Inpes, du Codes 95, de l'Institut de sexologie et de l'École des parents et des éducateurs des Bouches-du-Rhône, juin 2007.

vidu. Ce n'est non plus un secret pour personne que le mystère du sexe contribue à accroître le désir qu'on en a.

Refuser ce type d'arguments, c'est instrumentaliser le sexe et vouloir le réduire au seul fonctionnement de ses organes d'effectuation en refusant de comprendre qu'il est la résultante d'une foule de forces situées toutes, sans exception, dans la tête.

On m'objectera que les enfants posent des questions. Assurément. Qu'ils attendent des réponses. Certes ! Mais on peut leur répondre sur un mode simple et volontairement vague ou imagé sans les berner ni entrer dans les détails inutiles. Dire à un enfant de deux ou trois ans qu'il a bien été dans le ventre de sa mère, n'implique pas qu'il faille lui faire un cours détaillé sur les organes génitaux, la parturition et l'acte qui en a été cause ! Il ne pourrait pas plus intégrer l'information qu'il ne ferait des lois de la gravitation universelle, et de la place de Newton dans l'histoire de la physique, au cas où il demanderait pourquoi sa balle rebondit. Et de se retrouver avec un monceau d'explications incompréhensibles est tout simplement angoissant !

LES DISPUTES ENTRE PARENTS

Elles sont fréquentes et elles ne peuvent que l'être. Il en a toujours été ainsi depuis que les humains se sont mis à vivre en couple. Il semble important, aujourd'hui, de le rappeler. Parce que nous avons été intoxiqués à notre insu par la manière dont la vie de couple est présentée par les médias et surtout par le cinéma. Cela nous aurait laissé entendre que la vie à deux devrait être formatée sur l'image figée du baiser qui clôt les belles histoires sur fond de ciel rougeoyant et aux accents des violons débitant une musique sirupeuse. La vie à deux est une gageure, une construction perpétuelle, qui ne peut pas dépasser les dissensions qui l'émaillent s'il n'est pas fait place à nombre de concessions mutuelles. Il ne faut pas oublier que former couple, quelles que soient la force et la qualité de l'amour qu'on se porte, ce n'est jamais « faire un[14] ». On reste indéfiniment « deux », foncièrement différents l'un de l'autre, avec des visions du monde différentes l'une de l'autre et des opinions aussi tranchées que différentes et inconciliables sur quantité de sujets.

Ces différences, et les disputes qu'elles entraînent parfois, ne sont pas nuisibles. Elles s'avèrent d'une utilité incomparable pour chacun dans la mesure où, remettant en cause ses convictions, elles le conduisent à revoir les données de son histoire en y faisant le tri des opinions et des idées qu'il en a reçues. Il faudrait voir cela comme une invitation que chacun des deux fait à l'autre : « Déracine-toi de ton histoire, lui dit-il, et viens donc me rejoindre dans la mienne. » Dans la mesure où l'injonction est interactive, chacun des deux se déracine peu à peu à son insu. Si bien qu'au fil du temps ils finissent par se rejoindre pour s'enraciner dans leur terreau propre et devenir à leur tour fondateurs d'une nouvelle histoire.

Il vaudrait mieux, en théorie, que les enfants ne soient pas témoins de ces disputes. Mais c'est un vœu pieux parce que ces disputes ne sont évidemment pas prévisibles ! Si bien que les enfants en sont le plus souvent témoins.

Est-ce grave ?

Pas du tout si les parents veillent à ne jamais se départir du respect qu'ils doivent conserver l'un pour l'autre. Pas du tout si, à aucun moment, ils n'attentent à leurs dignités respectives. Pas du tout s'ils refusent de recourir aux insultes et aux jugements (« Sale conne ! », « T'es qu'un pauvre type ! », « T'es plus bête que tes pieds ! », « Fumier, tordu, va ! »). Les enfants pourront même tirer parti de ces épisodes en faisant, sans le savoir, l'expé-

---

14. *Cf.* pour rappel, la manière dont le dit Woody Allen : « Nous avons passé une nuit merveilleuse ; nous ne faisions plus qu'un : moi ! »

rience concrète de la dialectique : une situation unique peut donc être vue de deux sinon de plusieurs manières.

Ce qui serait grave, outre l'attentat qu'un des deux parents produirait sur la dignité de l'autre, ce serait que le père soit complètement mis à bas ou tourné en ridicule. Il ne faut pas oublier que la préoccupation de l'enfant reste longtemps de se libérer de la terreur qu'a engendrée en lui sa mère, contre laquelle il a entrepris de dresser sa toute-puissance. Une trop nette victoire de sa mère contre son père, qu'il voit toujours avec les yeux de cette dernière, le conduirait à ressentir cette mère plus puissante encore et à ne pas renoncer du coup à l'exercice de sa propre toute-puissance, risquant même d'aller jusqu'à tenter de la renforcer.

L'ENTRÉE À L'ÉCOLE MATERNELLE

Voilà une grande étape dans la vie d'un enfant. Non pas pour lui, comme on est porté généralement à le croire. Elle ne fera jamais que s'inscrire, en effet, dans la liste continue des innombrables étapes qui jalonneront son existence. C'est une grande étape pour ses parents, et en particulier pour sa mère. Il a deux ans, deux ans et demi, trois, trois ans et deux mois, ce n'est pas beaucoup, toute raisonnable soit-elle, pour qu'elle puisse le concevoir passant des heures, voire une journée entière, au milieu d'autres enfants de son âge, même surveillés et encadrés. C'est en ces termes, dussent-elles s'en défendre, que se pose le problème pour les mères qui ont élevé elles-mêmes leur enfant. Celles dont l'enfant a été élevé en crèche ou chez une nourrice vivent l'étape, aussi importante soit-elle, assez sereinement et somme toute comme un simple changement de décor. Ce seront celles dont on ne verra d'ailleurs pas les enfants pleurer.

C'est cela qui fait la différence entre les enfants le jour de la rentrée. Ceux qui pleurent à la perspective de la séparation ou dès que leurs mamans les ont laissés derrière la grille, ceux-là sont confrontés non pas à l'angoisse créée par la séparation ou par la situation nouvelle, mais par ce qu'ils devinent de l'angoisse de leurs mamans. Certaines de celles-là – et j'en ai vues dans ma pratique – se sont pourtant évertuées, parfois à plusieurs reprises, à préparer leur bambin à l'événement dans la semaine qui précédait ; elles ont fait le trajet avec lui, se sont arrêtées devant la porte de l'école, ont décrit ce qu'elles savaient de l'intérieur et de la manière dont les choses allaient s'organiser ; ayant procédé à de telles répétitions, elles ne comprennent pas le résultat qu'elles obtiennent.

Cela me rappelle une pièce de Sacha Guitry : *Le Nez*, en un acte et deux tableaux. Au cours du premier tableau, l'enfant, Toto, est en train de jouer au milieu de la scène pendant que passent une série de personnes de la maisonnée, chacune lui rappelant les bêtises dont il est coutumier et lui promettant les pires châtiments si, au cours du dîner du soir, il venait à parler d'une façon ou d'une autre du nez du général. Au second tableau, on voit la tablée au grand complet et Toto face au général, qui est de dos. C'est alors que fuse la seule réplique du tableau. C'est Toto qui dit : « Mais pourquoi aviez-vous donc peur que je parle du nez du général ? Il n'en a pas ! »

Toute crainte de faire vivre à l'enfant un traumatisme à l'occasion de cette rentrée est à elle seule traumatisante. Il vaut mieux alors se raisonner soi-même et admettre que cet enfant devra bien grandir un jour ou l'autre. Si, malgré les efforts qu'on a faits, il en vient à pleurer, cela signifie qu'on n'est pas allé suffisamment loin dans sa propre résignation. Il vaut mieux alors partir sans se retourner. Tous les enseignants savent, sans s'en étonner, que l'enfant cesse de pleurer dès que sa mère a disparu de sa vue.

LE RAPPORT AUX ENSEIGNANTS

C'est le tout début d'un bien vaste débat, qui déborde d'ailleurs le problème du rapport aux enseignants et auquel on doit impérativement réfléchir à partir de ce qui a été dit autour de la hiérarchie. Il n'existe pas, dût-on le regretter, de société au sein de laquelle il n'y aurait pas de hiérarchie et rien ne peut fonctionner sans elle. Ce serait comme de vouloir faire défiler tous les passagers au poste de pilotage d'un avion au motif que l'avion emmène tout le monde au même endroit ! C'est le sens de la réponse que fit le philosophe Paul Ricœur aux étudiants de 1968 qui lui demandaient ce qui justifiait sa place par rapport à la leur : « J'ai lu plus de livres que vous ! »

Les enseignants sont là pour enseigner et l'enfant là pour être enseigné. Cette hiérarchie n'a en aucune façon à être remise en cause au motif que l'enfant ne se sentirait pas bien avec tel enseignant ou se plaindrait de la manière dont il en serait traité. Il ne faut pas croire que je n'enfonce pas de portes ouvertes : je ne compte pas le nombre de fois où j'ai été sollicité par des parents pour faire des certificats destinés à demander que leur enfant, petit ou plus grand, change de classe ! Et les motifs les plus variés étaient toujours mis en avant.

Les enseignants ont en règle générale une assez bonne connaissance des enfants et ne marquent à l'endroit d'aucun d'eux de prévention ou d'attitude singulière. Il est heureux qu'il existe des dispositifs permettant aux parents de communiquer avec eux : au lieu de plaider la cause de leur enfant, ces derniers feraient mieux d'écouter attentivement ce qui leur en est dit. Ils y découvriront souvent la persistance de conduites qui relèvent de la toute-puissance dont leur éducation ne l'aura pas tout à fait débarrassé. Si bien que la meilleure attitude qu'ils puissent avoir doit être, en toutes circonstances, de défendre l'enseignant auprès de lui. Faute de quoi, non seulement ils altéreront leur propre position de parents mais ils ne le prépareront pas, ou mal, à la réalité qu'il rencontrera plus tard. Car le jour où, adulte, il entrera dans le monde du travail, il aura à découvrir sans y avoir été préparé la nécessité et la rigueur de la hiérarchie qui y préside. Aussi ne doivent-ils pas hésiter, dès le petit âge, à adopter la bonne attitude pour lui.

Petits soucis

LES GROS MOTS

Autrement dit, le casse-tête ! Parce que le souci qu'on en a, ce n'est pas que l'enfant en dise ou puisse en dire, c'est qu'il en dise en toutes circonstances et en particulier devant des personnes dont on craint plus ou moins le jugement : pas tant les amis et les intimes, mais les grands-parents et les relations plus éloignées. On craint qu'à l'entendre en dire, on ne vienne à conclure qu'il les a appris ou tout au moins entendus dans son environnement immédiat. Ce qui signifierait que ses parents seraient sinon de grossiers personnages qui n'useraient pas d'un langage décent, du moins des parents laxistes, qui laissent tout faire et tout dire plutôt que d'éduquer comme il conviendrait.

La difficulté qui surgit, dans tous les cas sans exception, tient au fait que le petit enfant a tôt fait de remarquer que ces mots qui lui valent parfois une certaine réprobation ne lui en confèrent pas moins un certain pouvoir. Ce sont des mots magiques puisqu'il lui suffit de les prononcer pour devenir aussitôt le centre de la scène et l'objet d'une attention soutenue. Pourquoi n'en userait-il pas en toute occasion ? Un camarade le menace, vite le gros mot ! On le gronde, vite le gros mot ! C'est chouette, c'est rassurant, c'est à portée immédiate et d'un usage si aisé ! Les adultes n'en usent-ils pas sur le même mode sans le savoir ? Ça rapporte quoi en effet de hurler, au volant de sa voiture aux vitres remontées, « sale con ! » à l'auteur d'une queue-de-poisson alors même qu'il est déjà bien loin ? Ça fait du bien, ça calme, ça fait baisser l'adrénaline, parce que ça s'inscrit en soi comme un substitut d'agression physique. C'est ce qui explique d'ailleurs la phase pipi-caca-boudin que traversent sans exception tous les enfants du monde. En usant de ces mots, ils attestent de leur potentiel agressif puisqu'ils ont réussi, à force d'efforts, à contrôler leurs sphincters et à se passer du plaisir subtil qu'ils avaient à faire dans leurs couches.

Il ne faut donc pas non plus s'étonner que les enfants s'enseignent les uns les autres. Dès lors qu'ils sont en groupe, en effet, leur florilège en la matière croît et embellit.

Si on se lance dans la course à la réprobation et dans les punitions qui l'émailleront nécessairement, on conforte l'enfant dans l'illusion de la toute-puissance dont on a entrepris de le débarrasser. Il vaut mieux avoir avec lui une bonne explication dont on fera une sorte de jeu et qui n'aura pour autant rien d'une licence : on fera avec lui, en les répétant, le bilan des gros mots qu'il connaît et on lui proposera de lui en apprendre d'autres ; ça fera une belle partie de rire ; après quoi, on lui expliquera que ce ne sont pas de très jolis mots, qu'il y a des personnes qui n'aiment pas du tout les entendre, et comme on ne sait jamais à l'avance qui sont ces personnes qu'il risquerait de choquer, il vaut mieux pour tout le monde qu'il n'en fasse usage qu'avec les très proches et les très familiers. Le discours aura été en même temps une occasion d'enseignement de plus de la politesse et du respect de l'autre.

LA VIOLENCE

Même si elle en constitue le moteur, la violence n'est pas plus l'agressivité que l'agression. Le mot « violence » dérive du latin *vis* (force) auquel est apparenté le terme *vir* (le mâle humain, réputé se distinguer de sa compagne par une plus grande force).

La violence est donc avant tout l'expression brute et brouillonne d'une force, la force de la pulsion, qui traverse l'enfant et le soumet à elle sans qu'il ait le moindre moyen de la contrôler. Quand il se met à hurler, pour quelque prétexte que ce soit, il le fait de la façon dont il est capable et en étant totalement imperméable au lieu où il se trouve, à l'heure ou aux personnes qui l'entourent. Ce qui, dans les conditions d'habitat moderne, n'est pas sans poser des problèmes aux pauvres parents qu'il réveille parfois la nuit. De la même manière, il sera également capable, un peu plus âgé, de faire tomber un de ses camarades ou de le battre comme plâtre pour le prétexte le plus futile. Les nounous des jardins d'enfants et les maîtresses d'école maternelle en auraient à raconter en la matière. Sans compter qu'il peut même assortir sa pulsion d'un zeste de cruauté qui ne lui apparaît évidemment jamais comme telle !

Cette violence n'est pas maléfique, comme on pourrait le croire. Elle est censée l'armer pour le restant de ses jours. Elle est le germe de tous les mécanismes dont ont usé pendant des millions d'années ses ancêtres humanoïdes pour survivre. Mais elle n'est plus de mise et n'a pas la moindre utilité, surtout à son âge, dans le monde où il vit. Qu'il l'exprime ne doit donc pas étonner. Mais, même si le procédé peut sembler brutal puisqu'il lui faut achever en à peine quelques mois le parcours que l'espèce a mis des millions d'années à accomplir, il importe de l'aider au plus tôt à la maîtriser sinon à s'en débarrasser. Sans quoi, on le retrouvera à s'accrocher plus encore à l'illusion de sa toute-puissance et à vouloir délibérément ignorer le statut de l'autre.

Dans le petit âge, c'est en le sécurisant qu'on parvient à le faire. L'aide qui lui est apportée par ses parents lui permet en effet d'économiser son énergie et de ne pas réagir en usant de cette violence. Il va donc investir ces derniers de sa confiance en prenant conscience de l'amour dont il se sent entouré. Et comme le secours dont ils l'assurent et les gestes dont ils l'entourent s'avèrent efficients et sont toujours accompagnés de mots, il prendra appui sur ces mots, sur les tons de voix, sur l'inflexion du phrasé pour les reconnaître et se sentir rassuré.

S'il apprend ainsi à ne pas user de sa violence ou à la réprimer lui-même, il ne s'en débarrasse pas pour autant – il ne s'en débarrassera jamais d'ailleurs, et heureusement ! Elle fonctionnera comme une force de dissuasion prête à se déployer en cas d'attaque. Mais elle peut aussi parasiter sans raison nombre de ses échanges. Contre ce qui le traverse ainsi sans qu'il en soit responsable au plein sens du terme, il n'y a pas d'autre solution que la répression : c'est-à-dire la gronderie et, si nécessaire la punition, toujours assortie de réprimande.

LE MENSONGE

On ne peut pas parler en principe de mensonge, au sens habituel du terme, chez l'enfant avant qu'il n'ait atteint l'âge de six à sept ans, le fameux « âge de raison ». Pour la simple raison qu'avant cet âge-là, il ne fait pas la distinction nette entre le vrai et le faux. Il est important de le savoir, car cela entraîne parfois de très gros problèmes, en particulier entre des parents séparés quand l'enfant raconte à l'un des deux un événement qu'il a vécu chez l'autre. C'est ce qui fait aussi toute la difficulté de son témoignage en cas de conflit.

Ce qu'on peut constater en revanche chez le petit enfant, c'est qu'il peut fabuler en s'identifiant à des personnages de son entourage ou à des personnages imaginaires quand il n'en invente pas. C'est un moyen pour lui, soit d'explorer des situations, soit de se valoriser pour tenter de lutter contre une peur ou une angoisse.

Je me souviens de la phase où notre aîné, âgé d'un peu moins de trois ans, réagissant sans doute au sentiment de solitude dans lequel l'avaient mis la naissance de sa sœur et le partage de notre temps de disponibilité entre elle et lui, s'était inventé deux camarades auxquels il avait donné des noms, qu'il emmenait parfois avec lui à l'école ou qu'il laissait d'autres fois à la maison et avec lesquels il conversait fréquemment. Nous nous amusions d'autant de leur présence qu'il lui arrivait parfois de nous interdire de nous asseoir sur le siège près du sien, au motif que nous allions écraser l'un ou l'autre sinon les deux.

Il importe dans ces cas-là de respecter son activité mentale et de ne pas le dissuader de poursuivre son exploration. Plutôt que de lui montrer que la chaise était vide, nous acceptions par exemple de ne pas nous y asseoir en lui disant : « Tu crois vraiment qu'ils se sont mis là, untel et untel ? » Cela allait dans le sens de son autonomisation en lui évitant d'imaginer par la suite que nous étions capables de deviner toutes ses pensées.

LA TRANSGRESSION

Voilà bien un grand mot pour un si petit âge ! L'agissement de l'enfant pourrait-il en effet s'apparenter de quelque manière à celui d'Adam transgressant l'ordre divin en croquant la fameuse pomme ? Certainement pas dans la mesure où Adam, en bon adulte, était censé avoir entendu et en principe compris autant qu'intégré la parole divine. Son acte s'inscrivait du coup dans le droit fil d'une décision prise en conscience et dans la conscience de ses conséquences. Le petit enfant n'a bien sûr pas plus le même rapport aux mots des ordres qui lui sont donnés qu'il n'a conscience des conséquences de sa conduite. Il est encore bien trop soumis à la violence de ses pulsions pour trouver seul le moyen de les combattre. C'est en cela qu'il a besoin de la pression éducative de ses parents. « L'homme est le seul animal qui doive être éduqué », dit Kant. La répétition des messages qui lui sont donnés en toutes sortes de circonstances finira par avoir un impact pédagogique. C'est à coups d'incitations et de corrections d'erreurs qu'il acquerra la conscience de ses limites, celle de l'existence de l'autre, la manière de se repérer dans son environnement. Toutes choses qui l'aideront à se défaire de l'illusion de sa toute-puissance et à entrer dans une communication plus fiable. Il y a cependant des circonstances dans lesquelles il apparaîtra impossible aux parents de lui laisser la moindre marge d'erreur. La détermination dont ils armeront alors leurs propos lui fera sentir qu'il y a des ordres qui ne souffrent pas d'être transgressés : quand il lui est interdit de faire mal à son petit frère ou à sa petite sœur, quand il lui est interdit d'aller dans le lit des parents ou d'entrer dans la salle de bains au moment où ils l'occupent, il doit absolument entendre qu'il paiera d'une punition sévère la transgression de ces ordres. Et il ne faudra pas hésiter à appliquer sur-le-champ la sanction encourue. C'est à ce prix qu'il prendra une plus claire conscience des interdits que, par principe, il aura toujours envie de transgresser et dont il transgressera sans doute un bon nombre pour détruire l'image de l'enfant parfait que les parents se seront faite de lui. La dialectique de cette envie et de ses conséquences lui donnera par ailleurs encore mieux conscience de ce qu'il est.

LA JALOUSIE

Rien n'est plus facile à comprendre que le sentiment qui saisit un enfant, qu'il soit l'aîné, le troisième ou le septième, quand il s'aperçoit que sa mère est enceinte et encore plus quand il la voit revenir à la maison avec le petit frère ou la petite sœur. Chacun l'assimile à un sentiment de jalousie ou de dépit. Et les scénarios sont vite échafaudés : « Il perd son statut d'enfant unique... », « Il va devoir partager sa mère... », « Il pense que le bébé nouveau venu va lui prendre une partie de ce qu'il possède déjà... », « Il se sent trompé et il se demande ce qu'il a fait pour décevoir ses parents qui ne se contentent plus de sa seule présence... », etc. Les stratégies les plus diverses sont alors organisées pour pallier les effets ravageurs d'une épreuve qui n'en est une que parce qu'elle est toujours analysée sur un mode adultocentrique et qu'on lui applique le traitement imaginé pour les grandes personnes à qui on peut raconter des salades. On lui offre, manière de l'amadouer et de l'acheter, un beau et gros cadeau, le plus volumineux, le plus voyant possible en lui disant de surcroît que c'est de la part du bébé nouveau venu ! C'est sûrement la pire manière de faire. Car l'angoisse de ce qu'il vit se redouble alors du dépit qu'il conçoit, quel que soit son âge au demeurant, à constater qu'on le prend pour un imbécile. On va d'autres fois acheter son silence en l'associant à la fête, en le mettant en avant en toutes circonstances, en parlant de lui d'abord, en lui racontant combien ce sera bien d'avoir un compagnon de jeu, etc. On croit devoir lui permettre de régresser en le laissant téter le sein ou prendre un biberon. En se préoccupant à ce point de lui, on aura porté atteinte à son bon développement en effaçant tout le travail que la frustration générée par la place qui aura été conférée par sa mère à son père aura accompli. Si une femme ou un homme se conduisait ainsi avec son ou sa partenaire, elle susciterait chez lui et il susciterait chez elle, les pires sentiments de doute à l'endroit de ceux qu'ils sont censés se porter mutuellement. À avoir obstinément voulu éviter le pire on aura donc fait pire encore !

On peut se demander pourquoi les parents font de pareilles bêtises. La raison en gît dans leurs histoires respectives, tout simplement parce que l'un ou l'autre, voire les deux auront vécu dans leurs fratries une inégalité de traitement de la part de leurs parents. C'est souvent le cas pour les mères qui ont eu une ou plusieurs sœurs et qui ont appris, parfois à leurs dépens, que leur mère avait une fille élue[15] qui enviait celle(s) qui ne l'étai(en)t pas alors qu'elle en était elle-même enviée.

Que faire alors ?

Rien de tout cela en tout cas.

---

15. Voir *Les Filles et leurs mères*, *op. cit.*

Il faut se contenter d'informer de la situation et dire les choses comme elles sont, c'est-à-dire la plus pure vérité. On a voulu un enfant, puis un second, puis, etc. On demeure, en tant que parents, responsables et seuls responsables du désir que l'on a eu, qui a été mené à son terme et que l'on assume sans chercher l'assentiment de l'enfant qui n'a rien à y voir, qu'on n'a pas à protéger et qui a seulement à en être informé et à en prendre acte.

Évitera-t-on de la sorte les sentiments négatifs ? Certainement pas ! Ce genre d'histoire court les mythologies et les légendes de toutes les civilisations. Dans une écriture qui nous est proche, ça date déjà de Caïn et Abel. Il n'y a rien de moins naturel. Ça fait partie du lot de chacun.

Comment combattre alors les sentiments négatifs s'il arrive qu'on en constate ? Par la remontrance, la répression et si besoin la punition sur-le-champ, de manière à ne pas laisser s'accumuler une culpabilité porteuse en germe des pires effets ultérieurs.

Cette position peut paraître surprenante et un peu excessive. Il n'en est rien. Elle ne vise pas à étouffer les sentiments mais à faire en sorte que l'enfant soit confronté à leur source. Cet enfant évolue en effet, dès son plus jeune âge, dans une dimension dont j'ai dit qu'elle en fait un métaphysicien. Ce que vient lui signifier la présence de ce bébé nouveau venu, ce n'est pas ce qu'imaginent les adultes, c'est d'abord et avant tout l'administration de la réalité de sa place, celle d'un individu définitivement coupé du corps qui l'a porté et auquel il n'aura plus jamais accès. Il ne peut plus désormais se leurrer de belles paroles ou se laisser aller à croire à un hypothétique retour ! Cette preuve vivante devant lui l'en empêche désormais et il ne peut de fait que la haïr parce qu'elle le contraint à faire répétitivement le deuil d'illusions qu'il avait cru pouvoir continuer d'entretenir.

En demeurant ainsi fermes sur leurs positions, les parents trouveront toujours les mots qui conviennent pour faire traverser sans encombre cette étape qui finit toujours, avec une telle approche, par s'amender et rentrer dans l'ordre.

C'est sans doute ce que sont parvenus à faire les parents de ce délicieux petit Léo âgé de quatre ans qui disait, avec un grand sourire déjà attendri et en caressant la tête de son petit frère de six mois : « Je suis jaloux de lui, je suis jaloux, jaloux, jaloux ! Mais il est tellement mignon, tellement… » Quelques années plus tard, les deux frères étaient les meilleurs amis du monde.

L'ENFANT QUI FRAPPE, L'ENFANT QUI MORD

Jusqu'à ce qu'il s'arrête, il est la « terreur » des grandes sections des crèches et celle des récréations des écoles maternelles. Il n'a pas le même profil que l'enfant qui mord. Ils sont différents. L'enfant qui frappe est toujours un peu grand pour sa taille, un peu pataud et mal à l'aise dans son corps, alors que celui qui mord serait plus petit et plus timide, ce qui le fait dire sournois. En général celui qui frappe ne mord pas et celui qui mord ne frappe pas. Leur comportement n'a cependant rien à voir avec celui des enfants plus grands. Car ce qui les rapproche, eux, c'est l'erreur qui affecte leurs démarches : ils ne sont pas plus violents qu'agressifs par nature. Et ils n'ont pas la moindre intention par leur geste, le plus souvent gratuit, de faire mal à ceux qui, tout en étant leurs victimes, les intéressent plus que les autres. La solution fréquemment adoptée par les adultes témoins de ce qui se passe, pour pédagogique qu'elle puisse prétendre être, ne produit pas l'effet escompté : frapper un enfant qui frappe ou mordre un enfant qui mord ne corrige jamais le comportement de l'un ou de l'autre.

L'enfant qui frappe est un timide inhibé qui découvre soudain son intérêt pour l'autre dont il n'avait pas la moindre idée tant il était enfermé dans la seule relation à sa mère. Il a fait, une première fois, un énorme effort sur lui-même pour « entrer en contact » avec celui ou celle qui a été sa victime. Sa tentative n'a pas seulement été un échec, elle lui a valu répulsion, réprobation et gronderie. Son inhibition s'en est trouvée aggravée, si bien que sa tentative suivante sera encore plus violente et enclenchera le cercle vicieux d'où il lui est difficile de sortir seul. Sa maladresse, transposée à l'âge adulte, se déploie avec le personnage tragique de Lennie dans le roman de John Steinbeck[16] *Des souris et des hommes*. Il importe tout d'abord de lui donner acte de la pertinence de sa démarche et de lui dire qu'il a raison de vouloir nouer des relations avec les autres et de chercher à avoir des copains, même s'il s'y prend mal. Après quoi, en le dissuadant désormais de frapper, on lui proposera une technique d'approche et de contact plus appropriée telle que celle de la caresse. On le verra alors adopter cette attitude, qu'il abandonnera d'ailleurs assez vite pour lui substituer l'usage de la parole, et devenir l'enfant le plus tendre du groupe.

La même attitude donne les mêmes résultats avec l'enfant qui mord et qui cherche à dire ainsi son amour au motif que lorsqu'il aime un aliment, il le mange. Sa gestuelle n'est d'ailleurs pas aussi insensée qu'elle le paraît. Elle se retrouve souvent dans l'expression intime de l'amour entre adultes : ne dit-on pas parfois à l'être aimé qu'on voudrait le manger et n'ébauche-t-on pas l'acte réprimé par des morsures qu'au demeurant il n'est pas sans apprécier ?

LES CONFLITS AUTOUR DES JOUETS

Ils n'interviennent pas seulement entre frères et sœurs, mais au sein de tous les groupes d'enfants. Pour épuisants qu'ils soient, en particulier pour l'adulte qui en est témoin et qui est forcé de constater son impuissance à les calmer,

---

16. John Steinbeck, *Des souris et des hommes*, Paris, Gallimard, 1978.

ils sont très formateurs pour les enfants eux-mêmes. Il n'en est pratiquement pas un qui se contente de celui qu'il a et qui ne guigne pas celui de l'autre, même s'il l'avait eu en main l'instant auparavant et que l'autre ne l'a entre les siennes que parce qu'il s'est laissé convaincre de procéder à un échange. Et c'est encore plus grave si l'autre semble s'en contenter. Les adultes, y compris les parents, ne comprennent en général rien à la logique de ces comportements et sont à des lieues d'imaginer qu'il a été le leur au même âge. C'est qu'ils se sont contentés, en les faisant leurs, des conclusions qu'ils ont tirées de ces débats où se jouent quantité de thématiques : soi et l'autre, la menace constituée pour soi par l'autre, la coupure, la relation au plaisir et en particulier au plaisir, mystérieux et incernable, procuré par l'objet. On en retrouve une illustration amusante et plus parlante dans un passage de *Huckleberry Finn* de Mark Twain[17]. Sommé par son père de repeindre la barrière du jardin, il s'attelle à la tâche à contrecœur jusqu'à ce que ses amis viennent le chercher pour aller à la pêche. Au lieu de leur avouer son empêchement, il leur fait croire que le plaisir qu'il a de sa tâche est infiniment supérieur à celui qu'il prendrait à pêcher. Du coup, chacun de ses amis veut s'y essayer. Non seulement il les laisse faire, chacun à son tour, mais il monnaie l'autorisation qu'ainsi il leur octroie.

Pour l'enfant, le jouet n'est pas seulement un jouet. Il est un objet sur lequel il a la faculté d'exercer son pouvoir, de le parer de tout ce que lui dicte son imagination et de projeter ses fantasmes. Il n'a pas d'identité ni de caractéristique en tant que tel. Il n'acquerra l'une et l'autre que beaucoup plus tard : l'émouvant cheval à bascule ou la non moins bouleversante voiture de pompiers retrouvés dans un grenier sont étiquetés comme tels, mais le souvenir qu'on en garde est plus lié à la débordante

---

17. Mark Twain, *Les Aventures de Huckleberry Finn*, in *Œuvres*, Paris, Robert Laffont, « Bouquins », 2004.

activité imaginaire qui a accompagné leur usage qu'à leur usage lui-même. L'objet, à cet égard, n'est pas tant ce qu'il est qu'inscrit dans une chaîne. Et chacun a servi, à un moment ou un autre, à pallier la perte – dont il est difficile de se remettre – du premier objet : le sein (au sens large du terme) de maman.

Alors, quand j'ai l'impression de ne pas retrouver mon objet perdu avec ce que j'ai entre les mains, je vais voir si je ne peux pas le retrouver avec un autre. Celui par exemple auquel s'intéresse mon voisin. Si je ne peux pas facilement le lui arracher, je vais tenter de négocier un échange. Ce qu'il accepte en général puisqu'il se trouve à peu près dans le même état que moi. Mais voilà qu'à peine il a le mien, il semble jubiler, alors que moi je n'ai encore rien trouvé dans celui qu'il m'a donné. Et si, croyant l'avoir roulé, je me suis roulé moi-même ! C'est insupportable : il va devoir me le rendre. Il me dit que ce n'est pas possible, que ce qui est donné est donné, que je n'avais qu'à ne pas le lui proposer ! Mais il est fou !

Et vlan ! le conflit qui s'enclenche va se déployer en de multiples épisodes...

Ineptes, stupides, inutiles et fatigants pour l'adulte témoin, mais de toute première importance pour l'enfant qui, avec chacun d'eux, va ajouter un trait, un point, une nuance à ce qui se dessine pour lui, de lui-même, de son environnement et de la place qu'il y occupe. S'il demeure convaincu de sa toute-puissance, on le verra l'exercer, triomphant, jusqu'à se trouver face à un autre dans les mêmes dispositions, qui écornera ses illusions sans en sortir lui-même indemne, les deux victimes apprenant en même temps et l'une par l'autre l'usage des manœuvres et des alliances. Les systèmes politiques n'ont rien inventé et les enfants sont, les uns pour les autres, d'excellents révélateurs de la réalité et de non moins excellents thérapeutes.

Il ne faut donc pas se mêler de régler les conflits entre les enfants autour des jouets. On n'y parviendrait pas. La seule erreur à ne pas commettre étant de leur acheter un jeu collectif – auquel par définition nul ne peut jouer seul – en disant qu'il est à eux tous ; ce jouet doit appartenir en propre à l'un d'eux, quitte à ce que les autres en aient d'équivalents ; ce qui n'est pas sans enseigner l'interdépendance et la négociation.

Cela n'exclut pas qu'on puisse parfois décider d'autorité qui a quoi et imposer ainsi le silence. On pourra toujours obtenir une pause. Brève. Parce que le conflit reprendra vite, de plus belle, et heureusement ! On pourra toujours s'en consoler en se disant que cet âge est décidément sans pitié.

LES DISPUTES ENTRE FRÈRES ET SŒURS

Elles prennent toutes sortes de prétextes. Et il n'en manquera évidemment jamais. Que la fratrie soit réduite à sa plus simple expression, deux enfants, ou qu'elle soit plus importante, en comportant trois quatre ou plus, les conflits se produisent à peu près toujours entre garçons et filles, les uns comme les autres finissant tôt ou tard par se démarquer de l'autre sexe et se montrer solidaires avec le leur.

« Quand j'étais petite, dit cette jeune femme qui avait un frère aîné et une sœur plus âgée qu'elle, ma première préoccupation à mon réveil était de décider avec qui, de mon frère ou de ma sœur, j'allais faire alliance pour la journée. Je faisais toujours ce que je voulais de l'un et de l'autre. Mais, à la fin de la journée, j'étais toujours l'alliée de ma sœur. Ce qui rendait parfois fou mon frère qui ne comprenait pas pourquoi j'avais brutalement inversé notre alliance quand je l'avais nouée avec lui. Quand je voyais qu'il le prenait mal et que les discussions d'après dîner s'éternisaient au point que nos parents venaient nous engueuler, je lui chuchotais à l'oreille que le lendemain nous ferions à nouveau alliance et que je ne le lâcherais pas. Et comme le soir, je recommençais, ça le mettait en rage. Si bien que, pendant

quelques jours, je refaisais alliance avec ma sœur. Et avec elle, il n'y avait pas de revirement. Le pauvre ! qu'est-ce que nous l'avons fait souffrir ! »

Alliance, hostilité, accrochage, expérience de l'autre, fût-il proche, mise en échec et entame progressive d'un éventuel sentiment de toute-puissance, exploration de la différence des sexes, de sa radicalité, du mystère qu'elle recèle et de sa troublante attractivité. Les filles enviant aux garçons la possession de l'organe censé leur procurer l'avantage de pouvoir se sentir différents de la maman, et ces derniers les enviant tout autant en les suspectant de pouvoir tirer parti, elles, de leur similitude. Expérience du malentendu, de l'insatisfaction, de l'exil, de la solitude et de la perte de l'objet. Des expériences irremplaçables, formatrices et qu'aucune explication ne peut résoudre parce qu'elles se déploient sur la scène de l'inconscient à l'écart de toute rationalité.

Les disputes, ayant fait leur office, cesseront un jour et les parents, stupéfaits, se demanderont comment, avec la violence qu'elles atteignaient parfois, elles ont pu le faire. Ce qui prouve simplement qu'ils ont oublié cette étape, inévitable, de leur propre parcours !

Comment cela se passe-t-il pour l'enfant unique puisqu'il n'a ni frère ni sœur pour vivre de telles expériences ?

De la même manière, avec à peine quelques nuances. Car, sa fratrie formatrice, il se la fabriquera avec ses amis et leurs fratries respectives bien trop heureuses d'intégrer un membre de plus doté de surcroît du privilège de pouvoir à son gré abandonner la partie, ce qui lui vaut un brin d'entreprise séductrice et d'être sollicité parfois comme arbitre.

Cette question n'en est qu'une parmi bien d'autres qui se posent à son sujet et qui sont sans fondement. Le seul risque qu'encourt l'enfant unique, c'est de focaliser sur sa seule personne les espérances et l'angoisse de ses parents. Un poids qui s'avère relativement supportable en raison des bénéfices qu'il procure en retour s'il n'était grevé d'une surprotection inutile et toujours nuisible.

Extrêmes

LA MORT D'UN PROCHE DES PARENTS

Ce genre de circonstances n'est pas exceptionnel et le petit enfant, quel que soit son âge, peut avoir à vivre de près ou de loin la mort d'un proche de ses parents. Ce peut être la mort d'un ami ou d'un parent plus ou moins éloigné de l'un de ses deux parents. Ce peut être la mort d'un parent plus proche (un des grands-parents par exemple, un oncle ou une tante ou un cousin).

Ce sont des circonstances que l'on ne peut jamais maîtriser et les parents comme la famille directe de l'enfant se trouvent naturellement submergés par le chagrin de ce qui les touche ainsi de plein fouet. Lui, du coup, n'a plus les moyens de reconnaître l'atmosphère habituelle dans laquelle s'établissait la communication. Il marquera d'abord de la surprise devant cette rupture. Mais si rien ne lui en est dit, il pourra manifester son malaise par différents troubles qu'on ne pensera pas toujours à ramener à la situation et qui pourront s'enkyster définitivement.

Aussi est-il important de lui dire nettement et simplement, sans se perdre inutilement dans les détails, ce qu'il en est : « Untel est mort... » Il ne faudra pas hésiter devant la formulation. Il sait, quelque part en lui, ce à quoi renvoient ces mots, ce que veut dire le mot « mort ». Il ne pose en général pas de questions. Mais si cela arrive, il faut lui répondre de la manière la plus simple qui soit et autant que possible sans déformer la vérité. J'entends par là que s'il est simple de lui dire du grand-oncle qu'il était vieux et très malade, il est moins simple de lui dire que l'ami qu'il connaissait bien s'est jeté sous le métro

ou est mort d'une overdose. On parlera alors d'« accident »
– ce qui n'est pas tout à fait faux – quitte à lui révéler plus
tard ce qu'il en a été en réalité.

On n'aura évidemment pas toujours réussi à lui permettre sur-le-champ la métabolisation définitive de l'événement. Il y réagira toujours avec sa propre affectivité : il ne ressentira pas de la même manière le décès d'un ami de la famille qu'il n'a pratiquement pas vu et celui d'un grand-père. Le travail de deuil que lui aussi aura à effectuer ne sera pas, comme on l'imagine, de même nature. On l'aura en tout cas éclairé utilement sur le changement du climat auquel il s'est soudain trouvé confronté et cette information primordiale lui permettra de repérer, à jamais et de manière stable, le fait qu'il aura vécu dans le cours de son existence.

Il lui arrivera bien évidemment de poser des questions sur ce qui se passe après la mort. Les parents y répondront comme ils l'entendent et avec leurs propres croyances. Certains parleront du ciel, de Dieu, de la vie éternelle quand d'autres ne sauront pas que dire parce qu'ils ne sont toujours pas parvenus à se forger une opinion en la matière. Pour ceux-là, je signale avoir beaucoup apprécié pour ma part la réponse à cette question que j'ai entendue dans le film *The Hours*[18]. À sa nièce qui lui demandait où allaient les gens après leur mort, le personnage qui jouait Virginia Woolf répondait : « Ils repartent d'où ils sont venus. »

LA MORT D'UN PROCHE DE L'ENFANT

Il arrive hélas que ce soit à la mort d'un parent direct (père, mère, frère, sœur) que soit confronté un enfant petit ou moins petit.

---

18. *The Hours*, film de Stephen Daldry, 2002.

La maman de Véronique, trois ans, me l'a conduite parce qu'elles ont vécu ensemble, deux semaines auparavant, un événement tragique : le papa de Véronique s'est électrocuté devant elles deux, alors que, monté sur une chaise, il changeait l'ampoule de la cuisine.

Au reçu de l'information, j'ai encouragé la maman à me raconter l'ensemble des événements en m'en donnant les détails. Elle a hésité un petit instant en jetant un regard à sa fille puis à moi, comme pour me demander s'il ne valait pas mieux pour cela que nous soyons seuls. Elle a compris à ma mimique qu'elle ne devait pas hésiter. Ce qu'elle a fait en raison sans doute de la confiance dont elle m'honorait, mais aussi parce qu'elle s'est rapidement aperçue combien la narration des faits, la sortant de sa solitude, lui apportait une forme de soulagement. Ainsi fit-elle mention des gestes, des cris, de l'appel aux pompiers et aux voisins. Puis de l'horreur refusée qui s'est imposée, de la venue rapide des deux couples de grands-parents, des pleurs de toute l'assistance, de l'intervention de la police, de celle des pompes funèbres et enfin des funérailles auxquelles elle a tenu à faire assister Véronique. Le retour à la maison enfin et l'effort qu'elle faisait pour lutter contre ses pleurs et aller cacher ses larmes pour ne pas altérer l'humeur de Véronique. Cette dernière avait écouté tout le récit, la main dans celle de sa mère. Je leur ai dit, à toutes les deux, qu'il ne fallait pas qu'elles se cachent leurs larmes ou qu'elles les retiennent, parce que les larmes sont dues au papa et à l'époux mort, qu'elles disent la juste douleur et qu'elles lavent le chagrin.

Cette maman a géré comme elle a pu la brutalité du décès. Elle a répondu comme elle a pu aux questions de sa fille. Elle l'a fait assister aux funérailles, ce qui n'est pas habituel mais qui devrait l'être, car cela permet à l'enfant d'avoir un repère matériel de ce définitif qui est survenu. Ça lui permettra mieux de comprendre ce que laisse entendre la notion de disparition définitive : pour

Véronique, son papa ne reviendra plus jamais puisqu'il est là-bas où elle l'a vu mettre, cet endroit qu'elle retournera voir de temps à autre avec sa mère et dont l'importance est si grande pour que puisse se faire le deuil – deuil si difficile des enfants dont les parents ont été victimes de la Shoah ! La maman a compris qu'elle pouvait associer sa fille à son chagrin et le partager avec elle en une modalité d'entraide aussi utile à l'une qu'à l'autre. Elle a aussi compris qu'elle devait accepter toutes les questions de son enfant et y répondre en essayant d'être toujours au plus près de la vérité.

Les grandes lignes de l'attitude que j'ai indiquée dans ce cas restent les mêmes quel que soit le rapport de parenté au défunt, mère, frère, sœur et autre proche parentèle. S'il y a une chose avec laquelle il ne faut pas tricher, c'est la mort. Son idée est déjà suffisamment obsédante comme ça pour qu'on croie pouvoir la masquer ou en faire ignorer la survenue, sans contraindre l'enfant à en être plus travaillé encore.

Chapitre 3

SOI ET LUI

Il est là. Et jamais plus rien ne sera pareil. Pourquoi s'en étonner quand on sait le nombre et la complexité des facteurs qui n'ont pas cessé d'intervenir dans le projet qu'on en avait eu, dans sa conception et jusque dans la menée de la grossesse qui a abouti à sa naissance ? On a même eu l'occasion de relever que certaines conduites, certains sentiments, certaines prises de décision se sont imposés à soi, tout neufs et surprenants qu'ils aient pu paraître. C'est peut-être ainsi qu'on s'est trouvé amené à subodorer que même la pleine conscience et l'assomption de l'événement n'en assuraient pas la maîtrise. Qu'il s'y jouait quelque chose d'aussi essentiel qu'impossible à saisir parce que pas su. Ce qui est certain. Il serait malhonnête de le nier et plus encore de soutenir que ça ne serait pas de toute première importance.

Mais on ne peut pas prétendre élever et éduquer un enfant, c'est-à-dire l'aider à combattre la violence de ses pulsions, en se dispensant de combattre les siennes propres, quelque bénéfice puissent-elles apporter. Un père peut tout de même s'empêcher de dire – et encore mieux de le penser ! – à sa fille de cinq ans : « Tu es la femme de ma vie et je casserai la gueule aux garçons qui pourraient venir un jour te tourner autour. » Une mère peut se dispenser de dire à son fils de cinq ans qui écarquille les yeux sur le sein qu'elle donne à sa petite sœur : « Tu les aimes, mes seins ? Tu n'arrêtes pas de les lorgner ! Tu m'as tétée toi aussi quand tu étais petit. Mais c'est fini. Il te faudra attendre d'avoir une femme pour avoir à nouveau des seins à sucer. En attendant, si tu veux, les miens, tu peux les toucher. »

Il y a des limites à ne pas franchir et des règles à observer impérativement, même si la situation à laquelle on se trouve confronté génère une émotion étrange, débordante ou angoissante.

C'est au traitement de quelques considérations de cet ordre ou d'un ordre voisin que se consacre la suite de ce chapitre.

Autour du baby-blues

Plus que les premières semaines et les tout premiers mois, ce sont les premiers jours qui suivent la naissance qui sont vécus par toutes les mères sur un mode particulier, le fussent-elles pour la première ou pour la énième fois.

La raison en est que le temps réel, le temps de la montre, celui qui permet de dater et de situer les événements dans leur implacable succession, ce temps-là y est bien peu intervenu. Certaines choses se sont passées vite alors que d'autres ont semblé traîner en longueur. De fait, c'est un temps nouveau qui s'est installé. Différent, plein et rarement perceptible comme tel. Les toutes premières heures qui ont suivi l'accouchement ont par exemple paru bien plus longues, ou bien plus courtes, qu'elles ne l'ont été en réalité. Et la première nuit a paru durer un siècle. Tout cela a fini par donner le sentiment d'une brutale maturation et d'un vieillissement étonnamment rapide.

Le phénomène est généralement tu. C'est regrettable parce qu'il n'est pas plus banal que négligeable. C'est en effet lui qui explique la survenue du baby-blues, cette forme de désarroi paradoxal, le plus souvent surmonté mais qui risque de faire plonger certaines mères dans une dépression plus ou moins grave.

Pourquoi cela s'est-il passé ainsi ? Pourquoi la perception du temps intérieur a-t-elle dû, si brutalement, se substituer à la perception mesurée du temps objectif ?

C'est parce que le travail qui s'est effectué ne s'est pas accompli dans la seule réalité. Il n'a pas concerné une aventure qui se serait inscrite seulement dans le corps. Il n'a pas été restreint au seul apprentissage et à la seule exécution de gestes nouveaux et indispensables. Il ne s'est pas résumé à la seule familiarisation avec le corps neuf et encore inconnu de ce bébé pourtant sien. Il s'est accompagné, tout au long de son effectuation, d'un autre travail, souterrain et secret : un travail intense, bouillonnant et insoupçonné de la pensée.

Et il ne s'est pas seulement agi de la remémoration, de l'appréciation ou de l'intégration du vécu des moments récents. Pas plus d'ailleurs qu'il ne s'est agi de supputations autour de la vie nouvelle et son indispensable organisation. Ce qui s'est produit a été un travail d'une tout autre dimension. Un travail sans mots, sans contenu, sans objet apparent, sans direction précise. Un travail inattendu, imperceptible et dont on peut cependant affirmer à coup sûr qu'il a dû se dérouler, au vu de ses stupéfiants résultats.

La perception de la vie, même dans ce qu'elle a de plus banal et de plus quotidien, aura de fait complètement changé.

Tout sera désormais vu sous un angle différent.

C'est le résultat d'une véritable mue qui s'est produite et qui, en un tournemain, a réussi à fabriquer au nouveau-né un personnage à la stricte hauteur des exigences qu'il manifeste, un personnage à l'exacte proportion des besoins qu'il exprime : une mère.

Une mère qui comprend, par les modifications intérieures dont elle prend à peine conscience, qu'elle vient de franchir une étape de plus, une étape tout à fait importante dans sa trajectoire existentielle. Elle a soudainement cessé d'être ce qu'elle a été jusque-là et qu'elle croyait devoir ne jamais cesser d'être. Elle n'est plus seulement la fille de sa mère. Elle est devenue – ou redevenue, une fois de plus, quand il s'agit d'une naissance nouvelle dans une fratrie déjà constituée – mère à son tour. Qu'elle l'ait consciemment voulu ou pas, elle est désormais différente. Même si elle sait n'avoir pas en réalité tellement changé, c'est tout de même une autre « elle », héritière de la précédente, qui perçoit ce qui lui arrive de nouveau. C'est exactement comme si l'ancienne « elle » avait cessé de vivre. Elle peut y penser sans le moindre regret puisqu'« elle », la nouvelle, vient de donner corps à une nouvelle vie dont elle sait avoir désormais la charge.

Cette mutation bouscule en elle, sans qu'elle en mesure tout à fait l'importance, la relation fondamentale qu'elle entretient – comme chacun – à la vie et à la mort. Et quel que soit le rang de son accouchement, elle fait, sans pouvoir toujours en saisir sur-le-champ l'importance, une authentique expérience de mort.

Non pas une expérience de mort réelle, bien entendu, puisqu'elle est toujours vivante, mais une expérience de mort que l'on dit « imaginaire » – ce qui est toujours tout de même du registre de la mort ! Elle assiste à la mort d'une image. Elle constate en elle la mort d'une image d'elle qu'elle avait toujours eue jusqu'à cet instant précis de la mise au monde, jusqu'à cet instant précis où ses bras ont soudain ressenti le poids de ce qui lui rendait le ventre si lourd.

Elle entérine la mort de cette image. C'est par cette expérience, entre autres, qu'elle accède à sa dimension nouvelle et qu'elle peut accepter cette dimension dans tout ce qu'elle implique.

Mais, à l'instant même où meurt en elle son « image » propre, elle est confrontée à la réalité du corps de cet enfant qu'elle a cependant « imaginé » de toutes sortes de manières des heures, des jours, des semaines et des mois durant.

Accepter cette réalité telle qu'elle se présente requiert de sa part une prise de conscience exacte de sa propre place et de son propre devenir. Prise de conscience qu'elle n'aura peut-être pas toujours eu le temps, la possibilité ou le loisir d'élaborer : il lui aurait fallu pour cela prendre le temps de comprendre sans ambiguïté la nature de la relation à ses deux parents et avoir une idée précise de tout ce qui l'a suffisamment liée au géniteur de son enfant pour avoir accepté d'en être fécondée. Il lui aurait fallu en quelque sorte, soit se soumettre volontairement mais passivement à un certain ordre des choses, soit avoir une conscience relativement claire de ce qu'impliquaient ses choix existentiels. On conçoit aisément que l'une comme l'autre des conditions soient rarement remplies. Et si, malgré cela, elle assume comme elle le peut la mort de son image antérieure, elle peut parfois être tentée de vouloir la compenser en maintenant son enfant nouveau dans une stricte conformité à l'image qu'elle s'en était faite. Ce mouvement de recul et cette hésitation vont parasiter ses gestes ou faire le sol de sa maladresse et de ses interrogations.

Pendant des mois et des semaines, avec une infinie patience et grâce à de multiples médiations, le bébé tentera alors de s'imposer à elle dans sa dimension réelle. Il essaiera, comme il le pourra, par ses cris et l'ensemble de ses manifestations, de lui dire son existence réelle, telle qu'elle est. S'il n'y parvient pas rapidement, il aura tout loisir de multiplier les maladies et les troubles qui l'aideront à perpétrer, lui-même, le meurtre ultérieur de cette image qui ne lui convient pas. Le plus souvent, il n'aura pas à aller jusque-là, et il parviendra sans grande difficulté à lui faire entendre raison.

De fait, la réalité de la mère, qui doit s'accepter, se reconnaître et être reconnue dans sa dimension nouvelle, doit plus ou moins tôt – mieux vaut tôt que tard – s'accompagner de la prise en compte, par cette mère, de la réalité de son enfant.

On aura compris que, pour bien augurer la suite des événements, toute mise au monde doit, en quelque sorte, comporter une naissance double qui s'appuie elle-même sur une double mort d'image.

La toute-puissance de la mère

Est-ce seulement l'enfant qui perçoit sa mère comme toute-puissante, ou l'est-elle en réalité ?

Le débat est simple à trancher : la toute-puissance que l'enfant confère à sa mère lui est « regrettablement nécessaire », dirai-je. Elle lui est de toute première nécessité pour l'aider à forger, tout au long de ses premiers mois, son système de sécurité : la savoir si forte et en même temps si encline à le servir et à le protéger, lui donne le sentiment de pouvoir à lui seul conquérir le monde – les enquêtes biographiques menées sur les personnages marquants de notre humanité signalent fréquemment qu'ils ont eu des mères présentes, tendres et dévouées. Aussi lui apparaît-il regrettable, sinon désespérant, de se percevoir, au tournant de la première année, si dépendant d'elle et de l'imaginer capable de le priver de son secours et de le livrer du coup à la mort.

Tout ce qui concerne l'altérité prend sa racine à cette étape de la vie de chacun. Et j'ai montré ce qui s'ensuit : la manière dont l'enfant déploie ce qu'il croit pouvoir constituer comme sa propre toute-puissance et la manière dont cette dernière évoluera en fonction des réponses qui y seront apportées.

C'est en effet en ce point que peut se poser la question de la réalité de la toute-puissance de la mère.

On pourrait dire d'emblée que si la question se pose, elle se pose mal dans la mesure où on se laisserait prendre par les mots et la confusion de leurs sens. Du côté de l'enfant, toute-puissance de la mère = elle peut, à son gré, faire vivre ou cesser de faire vivre (laisser mourir, tuer). Ce qui est, pour une mère, non seulement une accusation absolument insupportable, mais une véritable et ignoble négation de tout ce qu'elle est et qui la fait être, elle qui est capable de donner sa vie pour son enfant ! À cet égard et à examiner le problème sous cet angle rigoureux, on ne saurait qu'applaudir à sa révolte et s'y associer sans réserve au nom même de la place occupée par sa propre mère dans la psyché de chacun.

On perçoit néanmoins, à suivre la trame des histoires qui se construisent, ou à écouter celles qui se racontent en face à face ou sur le divan, que la place occupée par la mère dans la psyché des sujets – surtout chez les femmes[1] – est si grande et si déterminante qu'il est impossible de ne pas lui prêter une « puissance » à laquelle il faudrait peut-être trouver un autre qualificatif que ce blessant « toute ».

Il faudrait cependant examiner auparavant ce qui confère à la mère ladite « puissance ».

La gestation en est le premier élément puisqu'elle confère à l'enfant l'alphabet sensoriel élémentaire qui va lui permettre d'avoir avec elle une communication fiable, de nature unique, et dont l'importance est si grande qu'elle réfractera pour lui et à jamais la vision qu'il aura du monde.

Cette communication va fabriquer à elle seule une dyade dont la rupture ne peut intervenir que si la mère y consent : comme il a été montré, c'est elle en effet qui

---

1. Voir *Les Filles et leurs mères*, op. cit. et *Adultères*, op. cit.

peut ou peut ne pas désigner à l'enfant son père et introduire ce dernier auprès de lui ; tout comme elle peut, à son seul gré et quand elle le décide, revenir sur sa désignation. La société et le droit confèrent certes au père la possibilité de contraindre la mère à cette désignation. Mais il n'est pas difficile de comprendre qu'une désignation sous contrainte ne vaut en aucune façon la désignation volontaire et spontanée dans la mesure où elle pourra toujours la désavouer, renforçant d'autant sa puissance.

De ce fait même, le sort ultérieur de l'enfant dépend de façon prévalente des dispositions de sa mère. Elle peut, à son gré et par l'effet de sa seule gestuelle, le tracter du côté de sa seule histoire ou l'introduire à l'histoire de son père en se faisant la traductrice du langage de ce dernier. Elle peut ou peut ne pas le soumettre à une discipline éducative. Elle peut concevoir, apprécier et souhaiter même qu'il puisse un jour s'éloigner d'elle au point de s'éloigner elle-même de lui en vivant pleinement sa vie de femme. Tout comme elle peut décider de prendre l'option opposée et de tisser autour de lui un utérus virtuel extensible à l'infini d'où elle ne le laissera jamais sortir pour ne pas cesser d'en jouir.

Ces décisions, dont elle est seule maître, sont bien plus issues des données de sa propre histoire que d'une volonté délibérée, en fût-elle convaincue. Lorsqu'elle se soumet aux délices de l'expression de la toute-puissance illusoire de son enfant, le condamnant à en être parasité pour le restant de ses jours, elle cède, sans le savoir, au vertige de l'expression de la toute-puissance infantile qui la parasite encore elle-même.

C'est tout de même, sinon une « puissance-toute », pour ne pas dire une toute-puissance, une belle étendue de puissance.

On pourrait tenter de sortir de l'impasse sémantique en remplaçant par exemple le terme de « puissance » par le terme de « pouvoir ». Mais ce n'est pas si simple. Car il se glisse, entre ces deux mots en apparence synonymes, une nuance subtile mais d'importance. La « puissance » désignerait un état, c'est-à-dire une capacité et une richesse étendues, reconnues comme telles et qui n'ont pas besoin pour être appréciées d'être mises en œuvre. Le « pouvoir » repose certes sur l'existence d'une « puissance » mais il fait plus référence à une possible mise en œuvre de cette dernière. Il y aurait dans la « puissance » (seulement substantif) l'idée de quelque chose qui serait consistant et étale, tout en restant passif, et dans le « pouvoir » (substantif et verbe à la fois) quelque chose d'effectif. Des nuances qui se retrouveraient en quelque sorte sexuées : la « puissance » serait le féminin s'opposant tout en l'armant au « pouvoir » masculin, lequel y prendrait sa source tout en y étant à son tour soumis.

C'est au traitement de ces deux instances, inconciliables et aussi têtues l'une que l'autre, qu'ont tenté de s'attaquer, sans grand succès jusqu'à présent, les processus civilisateurs successifs. La question qui ressurgit de nos jours est celle du destin de la « puissance » quand on a décidé que le « pouvoir » était désormais détestable.

La reprise des rapports sexuels

Un de mes bons amis, accoucheur habile, intelligent et expérimenté m'a déclaré un jour, il y a de fort nombreuses années : « Tu sais, depuis que je t'ai connu et que nous travaillons ensemble, j'ai vraiment fait des progrès. » La confidence m'a flatté et m'a rendu impatient de savoir en quel curieux point avait pu s'être exercée mon influence. « Quand je fais ma visite de suite de couches, les patientes me demandent toujours quand elles peuvent reprendre leurs relations sexuelles. C'est de fait une question qui ne peut pas recevoir de véritable réponse. D'ailleurs, je ne la comprenais pas. Je croyais toujours avoir suffisamment expliqué ce qui allait se passer. J'en étais étonné mais je me sentais contraint d'y répondre. Alors, le plus souvent, je répondais soit distraitement, soit à "la tête de la cliente". Je prescrivais aussi bien quinze jours d'abstinence stricte que trois mois ! Depuis que je te connais, j'ai appris à donner la seule réponse qui me paraisse juste. Maintenant, je dis invariablement : "Quand vous voudrez, madame !" »

Il n'a pas compris tout de suite pourquoi cette réponse, dont il était fier parce qu'elle le soulageait, lui, n'était pas aussi bonne qu'il le croyait.

C'est probablement pour avoir tenté de trouver une solution aux conflits éventuels qui découlent de cette phase de la vie à deux, que bien des sociétés de par le monde ont cherché à fixer en la matière des règles généralement indifférentes au consensus éventuel des partenaires.

L'Ancien Testament, par exemple, prescrit une abstention des rapports sexuels de 7 + 33 jours si le nouveau-né est un garçon, et de 14 + 66 jours si c'est une fille, en prenant en considération les seules notions de pureté et d'impureté relatives à l'écoulement de sang[2]. Certaines sociétés africaines recommandaient l'abstinence pendant toute la période d'allaitement, ce qui permettait d'une manière intelligente et efficace d'espacer les naissances.

Mais que disent sur cette question, en dehors de la nécessité pour la mère de recouvrer son intégrité physique, les traités de gynécologie et d'obstétrique ? Rien qui soit rigoureusement justifié, et encore faudrait-il s'en féliciter car ce silence respecterait cette dimension d'intimité parfaitement propice à ouvrir les débats entre les partenaires confrontés à une nouvelle étape de leur vie à deux. Mais ce serait sans compter avec l'usage qui est fait parfois de la médecine et la manière dont certaines femmes parviennent à la prendre au piège de sa prétention à pouvoir répondre à toutes choses.

---

2. Lévitique 12, 1-8.

Il est certain que la question que recevait ce collègue n'était pas seulement destinée à obtenir une information – dont il avait, à ses propres dires, déjà fourni l'essentiel – mais à tenter de dire quelque chose d'un émerveillement mêlé de crainte. C'est un peu comme si derrière elle se dessinait, pour la femme-mère (la femmère[3] ?) qui la posait, une prise de conscience enivrante de sa puissance et de sa responsabilité. La réponse qu'il a fini par inventer a au moins le mérite de laisser à la femme la possibilité de régler à l'intérieur de son couple le débat qui doit nécessairement s'ouvrir à un moment ou à un autre. Débat qui portera nécessairement et implicitement sur les statuts du désir et du plaisir sexuels de chacun des partenaires.

Or ces statuts sont foncièrement différents dans l'un et l'autre sexe, et rien ne peut en aucune manière les mettre dans un quelconque rapport. Si le désir d'un homme est flagrant et se traduit par une érection qui requiert une pénétration pour aboutir à un orgasme, le désir d'une femme est bien plus subtil et d'une nature tout autre. Il peut certes être violent et impérieux, mais il peut aussi ne pas être ressenti, ne pas être perçu et se réveiller cependant sans retard et sans limite sous l'effet d'une sollicitation adéquate. Si le corps féminin n'était pas doué de ce pouvoir on ne pourrait pas comprendre, par exemple, qu'une femme accepte, un jour, la défloration. On sait par ailleurs que souvent les femmes, au début de leur activité génitale, n'éprouvent pas d'orgasme et peuvent mettre parfois un certain temps à y accéder. Elles ne renoncent cependant pas, en cette période, à leur activité sexuelle et reconnaissent en tirer une satisfaction qui, pour ne pas être similaire à celle qu'elles connaîtront ultérieurement, n'en existe pas moins[4]. Il est vrai que ces débats portés

---

3. Un concept que j'ai développé dans *L'Enfant bien portant, op. cit.* et dans *Les Pères et les Mères, op. cit.*
4. Sur cet ensemble de questions on peut se reporter à *Adultères, op. cit.*

sur la place publique par les médias et renforcés de considérations sur le plaisir clitoridien et le plaisir vaginal n'ont pas toujours contribué à simplifier l'appréhension de cette question. Alors que désir et plaisir se trouvent chez un homme simplement et linéairement liés dans le temps, ils occupent chez une femme des registres parfois fort éloignés les uns des autres. Un homme – dont le seuil d'excitabilité est relativement bas – a besoin, je le repète, d'une érection pour éjaculer et obtenir un orgasme. Une femme peut, en revanche, obtenir un plaisir authentique par une simple étreinte, un simple attouchement ou même une pensée, tout comme elle peut ressentir son désir violemment monter en elle après une pénétration à laquelle elle ne s'était prêtée que passivement.

Ces différences physiologiques ont malheureusement été gommées ces dernières décennies par un certain discours qui, sous prétexte de prôner l'égalité entre les sexes, a semé la plus grande confusion dans ce registre et a réussi à faire en ce domaine délicat de bien sérieux ravages. Ce n'est pas faire insulte à une femme que de lui dire, au besoin en insistant, l'envie que l'on a d'elle. Ce n'est pas non plus lui faire insulte que de la convaincre de se prêter à l'accouplement quand on la sait, de surcroît, parfaitement capable d'en recueillir pour elle-même un certain plaisir. C'est, en revanche, un mauvais service à se rendre et à lui rendre que d'attendre qu'elle éprouve un désir suffisant pour demander elle-même une union dont elle risque de n'avoir pas de sitôt la moindre envie tant elle est comblée dans son corps par ce que lui apporte son enfant[5]. C'est l'encourager à surinvestir la seule dimension de la maternité qui l'enfermera comme le ferait une forteresse. C'est entériner la place de l'enfant mis ainsi, de

---

5. Ce dont témoigne au demeurant la biologie dans la mesure où la sécrétion d'ocytocine (hormone du bien-être) est stimulée dans les deux sexes par l'acte sexuel et en plus, chez la femme seulement, par la vue de l'enfant.

manière dommageable pour lui, au centre du dispositif familial.

La tension qui caractérise les échanges des parents de Vincent, deux mois et demi, est directement perceptible : les propos du père sont secs et agressifs ; la mère semble résignée et décidée à ne pas les entendre. Il en est ainsi autour de chaque point abordé. À telle enseigne que je finis par « mettre les pieds dans le plat » et poser la question : « Avez-vous repris votre vie de couple ? » Ma question fait l'effet d'un coup de bistouri dans un abcès. Le père s'en saisit pour faire procès à son épouse de son refus. Elle, elle argue de son absence de désir, ajoutant que cela viendra bien un jour ou l'autre. À la consultation suivante, quinze jours après, le débat reprend au même point et le père, me prenant à témoin, tient un discours plus revendicatif et encore plus dur. La mère se tourne alors vers moi : « Ce qui m'ennuie, c'est que si je refais ça (elle faisait allusion à la reprise de ses activités sexuelles), j'aurai l'impression de le tromper », me dit-elle en désignant Vincent.

On conçoit sur cet exemple que le refus des rapports sexuels, même sous des prétextes physiques, puisse souvent n'être qu'une manière de masquer des motifs d'un autre ordre. Il tombe sous le sens qu'un attachement de cette espèce n'est pas moins préjudiciable pour l'enfant qui en est l'objet que pour chacun des deux parents.

Ce à quoi on assiste fréquemment de nos jours, hélas, c'est que, dans ces périodes, les hommes s'en vont chercher ailleurs une consolation, nouent des relations et des liens qui ne font que compliquer un ensemble qui n'est déjà pas si simple à gérer. Quand ils reviennent au bercail, au bout d'un temps qui leur a semblé raisonnable, et qu'ils veulent reprendre leurs relations, les choses se compliquent encore. Plus d'une fois, dans un de ces incompréhensibles élans d'amour, ils croient pouvoir s'amender en confessant leur incartade. Ils rencontrent alors la jalousie de leur partenaire qui a beau jeu d'utiliser cet argument pour radicaliser sa position et se trouver les meilleures raisons de resserrer les liens à son enfant. La femmère se mue en mère exclusive. La tension augmente et la séparation qui est toute proche fait produire à l'enfant un symptôme : la clinique pédiatrique témoigne de la fréquence avec laquelle les maladies du premier âge ont trait à des difficultés de ce type.

Quel enseignement en tirer ?

Une leçon toute simple et assez proche de celle de mon collègue obstétricien : les rapports sexuels seront repris dès lors que la femme aura recouvré son intégrité physique et pourra se prêter sans douleur, n'en eût-elle aucun désir, à la demande de son partenaire ; l'agrément lui reviendra certainement plus rapidement qu'elle ne l'imaginait. Et les parents se mettront ensemble à cette tâche essentielle qui est le plus parfait des coupe-circuit en cas de conflit et qui consiste à ne jamais cesser de faire leur enfant.

Le lit des parents

Voilà bien un endroit que les enfants adorent. Mais ils ne sont pas les seuls. Car les parents eux-mêmes apprécient souvent de paresser sous la couette avec leurs enfants entre eux. C'est parfois un rituel du dimanche matin, juste de quoi faire rupture avec la pression du temps des autres jours, quand il faut vite se préparer pour l'école et pour le travail. Pour les enfants, c'est une manière d'investir ce lieu singulier qui leur pose tant de questions. C'est aussi l'occasion d'un contact intime dans la chaleur et les subtiles odeurs des corps après la nuit. Pour les parents, c'est l'occasion d'un partage de tendresse : ces enfants sont là, à eux deux, avec eux deux, entre eux deux. C'est donc d'une forme de communion dans l'émotion qu'il s'agirait, même si l'émotion de chacun n'est pas superposable à celle de l'autre. Ça va même parfois jusqu'à se compléter d'un petit déjeuner en commun – histoire de sacrifier à des chromos qui ont pu en donner l'envie.

Pourquoi pas ? Même si cette pratique rencontre parfois la réprobation de certains psychanalystes, qui prônent – non sans raison au demeurant – qu'il vaut mieux que les enfants se voient interdit purement et simplement l'accès à la chambre des parents.

Mais à la condition expresse, d'une part, qu'elle ne se pérennise pas au-delà du milieu de la troisième année et que, d'autre part, les parents soient vêtus de pyjamas ou de vêtements de nuit couvrants et décents lorsqu'elle a lieu. Les enfants trouvent en effet dans la circonstance une occasion de satisfaire leur curiosité, laquelle, rendue plus vive encore par l'intimité du contact, risque de les entraîner à une exploration qui leur est interdite. S'il leur arrive de vouloir écarter les pans de la veste de pyjama de la maman ou du papa, l'un et/ou l'autre doivent réagir vivement pour les remettre à leur place en les réprimandant et en leur interdisant fermement de tels gestes.

Être ensemble sous la couette ne doit en aucun cas produire la moindre atténuation de la hiérarchie, la moindre levée du mystère qui entoure la relation des parents, ni la moindre confusion des places. Si on ne se sent pas capable d'assurer un tel objectif, il vaut mieux décider de se retrouver à la table du petit déjeuner, y compris le dimanche matin et les jours fériés.

La nudité

Nous vivons dans des sociétés où les corps, en raison de notre climat froid, sont recouverts par les vêtements. Les corps ne sont jamais vus pratiquement nus comme ils le sont dans les contrées chaudes pour éviter de contracter des mycoses. Même chez les peuples primitifs, certaines parties du corps sont soustraites à la vue : les pagnes y sont largement répandus et l'homme qui perdrait par hasard son étui pénien se sentirait effroyablement gêné. Aussi ne faut-il pas tomber dans le piège de ces discours qui stigmatisent la pudeur en la mettant au compte d'une idéologie moralisatrice et répressive. La pudeur, dont il a déjà été traité au demeurant, signale à l'autre quel qu'il soit, ce que le sujet considère comme la part de son corps dont il entend user à sa seule guise et qu'il réserve en quelque sorte à sa plus stricte intimité. Une femme peut sans gêne, pour allaiter, découvrir le sein qu'elle n'aurait jamais découvert en une autre circonstance. Comme si l'allaitement qu'elle assurait avait retiré à l'organe la caractéristique érotique qui l'avait versé jusque-là – et qui le versera à nouveau quand l'allaitement sera suspendu – au rang d'organe dévolu à l'intimité. Ce qui est logique dans la mesure où, pendant qu'elle allaite, elle est censée ne pas pouvoir user à son seul gré de son sein puisqu'il est dévolu à son enfant.

Il en va de même des parties habituellement recouvertes du corps de chacun des parents. Elles définissent leur intimité. Chacun d'eux en disposera à son seul gré, mais seulement avec celui qu'il admet dans son intimité. En conséquence, les enfants ne doivent pas y avoir le moindre accès.

On rétorquera à cette argumentation qu'il arrivera pourtant aux mêmes enfants de voir leurs parents en maillot de bain sinon nus dans un camp naturiste. Cette réserve n'est pas admissible en raison même de la loi du nombre : leurs parents en maillot de bain, ou nus dans un lieu naturiste, seront au milieu d'autres personnes aussi peu vêtues qu'eux et ne seront pas plus singularisés pour cela. Ce que chacun peut d'ailleurs vérifier dans sa propre expérience : voir le haut d'une cuisse d'une femme vêtue est troublant pour un homme qui ne la regarderait peut-être pas plus que ça s'il la voyait en maillot ; de même éprouverait-elle elle-même une certaine gêne à avoir surpris son regard alors qu'elle y serait indifférente si elle était en maillot.

C'est pourquoi les parents doivent veiller à ne pas se montrer nus à leurs enfants où que ce soit et même dans la salle de bains qu'ils doivent fermer au loquet quand ils y sont pour ne pas être surpris.

Cette restriction joue d'ailleurs dans les deux sens : dès que l'enfant sait se laver seul, il faut l'engager à le faire. On respecte ainsi l'intégrité de son corps et on lui enseigne à la faire respecter, en même temps qu'on lui fait prendre conscience de son droit à l'intimité.

Dire ou ne pas dire

Dire quoi ? Ou ne pas dire quoi d'autre ?

Tout et rien. Car c'est de cela qu'il s'agit. Depuis quelques décennies, la transparence s'est en effet imposée en usant d'accents proprement terroristes. Au motif que ce qui est caché, parce que inavouable, serait suspect de servir, au détriment de tous les autres sans exception, à la seule personne qui use de ce stratagème, il faut tout dire et pouvoir tout dire. Tout ! Lequel tout ne connaîtrait pas de frontière. C'est à cette condition, et à elle seule, qu'un sujet serait crédible.

Étrange virage des mœurs ! Il mériterait à lui seul une étude beaucoup plus approfondie que celle que j'esquisse à peine. D'autant que dans le champ sociopolitique il fait l'objet d'un bien curieux traitement.

Ainsi a-t-il été décidé que lorsqu'on brigue un poste de pouvoir, on doit être irréprochable à tous égards. Il faut donc pouvoir faire état aussi bien de sa fortune que de sa santé et de sa situation affective quand ce n'est pas de ses préférences sexuelles. Toutes choses qui, dès lors qu'elles sont dites, n'exposent d'ailleurs à aucun jugement de valeur. C'est ce qui a permis à François Mitterrand, après qu'il eut tremblé des années durant de voir révélées sa bigamie et la fille qu'il avait de sa maîtresse officielle, de les avoir toutes les deux à son enterrement en présence de son épouse sans que nul n'ait trouvé à y redire. Pourquoi diable l'exemple devrait-il venir du sommet de l'État ? Celui qui l'occupe ne serait-il pas, en démocratie, l'égal de chacun ? Ce qu'on ne comprend plus, à partir de là, c'est que les mêmes éditorialistes qui ont absous François Mitterrand et qui, au motif qu'on n'en savait pas tout, n'ont pas cessé de courser Nicolas Sarkozy au moment de son divorce, s'en sont donné à cœur joie pour critiquer la manière dont il s'est affiché avec sa dernière conquête comme l'aurait fait le *vulgum pecus* nouant une nouvelle aventure.

Il est stupéfiant d'avoir en revanche entendu si peu de commentaires – et de ne plus même entendre parler – d'un incendie qui, comme par hasard, a très rapidement détruit toutes les archives du Crédit lyonnais, au moment précis où la justice n'était plus si loin de faire la lumière sur la responsabilité des différentes personnes impliquées dans la déroute de cette banque. La vitesse avec laquelle sont signalés mais encore plus vite étouffés les scandales financiers démontre que la communication intelligente n'est pas à la portée de toutes les bourses. Il y aurait ainsi des instances et des lieux pour lesquels il doit absolument être admis que le tout dire ne serait pas de mise ! La finance, tout d'abord. C'est le haut, le très haut du pavé. Elle a droit, elle, de cultiver la discrétion, le silence et le secret qui constituent l'outil majeur sinon la base même de sa stratégie. Quitte à ce que le tout dire qu'elle applaudit quand elle ne l'impose pas démolisse ce qui reste dans le tissu social du fragile édifice humain. Il n'est que de voir ce qu'est devenue la médecine sous la pression des compagnies d'assurances : le patient doit d'abord et avant tout être informé de son état indépendamment de sa capacité ou de son incapacité à recevoir l'information ; et peu importe comment il vit l'épreuve, ce n'est pas l'affaire du médecin dont on fait taire la conscience et à qui on offre le vertueux paravent du principe de précaution.

Quand on examine ces situations et ces conjonctures que je mets côte à côte, et qu'on relit ce que j'ai dit de la nudité, on peut concevoir la finance comme occupant une position parentale et l'ensemble de la scène sociopolitique une position de progéniture. Cela importerait peu si, en prônant le tout dire aux enfants, on ne détruisait pas du même coup la hiérarchie entre parents et enfants, comme pour ameuter plus de monde encore sur la vaste scène, sinon la vaste plage !

Il faudrait, paraît-il, non seulement dire aux enfants nés par insémination artificielle avec donneur les conditions de leur conception, mais leur permettre de surcroît d'accéder à l'identité de ce dernier ! Bonne manière de massacrer toute référence à la paternité en la réduisant à sa logique bouchère.

Dans la même logique, il faudrait tout dire à l'enfant des conditions de sa naissance, du projet qu'on en avait eu, voire des conflits et des incidents qui ont pu survenir entre-temps. Quand ce ne sera pas de le mettre au courant des éventuelles frasques conjugales de l'un ou de l'autre de ses parents, voire de ses ascendants plus lointains.

La transparence !

Et encore, je ne dis rien de ces personnes qui, à la suite de la publicité faite par ses parangons au malheureux discours plein de bonne volonté de Françoise Dolto, passent leur temps à saouler leurs enfants de mots creux !

Le plus triste dans l'histoire, c'est que la plupart de ces recommandations rencontrent le soutien de psychanalystes qui, soutenant que l'inconscient sait tout – le fameux « ça sait quelque part » –, cherchent à faire en sorte que le conscient accède à ce savoir, afin d'éviter les problèmes éventuels que pourrait entraîner la différence des informations. Or il m'est arrivé de suivre très longtemps des enfants adoptés ou nés par insémination artificielle avec donneur, auxquels leurs parents psychanalystes n'avaient pas soufflé mot de ces détails : ils ne s'en sont pas moins développés remarquablement et sans rencontrer le moindre problème.

Le tout dire n'est pas doué de la moindre vertu spécifique. Il n'est rien d'autre qu'une idéologie, destinée à proroger et à renforcer sous une autre forme l'asservissement des parents à leurs enfants. Il fallait en passer par ces préliminaires pour le faire comprendre.

Alors, que dire aux enfants ?

Ce qu'on jugera soi-même, et seulement soi-même, utile et absolument nécessaire. Non pas pour soi, surtout pas, mais pour l'enfant. En n'ayant aucune gêne ni aucune honte à déclarer quelquefois, si on estime avoir à le faire : « On verra plus tard... je te le dirai plus tard... quand tu seras plus grand(e)... ça ne te regarde pas... etc. » On s'exposera parfois à des reproches : sur-le-champ, de la part de son environnement immédiat, plus tard, de la part de son enfant qui pourra toujours arguer du mal que lui a fait un non-su. Il n'y a rien de grave là-dedans. Sauf pour sa propre image. Mais seulement alors si on a entretenu l'illusion qu'on pouvait être un parent parfait – dont chacun sait qu'il n'existe pas ! À bien y regarder, même de cela on se relève.

Les conflits entre parents

Un vieux dicton de mon folklore d'origine enseigne : « Si tu en vois deux qui s'entendent, dis-toi qu'il y en a un qui supporte beaucoup. » C'est ainsi qu'il en est, et jamais autrement, dans la vie des parents.

La vie à deux, fût-elle placée sous le signe de l'amour passionnel, expose tôt ou tard à des divergences de vue, à des dissensions et à des conflits. Ce sont deux histoires totalement différentes et deux visions du monde étrangères l'une à l'autre qui s'affrontent et qui ne peuvent en aucune façon triompher définitivement l'une de l'autre. Sous peine d'entraîner une rupture radicale ouvrant sur une séparation définitive, elles sont contraintes d'en passer par la négociation et les concessions, lesquelles s'établissent sur fond d'une comptabilité méticuleuse au sein de laquelle chacun entreprend de maintenir un certain équilibre. Si bien que celui qui concède une fois, ne le fait que dans l'espoir de se rattraper la fois suivante ou par deux fois les fois d'après. Il est heureux à cet égard que les points auxquels les partenaires s'agrippent soient si variables et si foncièrement différents. Ce sont eux qui permettent aux couples de durer.

Mais faut-il faire vivre ces conflits à des enfants ? Et comment d'ailleurs les vivent-ils ?

Il est facile, parce que c'est plus simple et plus sain, de conseiller que les conflits et les disputes entre parents puissent ne se dérouler que hors de la présence des enfants. Mais c'est plus facile à dire qu'à faire. Il est vrai que s'ils prennent une tonalité importante, les parents peuvent d'un commun accord décider d'y mettre une sourdine temporaire pour les reprendre plus tard entre eux.

Il y a néanmoins des précautions absolument indispensables à prendre.

Les enfants, en fussent-ils concernés ou en constitueraient-ils le prétexte ou le sujet, ne doivent jamais et en aucune façon y être mêlés. Ils ne doivent pas non plus servir de messagers à l'un ou l'autre des parents qui refuserait de s'adresser directement à son partenaire. Ils ne doivent en aucun cas en être les confidents, ni sollicités de prendre parti.

Les parents ne doivent en aucune façon attenter à leurs dignités respectives. Il ne faut pas oublier que les enfants portent fièrement en eux les images de chacun d'eux. Ils ne pardonneraient pas à leur père d'avilir leur mère. Et dans la mesure où ils voient toujours leur père avec les yeux de cette dernière, son manquement à son partenaire écornerait en eux l'image qu'ils en ont eue et qu'ils souhaitent garder.

Il en va, à cet égard, de leur propre avenir, c'est-à-dire de la manière dont ils parviendront à tenir plus tard leurs propres positions de parents.

C'est en effet dans le respect qu'elle manifeste pour la stature du père de ses enfants que la mère permettra à son fils, quand il deviendra père à son tour, de tenir à la mère de son propre enfant une parole qui lui vaille le même respect. Elle permettra à sa fille, le jour où elle deviendra mère à son tour, de tenir à l'endroit du père de ses enfants une position respectueuse sans se sentir amoindrie ou avilie pour autant.

C'est dans le respect de la dignité de la mère de ses enfants, qu'un père enseignera à son fils, devenu père à son tour, à tenir une parole consistante, structurante et non destructrice. Il enseignera en même temps à sa fille quand, elle sera devenue mère à son tour, à recevoir une parole différente de la sienne sans s'en sentir pour autant remise en cause.

La séparation des parents

Voilà un événement qui n'est pas sans intervenir dans l'éducation de plus en plus d'enfants. Si on ajoute, en effet, au nombre d'enfants vivant avec un seul des deux parents, le nombre de ceux qui vivent dans des familles recomposées, cela donne aujourd'hui plus de quatre millions d'enfants[6] ne vivant plus avec leurs deux géniteurs. Un chiffre sans doute appelé à croître dans la mesure où l'expérience démontre que, pour ce qui concerne le souci de durabilité de leurs couples, les enfants reproduisent

---

6. Chiffres tirés du rapport thématique 2007, « Défenseure des enfants : adolescents en souffrance ».

très souvent celui qu'ont eu leurs parents. Les enfants issus de couples séparés se séparent en effet plus facilement que les autres. Le seul frein qui agit parfois sur leur propension, c'est le sort de leurs enfants. Aussi n'est-il pas rare de les voir venir consulter, non pas pour traiter leurs difficultés – ce qui est toujours possible –, mais pour savoir à quel âge de l'enfant la rupture du couple peut être envisagée en faisant le moins de dégâts et la manière dont les choses doivent lui être annoncées.

Quelque précaution que l'on prenne et à quelque âge, même tardif, qu'elle se produise, la séparation des parents est toujours pour l'enfant une épreuve douloureuse. À dire le fait, je m'entends déjà reprocher de tenir des propos culpabilisants, tout comme je m'entends déjà rétorquer qu'il vaut mieux des parents séparés que des parents qui passent leur temps à se détruire l'un l'autre et à éclabousser leurs enfants des effets de leur mésentente. Je précise donc que je n'ai pas plus l'intention de culpabiliser que de prôner une norme quelconque. Je donne seulement une information, que chacun peut au demeurant vérifier en interrogeant les personnes qui ont vécu pareille aventure. Ce qui ne veut pas dire que l'enfant, marqué par la douleur de la séparation, est condamné à la traîner telle quelle tout au long de son existence. Il s'en remet tôt ou tard – comme tout un chacun se remet de la douleur –, d'abord parce qu'il n'a pas d'autre choix et parce qu'il a la faculté de s'adapter à toutes les situations qui lui sont faites.

Que lui dire pour lui expliquer ce qu'il vit et ce qu'il va vivre ? En gros, ce qu'on voudra, chacun sachant désormais, parce que c'est dit partout, qu'il faut veiller à le déculpabiliser très vite en lui disant qu'il n'est pour rien dans cette séparation. On lui expliquera également comment sa vie va s'organiser et comment chacun de ses deux parents continuera d'assumer sa tâche, parce que sa mère demeurera toute sa vie sa mère comme son père demeurera toute sa vie son père. L'essentiel ne réside cependant pas là, mais en un autre point, parfois hélas difficile à observer : comme dans ce qui se passe en cas de conflit (voir plus haut), aucun des deux parents ne doit attenter à la dignité de l'autre et encore moins pour s'attirer la sympathie de l'enfant, le séduire par des cadeaux ou des promesses, s'en faire un confident ou lui demander de prendre parti. Une telle attitude lui permettra de recevoir l'éducation dont il a besoin dans la mesure où elle entraînera de la part de chacun des parents le soutien d'une décision de l'autre, quand ce n'est pas d'une réprimande ou d'une punition qu'il aura infligée.

Un détail supplémentaire mérite d'être mentionné et utilisé si nécessaire. L'enfant ne comprend pas en effet que deux êtres qu'il a vus aussi proches l'un de l'autre que chacun des deux l'était de lui, puisse désormais ne plus l'être. Il craint du coup de se voir lui-même abandonné par l'un et/ou l'autre d'entre eux. On doit alors lui expliquer que ses parents ne sont pas « parents » entre eux, qu'ils ne se connaissaient pas avant de s'être rencontrés, qu'il n'y a entre eux aucun lien de sang comme chacun d'eux en a avec lui. On aura toute facilité pour mieux le lui faire comprendre, si besoin, en remontant avec lui les générations.

À propos des familles recomposées

Leur nombre respectable de 1,6 million est certainement appelé à croître. On pourrait dire qu'aucune d'elles ne ressemble à aucune autre, pas plus dans sa composition, son histoire, sa durée de vie que dans la manière dont elle forge des projets ou organise son quotidien. La seule chose qu'elles ont en commun, c'est qu'elles élèvent des enfants et sont censées leur assurer une éducation. À cet égard, les différents sujets et l'ensemble des recommandations traités jusqu'ici les concernent tout autant que les autres familles. Les nuances qui peuvent se rencontrer et qui méritent d'être mentionnées sont introduites par le nombre d'enfants et la manière dont sont intégrés par ces enfants les partenaires du couple parental.

Évelyne a trois garçons d'un premier couple. Elle vit avec Gérard et les deux filles qu'une décision de justice a confiées à ce dernier. Ils ont ensemble un fils. C'est une famille très unie de six enfants. Grâce à la manière dont l'investit Évelyne, Gérard n'a pas la moindre difficulté à remplir sa fonction paternelle auprès de tous les enfants sans distinction. Tout comme Évelyne remplit sa fonction maternelle : les filles de Gérard ont en effet trouvé en elle ce qu'elles ne trouvaient pas chez leur génitrice que la justice a d'ailleurs déchue de son rôle parental.

Mathilde s'est séparée de Victor alors que les deux garçons qu'elle a eus avec lui avaient deux et quatre ans. Elle a aussitôt vécu avec Régis, père de deux fillettes du même âge que les garçons et qui vivent avec leur mère. Elle en a rapidement eu un fils. Mais les choses ne se passent pas si facilement : ses propres enfants rechignent à aller chez leur père le week-end et les filles de Régis refusent même de lui adresser la parole.

Quand Geneviève a rencontré Thomas, ce fut le coup de foudre, si bien qu'ils eurent coup sur coup, un garçon puis une fille à un an d'intervalle. Trois ans après, elle croise Olivier, lui-même père de deux enfants qui lui déclare qu'elle est la femme de sa vie et elle se dit qu'à regarder de plus près, elle s'est laissé gruger par le fameux coup de foudre de ses vingt ans. Ils divorcent tous les deux et organisent des gardes alternées qui leur permettent de se retrouver en tête à tête une semaine sur deux. Leurs enfants s'entendent bien quand ils sont ensemble. Et ils auraient eu toute raison de croire au bonheur définitif, si Olivier n'avait pas rencontré Edwige quelques semaines avant que Geneviève ne mette au monde leur enfant commun et qu'il n'était pas parvenu à la convaincre de vivre avec lui et de quitter... Thomas, le premier coup de foudre de Geneviève ! Il fut convenu, pour ne pas traumatiser les enfants, de ne pas trop les séparer. La semaine où il est censé en avoir la garde, Olivier va rendre visite tous les soirs à ses enfants qui restent confiés à Geneviève. Laquelle lui confie les siens pendant le temps où il peut prendre les siens propres en vacances. Si bien qu'Edwige officiera comme mère des enfants de son compagnon du moment ainsi que ceux de Thomas, son ex-compagnon ! Tout cela dégouline évidemment d'amour et d'émerveillement. Ce qui permet de ne se poser aucune question sur la manière dont les enfants constitueront leurs repères – une notion bien obsolète au demeurant et qui mériterait d'être fermement contrebattue par les vertus du repérage multiple !

Ce cas ne fait pas partie des plus compliqués que j'aie rencontrés. Si je renonce à exposer certains d'entre eux, c'est pour ne pas me lancer dans les difficultés que me donnerait leur écriture.

Mais ce qu'on rencontre dans tous les cas, c'est qu'il fût ou non leur géniteur, les enfants rencontrent toujours celui qui leur fait fonction de père dans le regard de leur mère. En revanche, quels que soient l'attention qu'elle leur porte, sa gentillesse ou son dévouement, ils n'investissent jamais de la même façon celle qui leur sert de mère de substitution.

Les parents adoptants et leurs enfants adoptés

Tout comme les parents adoptants ne diffèrent en aucune façon des autres parents, les enfants adoptés ne diffèrent en rien des autres enfants.

Que je consacre cependant aux uns et aux autres une rubrique ne signifie pas que tout ce que j'ai pu dire sur les parents et les enfants doive être pour eux nuancé ou relativisé. Je tiens seulement à armer les parents adoptants contre ce que j'ai appelé le terrorisme de la transparence. Parce qu'il leur a été dit que l'enfant adopté savait – toujours ce « quelque part » – qu'il l'avait été et qu'il ne fallait pas le lui cacher, ils passent souvent leur temps à le lui rappeler ! Ils ne doivent pas être étonnés, à agir ainsi, de rencontrer les pires difficultés avec cet enfant. Et c'est normal. Car à s'entendre rappeler aussi fréquemment ce détail, l'enfant finit par douter d'eux et par ne plus cesser de les tester en les mettant à l'épreuve et en les poussant dans leurs retranchements.

Ils doivent en effet dire à leur enfant qu'il a été adopté, mais une fois seulement. Cela suffit à inscrire l'information dans ce fameux « quelque part ». Peut-être cela nécessitera-t-il, une fois encore et en fonction des circonstances qui se présentent, que l'écriture de l'information soit plus tard un peu rafraîchie. Mais ce sera tout.

Au cours de mes rencontres avec le public, une autre question est souvent revenue, émanant de la bouche de mères adoptantes. Elles voulaient savoir, quand je parlais de la grammaire élémentaire sensorielle avec laquelle l'enfant vient au monde et qui l'attache si fort à sa mère, comment les choses se passaient dans leur cas. Je leur expliquais que les informations sensorielles des femmes obéissent à des caractéristiques communes : la voix de n'importe quelle femme est reconnaissable comme telle et diffère radicalement de celle d'un homme ; il en est de même de l'odeur et de tout ce que charrient les différents organes des sens. C'est la raison pour laquelle, dans les hôpitaux, dans les crèches et dans les écoles maternelles, on confie les soins des petits enfants à des femmes. C'est exactement sur cette base que l'enfant opère son adaptation, substituant sans grande difficulté ce qu'il perçoit à ce qui est engrammé en lui.

J'ai constaté dans ma pratique un autre phénomène surprenant : combien souvent les enfants adoptants finissent par ressembler à leur mère !

Elle avait espéré si fort une fille que la naissance de son second fils l'a sérieusement abattue. Elle me raconte cela dès notre première rencontre autour des troubles que manifestait ce garçon de deux ans. Le travail, assez superficiel, qu'elle a fait autour de cette question a résolu les problèmes de son enfant mais lui a fait prendre une décision dont elle m'a fait part : elle voulait une fille et comme elle n'était pas certaine de pouvoir la « faire », elle qui, comme elle l'a dit, ne faisait que des garçons, elle a décidé d'en adopter une. Je lui ai dit que sa décision me semblait un peu précipitée. Elle n'est plus revenue. Je n'ai pas plus revu ses garçons dont j'étais le pédiatre. Quelques mois plus tard, comme pour me narguer, elle m'a adressé un courrier pour me dire qu'elle venait d'adopter une petite fille indienne. Elle était toujours à la même adresse. Elle m'avait donc vraiment quitté.

Dix ans plus tard, je l'ai retrouvée dans le visage pourtant noir d'une petite fille qui m'a envoyé un délicieux sourire dès que j'ai eu ouvert la porte de ma salle d'attente. La ressemblance était stupéfiante.

Il n'y a là rien d'étonnant. Pour entrer en communication avec leur mère, les bébés calquent leur mimique sur la sienne. Ce qui mobilise et tend les plus de trente muscles de la face et modèle littéralement leur squelette facial à la manière dont le pouce d'un sculpteur le ferait sur un bloc de cire.

Les grands-parents

Ils sont de plus en plus nombreux. Au point de s'être constitués en association et en clubs, avec cotisations, élections, revues et congrès. En raison de l'accroissement de la durée de vie, la plupart des enfants connaissent, quand ils ne les fréquentent pas plus ou moins assidûment, leurs quatre grands-parents. Ils nouent avec eux des relations particulières qui peuvent être chaleureuses, et aller du simple baby-sitting occasionnel aux voyages, vacances et autres périples en commun avec ou sans les parents. Mais il peut aussi en être autrement au point que des parents peuvent parfois décider d'interdire aux leurs de voir leurs enfants. Ce que ces derniers refusent avec la plus grande énergie en saisissant la justice qui leur reconnaît des droits. Cela donne lieu à des procès au cours desquels les expertises révèlent parfois un linge pas très propre qu'on aura eu l'imprudence de tenter de laver en dehors de la famille !

Là encore, ce qui paraît devoir être simple se révèle l'être beaucoup moins. Et ce, pour de multiples raisons.

J'ai eu, il y a bien longtemps, la curiosité de m'intéresser à la manière dont se nommaient les liens familiaux dans les plus de quarante langues de la population qui fréquentait mon cabinet. Je demandais à mes interlocuteurs les mots qui désignaient dans leur langue d'origine, père, mère, oncle et tantes maternels, paternels et par alliance, grand-père et grand-mère maternels et paternels, parents et grands-parents, etc. Je notais tout cela en transcrivant les mots qu'on me fournissait et en demandant si on pouvait me fournir une traduction littérale de ce que disait le mot. Ce que j'ai noté du côté des grands-parents, dans la plupart des langues, c'est la fréquence avec laquelle intervenait la notion d'« avant », d'« ancien », de « vieux » – ce que dit par exemple le français avec l'extension de l'adjectif « grand » et que dit l'espagnol avec *uelo* et *uela* directement issus du latin *avuus* qui désigne le « vieillard ». L'italien use, lui, avec *nonno* et *nonna*, de ce qui semble être une onomatopée. L'arabe, en revanche, use des termes particuliers *jadd* et *jadda* qui assonent parfaitement avec le mot qui dit « pouvoir ». À cette exception près qui inclurait une fonction attachée au statut, les grands-parents seraient donc en général des « ayant été parents ».

J'avoue, moi qui suis grand-père, trouver cette nuance assez sympathique. J'ai été parent. J'ai fait ce que j'ai pu. Et je m'estime heureux d'avoir non seulement transmis la vie, mais être parvenu – je n'en sais pas plus que quiconque la raison – à ce que mes enfants aient eu l'envie de la transmettre à leur tour. Mais ce qui m'est aussi dit par la définition, c'est que mon passé est définitivement révolu et n'a plus aucun avenir. De cela aussi j'avoue être ravi parce que ça me signale que mes enfants sont indépendants à tous les points de vue et qu'ils peuvent parfaitement se passer de moi. Entre la vie de chacun d'eux et la mienne, il y a désormais une barrière que nous respectons, eux comme moi. Toutes choses qui n'excluent évidemment en aucune façon les échanges affectifs, le partage des joies, celui des soucis et la constante disponibilité que nous savons pouvoir avoir les uns pour les autres en cas de besoin.

Cela signifie-t-il que le sort de mes petits-enfants me soit indifférent ? Certainement pas. Mais moins j'y mettrai mon grain, plus je serai assuré de sa qualité, laquelle est et doit être sous la dépendance de leurs seuls parents.

Quantité de choses de ma propre histoire de fils, de frère, d'époux, de père, de partenaire et d'ami m'ont conduit à me trouver dans la position que je démonte ainsi et dont je fais une option possible et fructueuse.

Ce n'est pas toujours le cas. Et, à analyser sans plus m'y attarder le profil des autres cas de figure, on ne s'étonnera pas que je puisse retrouver, travaillées par le temps, les manifestations de la toute-puissance infantile même chez des grands-parents. Ceux qui sont dans ce cas s'accrochent à leurs enfants comme à une bouée destinée à les empêcher de se noyer dans la mort qui les obsède depuis leur plus jeune âge. Ils refusent d'être « grands » au sens de « vieux ». Ils s'agrippent en conséquence à leur seul statut de parents et n'éprouvent que légitimité, au nom de l'amour dont ils se réclament, à continuer d'infantiliser leurs enfants et à les empêcher tout simplement de s'autonomiser. La stratégie la plus habile dont ils disposent étant leur dévouement, ils se rendent indispensables pour s'octroyer le droit d'intervenir en toutes choses, y compris dans la manière dont leurs enfants élèvent et éduquent les leurs.

Il est évidemment inutile d'essayer de leur faire entendre raison. Leur disposition est enracinée beaucoup trop profondément en eux pour être accessible à la logique. Et ils disposent en plus d'une arme redoutable quand il arrive que leurs enfants, sans aller jusqu'à se révolter, tentent parfois de mettre une limite à leurs agissements : c'est le chantage à l'âge, à l'inutilité, à la dépression, à leur mort qui se rapproche à grands pas. Combien de fois n'ai-je pas entendu la description de ce tableau quasi stéréotypé dans la bouche des jeunes parents venus demander mon aide ! J'en ai connu qui sont parvenus à faire divorcer un ou plusieurs de leurs enfants et à les récupérer avec leurs propres enfants en déménageant tout le monde dans le même immeuble ! Une nouvelle jeunesse en quelque sorte ! L'aboutissement parfait du cannibalisme parental !

Une manière comme une autre de conclure en montrant que les effets de l'éducation ne visent pas seulement la bonne intégration dans l'école et la menée de bonnes études. Elle est au cœur de ce qui fabrique l'être.

POUR CONCLURE

À la suite probablement d'une encéphalite, une petite fille de dix-neuf mois est découverte par ses parents aveugle et sourde. Elle sera en conséquence également muette. Il ne lui restera, autrement dit, de l'alphabet sensoriel dont la gestation l'avait dotée, que les informations qu'elle pourra retirer du toucher, de l'odorat et du goût – un bagage terriblement insuffisant pour recevoir le moindre message des autres ou y réagir. Si bien qu'elle se développera en n'obéissant qu'à ses seules pulsions, lesquelles la rendent pire qu'un animal puisqu'elle n'a pour les réguler aucune forme de communication avec son environnement. Si elle continue d'apprécier, au point de s'en sentir sécurisée, la manière dont les bras de sa mère lui délivrent amour et tendresse, elle n'a aucun moyen de recevoir de sa part la moindre information susceptible de lui enseigner l'espace, le temps ou l'autre. Elle se nourrit comme le ferait une bête affamée sous le regard apitoyé de ses parents qui ne lui marchandent pas leur amour, fût-il désemparé.

C'est dans cet état, alors qu'elle a sept ans, que la trouve la jeune éducatrice que ses parents ont engagée, plus pour la mettre à son service que pour la faire évoluer d'une quelconque façon – l'état dans lequel elle se trouve ayant été reconnu comme réfractaire à toute entreprise thérapeutique.

Un mois et deux jours plus tard, l'enfant se met à parler avec la langue des signes ; trois ans plus tard elle maîtrise totalement aussi le braille. Elle va faire des études brillantes, devenir professeur d'université et une des femmes les plus célèbres d'Amérique avant de mourir en 1968 à quatre-vingt-huit ans.

Cette histoire, vraie, s'est déroulée à la fin du XIXe siècle dans une petite ville de l'Alabama. L'enfant, Helen Keller, va la raconter elle-même dans un livre qui a été traduit dans une cinquantaine de langues[1].

Après avoir assuré, en 1959, la mise en scène d'une pièce que William Gibson avait tirée de ce livre et qui tint l'affiche pendant plus de trois cents représentations à Broadway, Arthur Penn va, en 1962, en réaliser un film : *Miracle Worker* (La faiseuse de miracle) qui fut commercialisé en France sous le titre de *Miracle en Alabama*[2].

Ce film doit absolument être vu. Il est passionnant de la première à la dernière image. L'extrême précision du scénario, le montage, le jeu subtil des acteurs et la qualité de la mise en scène en font un cas clinique auquel il est impossible de rester indifférent : on y voit en effet se déployer, face à la sollicitude inconditionnelle et à l'amour immense des parents, face à la brutalité des résistances de l'enfant, les exigences, froides et aux apparences parfois cruelles, de la toute jeune éducatrice. Au nom même de l'avenir de l'enfant, cette dernière plaide, avec une justesse de ton et de propos stupéfiants pour son âge, contre la facilité de l'apitoiement et de l'amour qui en rajoutent au handicap de l'enfant et pour la pertinence, parût-elle ou fût-elle insupportable, de la stratégie qu'elle met en place.

Pourquoi ai-je choisi de terminer ce livre par cette référence ?

---

1. Helen Keller, *Sourde, muette et aveugle : histoire de ma vie*, Paris, Payot, 1954. On peut aussi consulter : Lorena H. Hickok, *Histoire de Helen Keller*, Paris, Pocket Jeunesse, 1998.

2. *Miracle en Alabama*, film d'Arthur Penn, 1962.

Parce que mon métier m'a appris l'étendue de l'enseignement qu'on peut tirer des cas extrêmes. Et qu'un cas comme celui de Helen Keller démontre tout d'abord, plus que tout discours, ce qu'il en est de la violence des pulsions auxquelles un enfant est soumis. Il démontre, ensuite, que les qualités telles que « sollicitude », « proximité », « compréhension », « explications » qu'au nom de l'amour porté à ses enfants, on croit devoir mettre au premier plan de l'éducation qu'on veut leur dispenser, constituent plus une gêne qu'une aide. Il démontre enfin combien la complaisance qu'on marque à son endroit procède plus de la paresse que du souci qu'on doit avoir de son avenir.

Or cet avenir ne doit pas cesser d'être l'obsession des parents, dût-il ne viser, pour commencer, qu'une bonne insertion dans cette microsociété qu'est l'univers scolaire et à laquelle son éducation aura dû correctement le préparer.

POUR ALLER PLUS LOIN

LIVRES

ATLAN Henri, *L'Utérus artificiel*, Paris, Le Seuil, 2005.
BENTOLILA Alain, *Le Verbe contre la barbarie*, Paris, Odile Jacob, 2006.
CANETTI Elias, *La Langue sauvée. Histoire d'une jeunesse*, Paris, Le Livre de poche, 1984.
FREUD Sigmund, « Au-delà du principe de plaisir » (1920), *Essais de psychanalyse*, Paris, Payot, 2004.
HENNO Jacques, *Les Enfants face aux écrans. Pornographie, la vraie violence ?*, Paris, SW-Télémaque, 2004.
HERBINET Étienne et BUSNEL Marie-Claire, *L'Aube des sens*, Paris, Stock, « Les cahiers du nouveau-né n° 5 », 1995.
HÉRITIER Françoise, CYRULNIK Boris, NAOURI Aldo, *De l'inceste*, Paris, Odile Jacob, « Poches Odile Jacob », 2000.
HICKOK Lorena H., *Histoire de Helen Keller*, Paris, Pocket Jeunesse, 1998.
KELLER Helen, *Sourde, muette et aveugle : histoire de ma vie*, Paris, Payot, 1954.
LEBRUN Jean-Pierre, *La Perversion ordinaire*, Paris, Denoël, 2007.
LECLAIRE Serge, *On tue un enfant*, Paris, Le Seuil, « Points », 1981.
LEGENDRE Pierre, *Le Crime du caporal Lortie*, Paris, Fayard, 1989.
LÉVI-STRAUSS Claude, *Les Structures élémentaires de la parenté*, Paris, PUF, 1949.
MAUSS Marcel, « Essai sur le don. Forme et raison de l'échange dans les sociétés archaïques », *in* M. Mauss, *Sociologie et Anthropologie*, Paris, PUF, « Quadrige », 2007, p. 145-279.
MONTAGNER Hubert, *L'Arbre enfant. Une nouvelle approche du développement de l'enfant*, Paris, Odile Jacob, 2006.
NAOURI Aldo, *Une place pour le père*, Paris, Le Seuil, « Points », 2002.
NAOURI Aldo, *Parier sur l'enfant*, Paris, Odile Jacob, « Poches Odile Jacob », 2001.

Naouri Aldo, *L'Enfant bien portant*, Paris, Le Seuil, 2004.
Naouri Aldo, *Les Filles et leurs mères*, Paris, Odile Jacob, 1998 ; « Poches Odile Jacob », 2000.
Naouri Aldo, *Les Pères et les Mères*, Paris, Odile Jacob, 2004.
Naouri Aldo, *Adultères*, Paris, Odile Jacob, 2006.
Steinbeck John, *Des souris et des hommes*, Paris, Gallimard, « Folio », 1995.
Théry Irène (sous la direction de), *Recomposer une famille, des rôles et des sentiments*, Paris, Textuel, 1995.
Twain Mark, *Les Aventures de Huckleberry Finn*, in *Œuvres*, Paris, Robert Laffont, « Bouquins », 2004.

ARTICLES, REVUES ET SITES

Feldman Ruth, « Parent-Infant synchrony : biological foundations and developmental outcomes », *Current Directions in Psychological Science*, 2007, 16(6), p. 340-345.
Gilgenkrantz Simone, « À la recherche des empreintes perdues : les épigénotypes anormaux », *Médecine/Sciences*, 2003, 19, p. 15-18.
Junien Claudine et coll., « Épigénomique nutritionnelle du syndrome métabolique », *Médecine/Sciences*, 2005, 21, p. 396-404.
Junien Claudine, « L'empreinte génétique : de la guerre des sexes à la solidarité entre générations », *Médecine/Sciences*, 2000, 16, p. 336-344.
Le Figaro Magazine, 24 juin 2006, p. 24.
McGrath J., Solter D., « Completion of embryogenesis requires both the maternal and paternal genomes », *Cell*, 1984, 37, p. 179-183.
Moore T., Haig D., « Genomic imprinting in mammalian development : a parental tug-of-war », *Trends Genet.*, 1991, 7, p. 45-49.
Naouri Aldo, « Les abus sexuels sur enfants ou la mise à mal du sextant » sur www.aldonaouri.com
« Questions d'ados » : document élaboré avec la participation du Crips Île-de-France, de la Direction générale de la santé, de l'Inpes, du Codes 95, de l'Institut de sexologie et de l'École des parents et des éducateurs des Bouches-du-Rhône, juin 2007.
Slim Rima *et alii*, *Nature Genetics*, mars 2006.
Versini Dominique, rapport thématique 2007, « Défenseure des enfants : adolescents en souffrance ».

FILMS

Brooks Mel, *Les Producteurs*, États-Unis, 1971.
Daldry Stephen, *The Hours*, États-Unis, 2002.
Hicks Scott, *Shine*, Australie, 1996.
Penn Arthur, *Miracle en Alabama*, États-Unis, 1962.

REMERCIEMENTS

Je voudrais remercier Odile Jacob pour la confiance qu'elle m'a accordée quand je lui ai fait part du projet de cet ouvrage et pour l'attention qu'elle m'a manifestée tout au long de sa rédaction.

Je voudrais dire ma reconnaissance à chacun des membres de l'équipe éditoriale qu'elle a mise à ma disposition et en particulier à Jean-Luc Fidel dont la culture, l'érudition, la finesse et le style font de chacune de nos rencontres une source de plaisir.

Je ne remercierai certainement pas assez mon premier lecteur, mon fils Laurent, qui a eu le mérite de s'acquitter de la lourde tâche que je lui ai confiée sans céder à la complaisance.

Quant à Jeanne, mon épouse et indéfectible lectrice, je ne l'évoque pas tant, ici, pour la remercier de l'aide habituelle qu'elle m'apporte et qui a fini par nous rendre encore plus complices, que pour lui dire combien j'ai eu l'occasion de mesurer ses qualités d'éducatrice : ce sont elles qui ont fait de nos enfants ce qu'ils sont.

DU MÊME AUTEUR
AUX ÉDITIONS DU SEUIL

L'Enfant bien portant, 1993 ; réédité en 1997, 1999 et 2004.
Parier sur l'enfant, 1988.
Une place pour le père, 1985 ; « Points Seuil Essais », 1992.
L'Enfant porté, 1982 ; « Points Seuil Essais », 2002.

Dans la collection « Poches Odile Jacob »

N° 1 : Aldo Naouri, *Les Filles et leurs mères*
N° 2 : Boris Cyrulnik, *Les Nourritures affectives*
N° 3 : Jean-Didier Vincent, *La Chair et le Diable*
N° 4 : Jean François Deniau, *Le Bureau des secrets perdus*
N° 5 : Stephen Hawking, *Trous noirs et Bébés univers*
N° 6 : Claude Hagège, *Le Souffle de la langue*
N° 7 : Claude Olievenstein, *Naissance de la vieillesse*
N° 8 : Édouard Zarifian, *Les Jardiniers de la folie*
N° 9 : Caroline Eliacheff, *À corps et à cris*
N° 10 : François Lelord, Christophe André, *Comment gérer les personnalités difficiles*
N° 11 : Jean-Pierre Changeux, Alain Connes, *Matière à pensée*
N° 12 : Yves Coppens, *Le Genou de Lucy*
N° 13 : Jacques Ruffié, *Le Sexe et la Mort*
N° 14 : François Roustang, *Comment faire rire un paranoïaque ?*
N° 15 : Jean-Claude Duplessy, Pierre Morel, *Gros Temps sur la planète*
N° 16 : François Jacob, *La Souris, la Mouche et l'Homme*
N° 17 : Marie-Frédérique Bacqué, *Le Deuil à vivre*
N° 18 : Gerald M. Edelman, *Biologie de la conscience*
N° 19 : Samuel P. Huntington, *Le Choc des civilisations*
N° 20 : Dan Kiley, *Le Syndrome de Peter Pan*
N° 21 : Willy Pasini, *À quoi sert le couple ?*
N° 22 : Françoise Héritier, Boris Cyrulnik, Aldo Naouri, *De l'inceste*
N° 23 : Tobie Nathan, *Psychanalyse païenne*
N° 24 : Raymond Aubrac, *Où la mémoire s'attarde*
N° 25 : Georges Charpak, Richard L. Garwin, *Feux follets et Champignons nucléaires*
N° 26 : Henry de Lumley, *L'Homme premier*
N° 27 : Alain Ehrenberg, *La Fatigue d'être soi*
N° 28 : Jean-Pierre Changeux, Paul Ricœur, *Ce qui nous fait penser*
N° 29 : André Brahic, *Enfants du Soleil*
N° 30 : David Ruelle, *Hasard et Chaos*
N° 31 : Claude Olievenstein, *Le Non-dit des émotions*
N° 32 : Édouard Zarifian, *Des paradis plein la tête*
N° 33 : Michel Jouvet, *Le Sommeil et le Rêve*
N° 34 : Jean-Baptiste de Foucauld, Denis Piveteau, *Une société en quête de sens*
N° 35 : Jean-Marie Bourre, *La Diététique du cerveau*
N° 36 : François Lelord, *Les Contes d'un psychiatre ordinaire*

- N° 37 : Alain Braconnier, *Le Sexe des émotions*
- N° 38 : Temple Grandin, *Ma vie d'autiste*
- N° 39 : Philippe Taquet, *L'Empreinte des dinosaures*
- N° 40 : Antonio R. Damasio, *L'Erreur de Descartes*
- N° 41 : Édouard Zarifian, *La Force de guérir*
- N° 42 : Yves Coppens, *Pré-ambules*
- N° 43 : Claude Fischler, *L'Homnivore*
- N° 44 : Brigitte Thévenot, Aldo Naouri, *Questions d'enfants*
- N° 45 : Geneviève Delaisi de Parseval, Suzanne Lallemand, *L'Art d'accommoder les bébés*
- N° 46 : François Mitterrand, Elie Wiesel, *Mémoire à deux voix*
- N° 47 : François Mitterrand, *Mémoires interrompus*
- N° 48 : François Mitterrand, *De l'Allemagne, de la France*
- N° 49 : Caroline Eliacheff, *Vies privées*
- N° 50 : Tobie Nathan, *L'Influence qui guérit*
- N° 51 : Éric Albert, Alain Braconnier, *Tout est dans la tête*
- N° 52 : Judith Rapoport, *Le garçon qui n'arrêtait pas de se laver*
- N° 53 : Michel Cassé, *Du vide et de la création*
- N° 54 : Ilya Prigogine, *La Fin des certitudes*
- N° 55 : Ginette Raimbault, Caroline Eliacheff, *Les Indomptables*
- N° 56 : Marc Abélès, *Un ethnologue à l'Assemblée*
- N° 57 : Alicia Lieberman, *La Vie émotionnelle du tout-petit*
- N° 58 : Robert Dantzer, *L'Illusion psychosomatique*
- N° 59 : Marie-Jo Bonnet, *Les Relations amoureuses entre les femmes*
- N° 60 : Irène Théry, *Le Démariage*
- N° 61 : Claude Lévi-Strauss, Didier Éribon, *De près et de loin*
- N° 62 : François Roustang, *La Fin de la plainte*
- N° 63 : Luc Ferry, Jean-Didier Vincent, *Qu'est-ce que l'homme ?*
- N° 64 : Aldo Naouri, *Parier sur l'enfant*
- N° 65 : Robert Rochefort, *La Société des consommateurs*
- N° 66 : John Cleese, Robin Skynner, *Comment être un névrosé heureux*
- N° 67 : Boris Cyrulnik, *L'Ensorcellement du monde*
- N° 68 : Darian Leader, *À quoi penses-tu ?*
- N° 69 : Georges Duby, *L'Histoire continue*
- N° 70 : David Lepoutre, *Cœur de banlieue*
- N° 71 : Université de tous les savoirs 1, *La Géographie et la Démographie*
- N° 72 : Université de tous les savoirs 2, *L'Histoire, la Sociologie et l'Anthropologie*
- N° 73 : Université de tous les savoirs 3, *L'Économie, le Travail, l'Entreprise*

N° 74 : Christophe André, François Lelord, *L'Estime de soi*
N° 75 : Université de tous les savoirs 4, *La Vie*
N° 76 : Université de tous les savoirs 5, *Le Cerveau, le Langage, le Sens*
N° 77 : Université de tous les savoirs 6, *La Nature et les Risques*
N° 78 : Boris Cyrulnik, *Un merveilleux malheur*
N° 79 : Université de tous les savoirs 7, *Les Technologies*
N° 80 : Université de tous les savoirs 8, *L'Individu dans la société d'aujourd'hui*
N° 81 : Université de tous les savoirs 9, *Le Pouvoir, L'État, la Politique*
N° 82 : Jean-Didier Vincent, *Biologie des passions*
N° 83 : Université de tous les savoirs 10, *Les Maladies et la Médecine*
N° 84 : Université de tous les savoirs 11, *La Philosophie et l'Éthique*
N° 85 : Université de tous les savoirs 12, *La Société et les Relations sociales*
N° 86 : Roger-Pol Droit, *La Compagnie des philosophes*
N° 87 : Université de tous les savoirs 13, *Les Mathématiques*
N° 88 : Université de tous les savoirs 14, *L'Univers*
N° 89 : Université de tous les savoirs 15, *Le Globe*
N° 90 : Jean-Pierre Changeux, *Raison et Plaisir*
N° 91 : Antonio R. Damasio, *Le Sentiment même de soi*
N° 92 : Université de tous les savoirs 16, *La Physique et les Éléments*
N° 93 : Université de tous les savoirs 17, *Les États de la matière*
N° 94 : Université de tous les savoirs 18, *La Chimie*
N° 95 : Claude Olievenstein, *L'Homme parano*
N° 96 : Université de tous les savoirs 19, *Géopolitique et Mondialisation*
N° 97 : Université de tous les savoirs 20, *L'Art et la Culture*
N° 98 : Claude Hagège, *Halte à la mort des langues*
N° 99 : Jean-Denis Bredin, Thierry Lévy, *Convaincre*
N° 100 : Willy Pasini, *La Force du désir*
N° 101 : Jacques Fricker, *Maigrir en grande forme*
N° 102 : Nicolas Offenstadt, *Les Fusillés de la Grande Guerre*
N° 103 : Catherine Reverzy, *Femmes d'aventure*
N° 104 : Willy Pasini, *Les Casse-pieds*
N° 105 : Roger-Pol Droit, *101 Expériences de philosophie quotidienne*
N° 106 : Jean-Marie Bourre, *La Diététique de la performance*
N° 107 : Jean Cottraux, *La Répétition des scénarios de vie*
N° 108 : Christophe André, Patrice Légeron, *La Peur des autres*
N° 109 : Amartya Sen, *Un nouveau modèle économique*
N° 110 : John D. Barrow, *Pourquoi le monde est-il mathématique ?*

- N° 111 : Richard Dawkins, *Le Gène égoïste*
- N° 112 : Pierre Fédida, *Des bienfaits de la dépression*
- N° 113 : Patrick Légeron, *Le Stress au travail*
- N° 114 : François Lelord, Christophe André, *La Force des émotions*
- N° 115 : Marc Ferro, *Histoire de France*
- N° 116 : Stanislas Dehaene, *La Bosse des maths*
- N° 117 : Willy Pasini, Donato Francescato, *Le Courage de changer*
- N° 118 : François Heisbourg, *Hyperterrorisme : la nouvelle guerre*
- N° 119 : Marc Ferro, *Le Choc de l'Islam*
- N° 120 : Régis Debray, *Dieu, un itinéraire*
- N° 121 : Georges Charpak, Henri Broch, *Devenez sorciers, devenez savants*
- N° 122 : René Frydman, *Dieu, la Médecine et l'Embryon*
- N° 123 : Philippe Brenot, *Inventer le couple*
- N° 124 : Jean Le Camus, *Le Vrai Rôle du père*
- N° 125 : Elisabeth Badinter, *XY*
- N° 126 : Elisabeth Badinter, *L'Un est l'Autre*
- N° 127 : Laurent Cohen-Tanugi, *L'Europe et l'Amérique au seuil du XXIe siècle*
- N° 128 : Aldo Naouri, *Réponses de pédiatre*
- N° 129 : Jean-Pierre Changeux, *L'Homme de vérité*
- N° 130 : Nicole Jeammet, *Les Violences morales*
- N° 131 : Robert Neuburger, *Nouveaux Couples*
- N° 132 : Boris Cyrulnik, *Les Vilains Petits Canards*
- N° 133 : Christophe André, *Vivre heureux*
- N° 134 : François Lelord, *Le Voyage d'Hector*
- N° 135 : Alain Braconnier, *Petit ou grand anxieux ?*
- N° 136 : Juan Luis Arsuaga, *Le Collier de Néandertal*
- N° 137 : Daniel Sibony, *Don de soi ou partage de soi*
- N° 138 : Claude Hagège, *L'Enfant aux deux langues*
- N° 139 : Roger-Pol Droit, *Dernières Nouvelles des choses*
- N° 140 : Willy Pasini, *Être sûr de soi*
- N° 141 : Massimo Piattelli Palmarini, *Le Goût des études ou comment l'acquérir*
- N° 142 : Michel Godet, *Le Choc de 2006*
- N° 143 : Gérard Chaliand, Sophie Mousset, *2 000 ans de chrétientés*
- N° 145 : Christian De Duve, *À l'écoute du vivant*
- N° 146 : Aldo Naouri, *Le Couple et l'Enfant*

- N° 147 : Robert Rochefort, *Vive le papy-boom*
- N° 148 : Dominique Desanti, Jean-Toussaint Desanti, *La liberté nous aime encore*
- N° 149 : François Roustang, *Il suffit d'un geste*
- N° 150 : Howard Buten, *Il y a quelqu'un là-dedans*
- N° 151 : Catherine Clément, Tobie Nathan, *Le Divan et le Grigri*
- N° 152 : Antonio R. Damasio, *Spinoza avait raison*
- N° 153 : Bénédicte de Boysson-Bardies, *Comment la parole vient aux enfants*
- N° 154 : Michel Schneider, *Big Mother*
- N° 155 : Willy Pasini, *Le Temps d'aimer*
- N° 156 : Jean-François Amadieu, *Le Poids des apparences*
- N° 157 : Jean Cottraux, *Les Ennemis intérieurs*
- N° 158 : Bill Clinton, *Ma Vie*
- N° 159 : Marc Jeannerod, *Le Cerveau intime*
- N° 160 : David Khayat, *Les Chemins de l'espoir*
- N° 161 : Jean Daniel, *La Prison juive*
- N° 162 : Marie-Christine Hardy-Baylé, Patrick Hardy, *Maniaco-dépressif*
- N° 163 : Boris Cyrulnik, *Le Murmure des fantômes*
- N° 164 : Georges Charpak, Roland Omnès, *Soyez savants, devenez prophètes*
- N° 165 : Aldo Naouri, *Les Pères et les Mères*
- N° 166 : Christophe André, *Psychologie de la peur*
- N° 167 : Alain Peyrefitte, *La Société de confiance*
- N° 168 : François Ladame, *Les Éternels Adolescents*
- N° 169 : Didier Pleux, *De l'enfant roi à l'enfant tyran*
- N° 170 : Robert Axelrod, *Comment réussir dans un monde d'égoïstes*
- N° 171 : François Millet-Bartoli, *La Crise du milieu de la vie*
- N° 172 : Hubert Montagner, *L'Attachement*
- N° 173 : Jean-Marie Bourre, *La Nouvelle Diététique du cerveau*
- N° 174 : Willy Pasini, *La Jalousie*
- N° 175 : Frédéric Fanget, *Oser*
- N° 176 : Lucy Vincent, *Comment devient-on amoureux ?*
- N° 177 : Jacques Melher, Emmanuel Dupoux, *Naître humain*
- N° 178 : Gérard Apfeldorfer, *Les Relations durables*
- N° 179 : Bernard Lechevalier, *Le Cerveau de Mozart*
- N° 180 : Stella Baruk, *Quelles mathématiques pour l'école ?*

N° 181 : Patrick Lemoine, *Le Mystère du placebo*
N° 182 : Boris Cyrulnik, *Parler d'amour au bord du gouffre*
N° 183 : Alain Braconnier, *Mère et Fils*
N° 184 : Jean-Claude Carrière, *Einstein, s'il vous plaît*
N° 185 : Aldo Naouri, Sylvie Angel, Philippe Gutton, *Les Mères juives*
N° 186 : Jean-Marie Bourre, *La Vérité sur les oméga-3*
N° 187 : Édouard Zarifian, *Le Goût de vivre*
N° 188 : Lucy Vincent, *Petits arrangements avec l'amour*
N° 189 : Jean-Claude Carrière, *Fragilité*
N° 190 : Luc Ferry, *Vaincre les peurs*
N° 191 : Henri Broch, *Gourous, sorciers et savants*
N° 192 : Aldo Naouri, *Adultères*
N° 193 : Violaine Guéritault, *La Fatigue émotionnelle et physique des mères*
N° 194 : Sylvie Angel et Stéphane Clerget, *La Deuxième Chance en amour*
N° 195 : Barbara Donville, *Vaincre l'autisme*
N° 196 : François Roustang, *Savoir attendre*
N° 197 : Alain Braconnier, *Les Filles et les Pères*
N° 198 : Lucy Vincent, *Où est passé l'amour ?*
N° 199 : Claude Hagège, *Combat pour le français*
N° 200 : Boris Cyrulnik, *De chair et d'âme*
N° 201 : Jeanne Siaud-Facchin, *Aider son enfant en difficulté scolaire*
N° 202 : Laurent Cohen, *L'Homme-thermomètre*
N° 203 : François Lelord, *Hector et les secrets de l'amour*
N° 204 : Willy Pasini, *Des hommes à aimer*
N° 205 : Jean-François Gayraud, *Le Monde des mafias*
N° 206 : Claude Béata, *La Psychologie du chien*
N° 207 : Denis Bertholet, *Claude Lévi-Strauss*
N° 208 : Alain Bentolila, *Le Verbe contre la barbarie*
N° 209 : François Lelord, *Le Nouveau Voyage d'Hector*
N° 210 : Pascal Picq, *Lucy et l'obscurantisme*
N° 211 : Marc Ferro, *Le Ressentiment dans l'histoire*
N° 212 : Willy Pasini, *Le Couple amoureux*
N° 213 : Christophe André, François Lelord, *L'Estime de soi*
N° 214 : Lionel Naccache, *Le Nouvel Inconscient*
N° 215 : Christophe André, *Imparfaits, libres et heureux*
N° 216 : Michel Godet, *Le Courage du bon sens*

N° 217 : Daniel Stern, Nadia Bruschweiler, *Naissance d'une mère*
N° 218 : Gérard Apfeldorfer, *Mangez en paix !*
N° 219 : Libby Purves, *Comment ne pas être une mère parfaite*
N° 220 : Gisèle George, *La Confiance en soi de votre enfant*
N° 221 : Libby Purves, *Comment ne pas élever des enfants parfaits*
N° 222 : Claudine Biland, *Psychologie du menteur*
N° 223 : Dr Hervé Grosgogeat, *La Méthode acide-base*
N° 224 : François-Xavier Poudat, *La Dépendance amoureuse*
N° 225 : Barack Obama, *Le Changement*

Cet ouvrage a été imprimé en France par

à Saint-Amand-Montrond (Cher)
en mai 2013

Composé par Nord Compo Multimédia
7, rue de Fives, 59650 Villeneuve-d'Ascq

N° d'édition : 7381-2341-3 – N° d'impression : 2002874
Dépôt légal : septembre 2009